KB194466

박정희와 '한강의 기적'

-1차5개년계획과 무역입국-

박정희와 '한강의 기적'

- 1차5개년계획과 무역입국 -

초판 1쇄 발행   2006년 1월   16일

지은이   이완범
펴낸이   윤관백
펴낸곳

등 록   제5-77호(1998. 11. 4)
주 소   서울시 마포구 마포동 324-1 곶마루B/D 1층
전 화   02) 718-6252
팩 스   02) 718-6253
E-mail   sunin72@chol.com

정가 · 14,000원
ISBN 89-5933-036-1   93900

· 저자와의 협의에 의해 인지 생략.
· 잘못된 책은 바꾸어 드립니다.

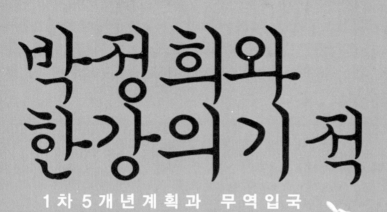

박정희와
한강의 기적

1차 5개년계획과 무역입국

이완범 지음

선인
도서출판

책을 펴내며 ● ● ●

　　혹자는 대한민국 경제발전을 단군 이래 가장 중요한 역사적 성취로 보기도 한다. 우리 역사 최대 사건이 산업화 성공이라는 것이다. 단군 이래로 굶주려 죽는 사람이 없는 시대가 존재하지 않았다는 인식에 따라 적어도 경제적인 면에서는 지금을 우리 민족 최대의 전성기로 봐야 한다는 주장이 있다. 이런 논자들은 질적인 경제발전과 양적인 경제성장, 경제개발을 거의 동일시하며 대한민국 최대의 役事, 근대화·산업화 중심에 박정희라는 인물을 위치시킨다.

　　그런데 지금 우리 사회 내에서는 박정희 대통령을 강력한 리더쉽을 발휘한 영웅으로 보기도 하고 친일파요 독재자로 평가하기도 한다. 이렇게 첨예하게 갈라진 호불호의 양극단에 직면해 과연 박정희 대통령 시기 경제발전을 어떻게 평가할 수 있을까? 박정희 대통령이 대한민국의 경제 규모를 키우는 데 일정한 역할을 담당했다는 것에 대해서 부정하는 사람은 별로 없다. 그렇지만 그는 질적인 발전보다 양적인 성장에만 집착했다는 비판적 평가도 따라다닌다. 또한 박정희가 얼마만큼 경제성장에 기여했는지 그 비중에 대해서는 논란이 있을 수 있다. 박정희뿐만 아니라 피땀 흘린 노동자와 농민, 무역입국의 주체인 기업가, 정책집행을 책임진 관료, 외국 자본 등등 다른 경제주체들의 역할도 간과할 수 없다는 것이다.

또한 특정 시기(산업화 초기)에는 박정희의 선택이 주요했을 수도 있지만 산업화가 어느 정도 진전된 뒤에 박정희의 비민주적인 정책이 노동자와 일반 시민들의 자발적 참여를 오히려 가로막았을 수도 있었다. 따라서 이 글에서는 박정희 시대 산업화를 복합적이고 가변적으로 볼 것을 제안한다.

1961년 5·16으로 사실상 집권한 박정희 장군은 1962년 제1차경제개발5개년계획을 추진하면서 우리 역사상 최초의 계획적 산업화를 본격적으로 가동시켰다. 무릇 모든 일에 시작은 매우 중요하므로 처음 상황에 주목할 필요가 있다. 추진 초기에는 이 계획은 그다지 성공적이지 않았지만 여러 가지 여건이 호전되면서 시간이 가면 갈수록 성공을 거두었다. 또한 1964년 중반 이후 수출지향적 전략으로 전환되면서 더욱 드라이브가 걸리게 되었다. 수출주도형 산업화 전략은 지금까지도 지속되고 있는 한국경제 성장의 원동력이므로 이 정책을 처음 채택하는 과정을 이해하는 것이 한국경제발전을 평가하는 데에도 필수적인 선결과제 중 하나다. 또한 '한강의 기적'을 가능케 한 인물 중의 하나인 박정희의 경제개발을 평가하기 위해서는 첫 단추라 할 수 있는 최초의 경제개발계획 입안과정에 대한 해명이 가장 중요하다.

이 책은 원래 한국학중앙연구원의 1998년 공동과제 일부로 시작되었다. 1999년에 공간된 논문에 대해 그간 필자는 단행본으로 간행하기 위해 대폭 수정하고 가필하였다. 이 과제의 이용을 허가한 한국학중앙연구원에 대해 감사드린다. 한국학중앙연구원의 전신인 한국정신문화연구원은 1978년 당시 대통령이었던 박정희의 주도로 설립되었다. 그가 세상을 떠난 지 26년이 지난 지금 세계는 많이 변했으며 그의 잔영은 한국학중앙연구원 어디에도 남아 있지 않다. 시대착오적인 유신잔재는 철저하게 뿌리 뽑혔다고 할 정도로 학자들의 세계는 자유분방하기 때문이다.

그렇지만 한국정치사 학생의 한 사람인 필자는 우리 현대사의 가장 큰 인물 등 중 하나인 박정희에 대한 평가로부터 피해갈 수 없었다. 1961년 군사쿠데타 직전에 출생하여 1970년대 후반 유신 말기의 지적 풍토에서 박정희에 대한 비판적 입장을 전수받았던 필자는 2000년대에 다시 부활하는 박정희 향수와 박정희 우상화 담론에 대해서도 역시 고개를 갸오뚱할 수밖에 없다. 탈냉전과 통일, 민주주의 시대에 냉전적 인물이며 권위주의적 정치인인 박정희는 대안이 될 수 없다. 또한 개방과 지구촌화(globalization) 시대에 보호무역의 옹호자는 역시 구시대적 인물이다. 그렇지만 그에 의해 무역입국이 추진되었고 부존자원이 부족한 우리나라가 이를 통해 지금도 먹고 살고 있으며 향후로도 그럴 것이라는 것도 사실이다.

과거의 역사를 반성하고 비판할 수는 있어도 부정할 수는 없다. 우리는 진실을 규명한 상태에서 화해를 통해 앞으로 나아갈 것을 요구받고 있다. 이 책은 박정희의 공과를 평가하는 하나의 작은 시도이다. 이를 통해 박정희를 둘러싼 소모적인 정쟁을 조금이라도 줄일 수 있다면 더 할 나위 없이 기쁠 것이다. 박정희와 더불어서 미래로 가려는 사람들과 그가 없이 가야 한다고 주장하는 사람들 모두에게 이 책을 바친다.

주변 분들의 많은 도움으로 이 책을 상재할 수 있어 영광이며 감사의 마음을 금할 길 없다. 특히 사진자료의 대부분은 필자가 편집에 관여했던 국정홍보처의 『대한민국 정부기록사진집』 제5권과 6권에 실린 것들임을 밝힌다.

2005년 8월 광복 60년에
국은봉 자락에서
이완범

차 례

차 례

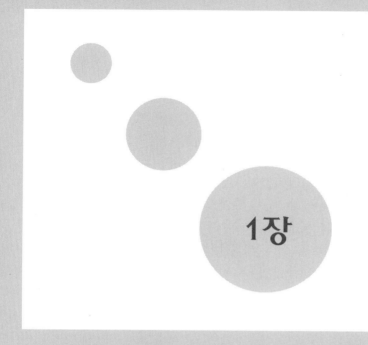

1장

서 론

1 박정희 '경제기적'[1])을 보는 복합적이고 가변적 시각: 결정론적이며 고정적인 시각을 넘어서

1990년대 말에 들이닥친 한국경제 위기는 박정희 대통령의 개발독재 시스템이 낳은 구조적 결과라는 주장[2])이 제기되기도 했으므

---

1) 박정희 시대 수출주도형 경제성장이 박정희의 것인지에 대해서도 논란의 여지가 있으므로 '한강의 기적'(한국형 고도성장)을 '박정희의 기적'으로 표현하기가 어렵다는 견해도 있다. 한국의 수출주도형 경제성장 창안자에 대해서 로스토우(Walt Whitman Rostow)로부터 박정희 휘하의 관료, 기업가, 심지어는 일본의 國師 야스오카 마사히로(安岡正篤; 1961년 11월 일본방문 시 조언을 받음) 등 여러 논의가 있다. 그렇지만 백낙청 교수는 수출주도형 경제성장을 실제 집행하면서 정치적 탄압과 사회적 획일화라는 부정적인 여러 전략들까지도 배합했던 주역은 바로 박정희라고 평가했다. 백낙청, 「박정희시대를 어떻게 생각할까」, 『창작과 비평』 제33권 2호 통권 128호(2005년 여름), 290쪽.

2) 최장집, 「열린정치포럼 초청강연」 1998년 9월 14일, 『조선일보』 1998년 9월 15일. 1997년 외환위기는 박정희시기에 개방화와 수출드라이브 채택으로 매년 누적된 무역적자에서 기인했다 할 수 있다. 김영삼 정부의 단기적 대처 잘못도 있지만 IMF 사태는 전시대부터 축적된 구조적 원인에서 온 측면이 있다는 것이다. 한편 전두환 정부 때 신자유주의적 대외개방을 가속화했으므로 그를 개방정책의 채택자로 간주하기도 한다. 그러나 전시대의 수출드라이브가 우리 경제의 양적 성장을 초래했으며 외환위기를 극복할 수 있었던 것도 역시 수출의 공로이므로 '단기적 부정과 장기적 긍정'의 양가적 시각을 가질 필요가 있다. 즉 단기적으로 보면 1973년 이후 중화학공업 부문에 대한 중점 투자(1972~1976)년간의 제3차5개년계획에서 제철, 비철금속, 전자, 기계, 조선, 화학 등 6개 중화학공업 분야에 집중 투자하는 산업구조의 고도화 정책을 채택

로 우리는 박정희 시대의 '경제기적'을 어떻게 평가할 수 있을지 혼돈에 차있다. 수출주도형 경제성장이 어느 정도 성공을 거두었지만 이러한 발전 모델이 초래한 내수 부진과 인플레이션, 소득 격차, 정경유착, 지역불균형 등 부작용은 지금도 계속되고 있다.3) 또한 박정

했으며 박정희는 1973년 연두 기자회견에서 중화학공업화를 선언했고 5월 중화학공업추진위원회가 신설됨)에 기인한 중화학공업 중복투자에 의한 유신말기와 1980년(- 5.7%의 성장률 기록)의 경제적 파탄(1979년 1월 연두 기자회견에서 박정희는 1986년까지 중공업을 세계 10대 강국에 올려놓겠다고 호언했지만 중복투자에 제2차 오일쇼크가 겹쳐 중화학 투자 조정을 단행했는데 이때 가동률은 50~30%에서 오르내렸으며 1980년대에는 외채망국론이 등장했다)이 박정희의 과오라고 볼 수 있지만 1980년대와 1990년대 초반의 호황은 바로 이러한 중화학공업 부문의 투자에서 기인한 것이므로 단기적인 시각을 버리고 보다 중·장기적, 구조적으로 평가할 필요가 있다. 역사를 보다 거시적으로 해석하면 1960년대 이후 추진된 경제개발의 기반을 만든 박정희 시대의 평가가 보다 긍정적으로 내려질 수 있을 것이다. 지금 우리 경제를 지탱하고 있는 커다란 산업들은 대부분 그때 만들어진 것이었다. 홍하상, 『주식회사 대한민국 CEO 박정희』(서울: 국일미디어, 2005), 7쪽. IMF 위기발생이 1960~1970년대 한국산업화 체제의 적실성을 부인하는 논리로 직접 연결될 수는 없을 것이라는 견해도 있다. IMF 위기의 요인은 핫 머니의 급증이라는 국제 경제적 환경의 변화, 그리고 산업화 단계가 고도화됨에 따라 필요했던 국가개입의 부작용 해소를 위한 정책도입에 후속정권들이 실패한 것에도 상당한 원인이 있기 때문이라는 것이다. 김용학, 『연결망 이론』(서울: 박영사, 2003), 202쪽; 김세중, 「5·16과 산업화 체제의 대두: 그 역사적 의미와 권위주의적 정치동학을 중심으로」, 『정신문화연구』 제28권 4호 통권 101호 (2005년 겨울). 또한 어떤 정책적 성과도 긍정적 측면과 부정적 측면이 모두 있을 수 있다. 따라서 어느 한 쪽 면만 과장하기보다는 양쪽 측면을 모두 고려해 부정적 측면이 강하면 부정적으로, 긍정적 측면이 강하면 긍정적으로 평가하는 상대적 시각을 가질 필요가 있다. 박정희식 산업화(=개발독재)에 대한 입장을 ① 영구적 긍정론, ② 산업화 초기인 당시에는 불가피했으나 경제위기 상황에 적용할 때는 부정적이라는 견해 ③ 영구적 부정론으로 나누어서 평가하는 다음 견해도 있다. 김용복, 「개발독재는 불가피한 필요악이었나」, 한국정치연구회 편, 『박정희를 넘어서』(서울: 푸른숲, 1998), 272~275쪽; 강경성, 「박정희정권의 재평가의 성과와 한계」, 『한국사회 변동의 평가와 전망』(서울: 녹두, 1996); 이광일, 「박정희정권에 관한 연구현황과 과제」, 『역사와 현실』 29, 1998, 284~291쪽. 개발독재에 대한 중국에서의 연구는 다음에 나와 있다. 王加豊, 『朴正熙「開發獨裁」體制研究』(北京: 學苑出版社, 1999).

박정희와 '한강의 기적'-1차5개년계획과 무역입국

희가 노동자의 희생을 대가로 일부 소수의 자본가만을 위해 경제개발을 했으며 게다가 독재로 인해 민주주의를 훼손하고 헌정을 유린했기에 그의 '기적'을 평가절하해야 한다는 의견도 있다. 이에 대하여 김일영 교수는 산업화 초기단계에서 산업화와 민주화를 성공적으로 병행시킨 나라는 없다고 주장한다. 산업화·민주화 병행발전 성공 모델로 간주되는 영국도 산업화 후 민주화를 달성한 케이스라는 것이다. 또한 산업화 초기단계에서 민주주의를 선택하여 성공적으로 발전을 이룬 선례는 없었다고 평가한다. 자본주의적 경제발전과 권위주의적 발전 국가 사이에 '선택적 친화성'이 있음을 역사적으로 증명할 수 있다는 것이다.[4] 박 대통령은 민주주의와 경제 발전이라는 두 가지 선택 중 경제 발전을 택했는데 '빵' 없는 민주주의는 지탱되기 어렵기 때문이었다. 당시로서는 바람직한 최선책이었다고 평가한다. 따라서 산업화가 성숙된 현 시점에서나 적용 가능한 병행발전론으로 박정희 정권을 단죄하는 것은 비현실적이라는 주장이다. 독재와 인권탄압이라는 부작용을 도외시할 수는 없지만 산업화 초기의 불가피한 손실이었다는 것이다. 이러한 부작용은 주로 산업화 때문이겠지

---

3) 조계완, 「[경제] 수출은 누구의 살 길이었나: 수출주도형 경제성장의 명암 … 내수 부진, 인플레이션, 소득 격차 등 부작용은 지금도 계속」, 『한겨레 21』 546호(2005년 2월 15일), 90~91쪽. 그렇지만 부작용은 부작용일 뿐이다. 주된 효능인 경제성장은 역시 긍정적으로 평가되어야 한다. 만약 부작용이 효능을 압도하여 치명적인 손상을 입힌 경우가 아니라면 효능에 대해 우선적으로 평가해야 한다. 부작용이 없었던 처방을 내리는 것이 최선이었겠지만 그렇게 쉬운 일은 아니었다. 최선의 방법을 찾아 고민하다가 장면 정부처럼 기회를 놓쳤다면 부작용 있는 처방마저 실현시키지 못하고 주저앉았을 것이다. 어디에나 빛이 있으면 그늘이 있는 법이다. 따라서 공과를 함께 평가하면서 공이 큰지 아닌지를 평가의 최종 답으로 간주할 수 있을 것이다. 그렇지만 수출위주의 발전전략에 한계가 있는 것도 사실이다. 따라서 지금은 내수 진작에 관심을 돌려야할 시점이다.

4) 김일영, 「박정희 연구는 어디까지 왔나: 현황과 쟁점」, 2005년도 제7회 국제한국학연구소 정기콜로키엄, 2005년 3월 18일.

만 박정희에게도 책임이 있다는 것을 배제하지는 않는다. 다만 당시 산업화는 '피할 수 없는 운명' 같은 것이었으므로 그 시대의 모든 문제를 박정희 개인에게 귀속시키는 것은 오류라고 주장한다.5) 또한 이영훈 교수는 노동자, 농민, 중소기업이 희생했다기보다는 그 당시 상황에 맞는 정당한 대우를 받았다고 주장했으며(이를 조희연 교수는 식민지근대화론의 수탈부재론과 연결시켜 독재시기의 수탈부재론이라고 평가했다) 임지현 교수는 독재시대에 민중이 독재체제의 강압에 의해 탄압받기만 한 것이 아니라 자발적으로 동의했기 때문에 독재의 대중적 기반이 있다고 평가(대중독재론)했다.6)

그리고 역설적이지만 박정희의 산업화·경제발전은 오늘날 한국

---

5) 김일영, 『건국과 부국: 현대한국정치사 강의』(서울: 생각의 나무, 2005), 452~456쪽.

6) 이상호, "한국초대석: 서울대 경제학부 이영훈 교수", 『주간한국』, 2005년 5월 19일; 임지현·김용구 (공편), 『대중독재론: 강제와 동의 사이에서』(서울: 책세상, 2004); 임지현·이상록, "'대중독재'와 '포스트 파시즘'", 『역사비평』(2004년 가을); 임지현. "조희연, 박태균, 이병천의 비판에 답한다: 왜 근대적 가치를 놓지 못하는가", 『교수신문』 353호, 2005년 4월 26일; 임지현, 『적대적 공범자들』(서울: 소나무, 2005); 이병천, "기억의 정치 결여 … 대중은 무엇을 박탈당했는가: 임지현 교수의 '대중독재론'을 비판한다", 『교수신문』 2005년 3월 30일. 조희연 교수는 "박정희 시대 재평가 논의의 인식론적 성격과 쟁점들: 이영훈·임지현의 논의에 대한 검토와 민주진보담론의 성찰", 『경제와 사회』 67호 (2005년 가을); "박정희 시대의 강압과 동의: 지배-전통-강압과 동의의 관계를 다시 생각한다", 『역사비평』(2004년 여름)에서 이영훈 교수가 통계적 방법을 동원하여 객관화하려 했지만 노동자·농민이 일정한 대우를 받았던 것이 투쟁의 결과였음을 간과하고 있다고 비판했다. 또한 임지현 교수에 대해서 박정희 체제가 일정한 동의를 받았지만 실제로는 폭압적이었으며 정치적으로 불안정했다고 평가하면서 순응적 침묵을 능동적 동의로 확대해석하고 있다고 비판했다. 또한 김동춘 교수는 "박정희 시대의 민주화 운동", 명지대 국제한국학연구소 국제학술대회 '박정희 시대와 한국현대사', 2005년 12월 10일에서 대중독재론자들이 노동자 농민의 순응을 "박정희 파시즘의 오른 팔 역할을 한 것으로 확대해석" 했다고 평가했으나 임지현 교수 등이 '오른 팔'이라는 표현을 쓰지는 않았으며 단지 동의했다고 기술했을 뿐이므로 임 교수의 주장을 김동춘 교수가 확대해석한 측면이 있다.

박정희와 '한강의 기적'-1차5개년계획과 무역입국

다원주의의 근간이 되는 중산층의 확대를 가져옴으로써 민주발전에 간접적으로 이바지했다.[7] 물론 이는 의도된 결과는 아니었으며 부작용에 불과하다. 민주화 운동의 공로를 민주화를 탄압한 박정희에게 돌리는 이러한 주장에 대해 궤변이라는 평가도 있다.[8] 하기야 정치적으로는 독재를 행했던 박정희에게 여론조사 면에서 정치 발전 분야의 압도적 선두(66.6%)자리를 내줘야 할 상황[9]이니 다른 대통령들에 대한 국민들의 평가가 대단히 싸늘하다고 할 것이다.

또한 조석곤 교수는 스페인, 프랑스 등이 권위주의 국가시절 산업화가 달성되지 못했으므로 독재와 개발의 인과관계는 성립할 수 없다고 주장한다. 개발과 독재는 무관하며 박정희 시대의 개발은 권위주의와 공생했을 뿐이고 오히려 독재는 성장잠재력을 잠식했다고 보아야 한다고 역설한다.[10] 이정우 교수는 민주주의와 독재 중 어

---

7) 알렉산드르 맨스로프, 「박정희의 발전전략과 러시아의 시각」, 조이제·카터 에커트 편, 『한국근대화, 기적의 과정』(서울: 월간조선사, 2005), 569쪽; 조이제, 「한국의 근대화」, 조이제·카터 에커트 편, 『한국근대화, 기적의 과정』(서울: 월간조선사, 2005), 47쪽.

8) 황대권, 「지금도 계속되는 박정희 패러다임」, 『창작과 비평』 제33권 2호 통권 128호(2005년 여름), 264쪽. 저자는 260쪽에서 박정희 패러다임을 획일주의와 경제지상주의라는 두 축으로 설명하고 있다.

9) 『중앙일보』, 2005년 10월 13일. "박정희 전 대통령, 경제-정치 발전 1위", 『중앙일보』, 2005년 10월 13일에 의하면 '국민 정체성' 조사 결과 박정희는 경제성장 (88.3%; 2위는 전두환 48.5%)은 물론 정치발전(66.6%; 2위는 김대중 47.3%)에서도 1위로 나타났다.

10) 조석곤, 「박정희신화와 박정희체제」, 『창작과 비평』 제33권 2호 통권 128호(2005년 여름), 283~284쪽. 그런데 독재와 개발을 연결시키는 논자가 인과관계를 말한 적은 없으며 대신 선택적 친화성을 언급했을 뿐이다. 왜냐하면 많은 독재국가 중 개발을 달성한 경우는 그렇지 않은 경우보다 훨씬 적기 때문이다. 이는 역사적으로 저개발국가로 개발에 성공한 케이스가 실패한 경우보다 압도적으로 적기 때문이다. 성공한 경우 중 민주주의 하에서의 성장 보다 권위주의 하에서 성장한 예(한국, 대만, 싱가포르 등)가 더 두드러지므로 보다 더 일반적이라고 할 것이다.

느 쪽도 경제성장에 유리하다는 증거가 없으므로 저발전 국가라도 민주주의하의 경제성장을 기해야 한다면서 경제성장을 위해 독재가 불가피했다는 주장은 궤변이라고 평가한다.11) 이런 맥락에서 보면 정치와 경제는 별개의 독립된 영역이다. '독재했기 때문에 개발에 성공한다'는 인과관계가 성립할 수 없는 것과 같이 '민주주의 했기 때문에 개발에 성공한다'는 인과관계도 역시 성립하지 않는다. 그렇지만 저개발국가의 경우 독재하의 개발 가능성이 민주주의하의 개발가능성보다 높은 것은 사실이다.

이병천 교수는 1970년대에는 개발독재에 대항하는 평화―민주주의―대중경제의 대안(예를 들면 1971년 4월 대통령선거에서 김대중의 공약)이 존재했지만 박정희 장기집권 욕망이 이러한 가능성을 차단했다고 주장한다.12) 박정희 시대 말기의 점증하는 저항과 갈등은 끝일 줄 몰랐고 미국과 마찰도 날로 심해졌으므로 유신시대에는 오히려 그의 성과를 무색하게 만들었다고 할 수 있다. 백낙청 교수는 김대중이 정책을 반영시켰다면 박정희 못지않게 실용적이고 신축자재한 정치인이었으므로 그 나름대로 수출주도의 성장 정책을 입안했을 개연성이 높다고 평가한다.13) 만약 박정희가 1980년대에도 계속 집권하였다면 민주주의가 성취되지 않은 정도가 아니라 발전 자체도 훨씬 덜 지속 가능했을 것이라는 주장이 있다. 민주개혁 없는 경제개발의 추구는 '현실사회주의' 나라들에서처럼 결국 경제의 장기적 침체와 쇠퇴를 낳거나 이란의 이슬람 혁명처럼 원리주의적

---

11) 이정우, 「누구를 위한 경제성장이었나?: 박정희 체제의 공과」, 『대한민국을 위한 3대 논쟁』, 민주화운동기념사업회 광복 60년 종합학술대회 (제9차), 2005년 10월 26일, 68~69쪽.

12) 이병천, 「개발독재의 정치경제학과 한국의 경험」, 이병천 편, 『개발독재와 박정희 시대』(서울: 창작과 비평사, 2003), 57쪽.

13) 백낙청, 「박정희시대를 어떻게 생각할까」, 『창작과 비평』 제33권 2호 통권 128호(2005년 여름), 290쪽.

박정희와 '한강의 기적'―1차5개년계획과 무역입국

신정체제로 귀결했을 것이라고 백낙청 교수는 진단한다. 따라서 그는 박정희를 '지속불가능한 발전의 유공자'였다고 규정한다. 그렇지만 같은 권위주의체제에 있었다고 해도 경제성장을 이루지 못한 독재자가 더 많으며 우리나라와 같은 극적인 성장을 이룩한 일은 더욱이나 드물다는 점에서 평가해야 한다는 주장을 덧붙이기는 한다.14)

이렇게 우리 산업화가 어느 정도 기반을 잡았던 시기인 중기 이후에는 민주주의와 경제발전을 병행 추진하는 것이 전혀 불가능했던 것은 아니었다. 유신 이후에는 자유 시장경제에 바탕을 둔 민주주의가 한국의 경제발전을 추동했을 것이라고 가정할 수도 있다(물론 반대로 1970년대 중화학공업화 과정에서 리더십이 중요했으며 1978년에도 1인당 국민소득은 1,431달러에 불과한 중진국이었으므로 아직 개발독재가 필요했다는 주장도 가능하다). 또한 당시 남아메리카 등의 개발도상국과 성장률을 비교할 때 박정희 시대의 성장률이 그렇게 독보적인 것은 아니며15) 1979년 10월 26일 박정희가 죽었을 때 나라는 빚더미에 앉아 있었고 경제는 파탄지경에 있었다는 평가도 있다. 따라서 박정희 정부의 결과는 당시로서는 초라했으며 심지어는 언제 망할지 모르는 불안한 상황이었다고 회고하는 사람들도 있다. 박정희 시기의 수출드라이브는 한번도 무역흑자를 기록하지 못했다. 오히려 박정희 시대 경제적 유산을 물려받아 1980년대 초

---

14) 백낙청, 「박정희시대를 어떻게 생각할까」, 『창작과 비평』 제33권 2호 통권 128호(2005년 여름), 296쪽, 293쪽.

15) 그렇지만 1965~1995년 30년간 GNP 100배로 성장했으며 유럽이 200~300년간 달성한 공업화를 달성한 국가가 지구상 어디에도 없다. 남미 일부 국가(예를 들면 아르헨티나와 브라질 등)가 특정시기에 앞섰지만 한국만큼 지속적으로 성장하지는 못했다. 물론 우리의 1960년대 이후 성장이 모두 박정희 시대에 된 것은 아니며, 전두환, 노태우, 김영삼, 김대중 시대에 이룩한 성과와도 연결된다. 그렇지만 박정희 정부에서 산업화 틀을 마련했다는 평가에 대다수 학자들이 공감한다.

마이너스 성장률에서 시작한 정부는 1980년대 평균 경제성장률 10.5%를 기록해 적어도 통계상으로는 세계최고의 성장률을 기록했다. 전두환 정부 후기와 노태우 정부 초기 몇 년간(1986년[무역수지 42.0억 달러, 경상수지 46.1억 달러]과 1987년[무역수지 76.5억 달러, 경상수지 98.5억 달러], 1988년[무역수지 114.4억 달러, 경상수지 141.6억 달러], 1989년[무역수지 45.9억 달러, 경상수지 50.5억 달러]) 흑자가 난 것 등(이후 적자가 나다가 1993년 무역수지 18.6억 달러 흑자,16) 경상수지 3.8억 달러 흑자, IMF체제하였던 1998년 이후부터 흑자)이 고작이었으므로 오히려 전두환의 과단성 있는 구조조정 노력과 경제적 역할을 평가해야 한다는 견해도 있다(노무현 정부 초인 2003년 하반기의 시점에서도 기업가들은 '박정희 시대의 리더십이 필요하다'고 주장했지만17) 이는 '좋았던 옛날'을 추억하는 자본가·보수주의자들의 비현실적인 몽상일 가능성이 있다. 만약 오늘날까지도 개발독재를 지속시켰다면 노동자의 임금은 통제되었을지라도 자유로운 기업 활동도 많은 제약을 받았을 것이며 지금의 1류 기업 탄생이 불가능했을 가능성도 있다. 따라서 초기 경제발전은 개발독재의 덕이었을 수도 있으며 개발로 인해 경제적 토대를 마련했으므로 이를 토대로 민주화가 가능했던 측면도 있었지만 정보화 시대 이후 경제발전 심화는 시장의 자유를 확대할 수 있는 기반을 제공한 민주화에서 그 功의 일부를 돌릴 수 있을 것이다).

그런데 1980년대의 경이적 성장에 대해 전두환 노태우 당시 대통령들에게 그 功을 돌리는 견해는 매우 소수이다. 1960~1970년

---

16) 『주요무역동향지표』(서울: 한국무역협회, 1996).

17) 조계완, 「[경제] '길들일 수 없는 괴물'의 탄생: 1960년대 수출 기간산업에 참여하면서 모습을 드러낸 재벌 … 온갖 특혜가 주어진 그 '황금기'의 그림자」, 『한겨레 21』546호(2005년 2월 15일), 88쪽. 전국경제인연합회 회장단 회의에서 삼성 이건희 회장 등 원로·현직 재벌총수들이 모인 회의에서 참석자들이 한 말이다.

박정희와 '한강의 기적'-1차5개년계획과 무역입국

대 성장은 박정희의 공으로 치부하는 견해가 지배적이면서도 왜 그 이후 성장에 대해서는 지도자에 대한 평가가 인색한 것일까? 그 이후 성장은 더 복합적이 되어서 어느 것이 결정했다고 보기 어렵기 때문이다. 노동자 농민의 피와 땀, 정부(관료)의 효과적인 개방정책, 국제체제적 호조건 등이 복합적으로 작용한 결과였던 것이다. 그렇다면 그 이전의 경제성장은 복합적인 결과로 볼 수 없는가? 박정희의 역할이 상대적으로 그 비중이 컸거나 아니면 박정희의 공을 과장했기 때문에 한강의 기적을 박정희가 한 것으로 치부하지만 1960년대와 1970년대의 성장도 역시 복합적 결과였던 것은 틀림없다. 다만 당시 국부의 크기가 작아 상대적으로 단순하게 보이기는 했지만 말이다. '한강의 기적'은 노동자의 피와 땀의 대가에 기반[18]하여 박

---

18) 이정우 교수는 『소득분배론』(비봉출판사, 1997)에서 한국에서 급속한 자본주의적 공업화가 달성되었다는 사실에 대한 이견을 찾기는 어렵지만 이것이 "노동자·농민·도시빈민의 희생 위에서 이룩된 것임을 간과해서는 안 된다. 오로지 효율성과 성장이 숭상된 나머지 형평과 인권은 무시되어 왔다"고 주장했다. 노동자 농민 도시빈민 희생 대가로 산업화가 추진되었다는 것이다. 또한 그는 「한국의 경제발전 50년」, 『經濟學硏究』 창립 50주년 기념호(2003년 2월), 351~409쪽에서 "단순히 1인당 국민소득이 높아졌다고 이를 경제발전으로 볼 수 없다. 빈곤·실업·불평등·자유 등의 개선이 없으면, 진정한 발전이 아니다"고 했다. 그는 통계상 한국의 소득불평등도(지니 계수)가 낮은 사실에 대해 "신뢰성 없는 표본조사의 여러 가지 편차가 빚은 것"이라고 평가한다. 양적 성장에는 성공했으나 질적 발전을 희생하면서 이루어진 것이라는 주장이다. 또한 무리하게 고도성장을 달성하기 위해 치른 각종 비용(관치경제, 관치금융, 재벌의 폐해, 부정부패, 환경훼손, 공동체 붕괴, 불신사회, 인간성 파괴, 반칙사회, 빨리빨리 병 등)을 우리가 아직도 치르고 있고 앞으로도 장구한 세월을 치러야 한다는 점을 생각한다면 이 시기의 고도성장이 장기적으로도 긍정적일지 의문을 제기한다. 차라리 좀 더 천천히 성장하더라도 정상적인 궤도를 거쳤다면 지금쯤 훨씬 선진적인 나라가 되어 있을 것이라고 예측했다. 이정우, 「개발독재와 빈부격차」, 이병천 편, 『개발독재와 박정희 시대』(서울: 창작과 비평사, 2003), 228쪽, 242~243쪽. 이정우 교수는 「누구를 위한 경제성장이었나?: 박정희체제의 공과」, 『대한민국을 위한 3대 논쟁』, 민주화운동기념사업회 광복 60년 종합학술대회 (제9차), 2005년 10월 26일, 70쪽에서 입시지옥, 주택난, 서울집중, 지역감정, 장시간 노동, 남녀차별, 부패, 불신사회 등 경

정희 정부 정책이 주효한 결과이지만 다른 요인(미국의 지원과 중동 특수, 대일청구권, 월남전 등 국제적 조건)도 복합적으로 작용했다고 할 수 있다.[19] 지도자가 국민의 역량을 동원하여 당시의 시대적 요구에 부합하는 성공을 거둔 것이므로 크게는 지도자와 국민 양자가 복합적·유기적으로 상호작용한 결과이며 여기에다가 국제적 환경도 작용한 것이다. 지도자(대통령과 행정부, 참모로서의 관료), 국민(시장[크게는 기업과 노동자, 농민]), 국제적 환경 3자(이외에 다른 변수도 충분히 가능하다)의 관계를 복합적으로 보아야 진실에 보다 다가갈 수 있는 평가를 내릴 수 있다. 그런데 3자 각각 같은 비중으로 작용한 것은 아니므로 가중치를 둘 수 있다. 시장의 구성요소 중에도 기업가(directing labor)가 일반노동자(directed labor)보다 더 큰 비중을 차지한다는 견해[20]와 노동자·농민의 피땀이 기

제성장이 초래한 부작용을 언급하면서 인간답게 살 수 있는 세상은 멀었다고 평가한다. 그런데 각종 부작용이 모두 박정희 책임은 아니며, 이전 시기부터 이어져 온 구조적인 문제도 있다. 또한 만약 고도성장 전략이 아닌 민주적 발전 전략을 택했다면 지금 선진국이 되기보다는 인도와 같은 중진국이 될 가능성이 더 크다고 필자는 생각한다. 만약 그렇다면 경제 규모가 큰 인도는 장래 선진국이 될 가능성이 있지만 우리나라는 그렇지 못하다. 따라서 우리의 산업화 전략은 현실적으로는 뾰족한 대안이 없었던 상태에서 만든 피할 수 없는 것이었다.

19) 김기원 교수는 우수한 노동력, 토지개혁, 여기에 국제적인 역학 구도로 중동 특수를 누릴 수 있었고, 일본과 지리적으로 가까워 기술과 자본을 도입하는 데 유리했다는 외부 여건을 무시할 수 없다고 진단했다. 따라서 1960, 1970년대 한국이 이룬 경제적 성과에서 박 전대통령의 공은 제한적이라는 주장이다. 전성인 교수는 "박 전대통령이 시대 상황을 잘 이용했다고 할 수는 있어도 연 10% 안팎의 괄목할 만한 성장을 모두 그의 공으로 돌리는 것은 적절치 않다"며 "값싼 양질의 노동력이 있었고, 집권 초창기 방위비 부담이 크지 않았으며, 1960~1980년대에 걸쳐 미국이 사상 최대의 호황을 누린 데 따라 반사이익을 볼 수 있었다는 객관적인 여건을 감안해야 한다"는 것이다. 김영배, "[경제] '경제는 잘했다'의 오해와 진실: 공과 과를 가늠하기 힘든 '압축성장' 시대 … 성장 뒷면의 부작용을 무시하는 단선적인 견해는 위험", 『한겨레 21』 546호 (2005년 2월 15일), 85쪽.

박정희와 '한강의 기적'-1차5개년계획과 무역입국

반이며 없어서는 안 되는 제1의 조건이라는 견해[21]가 대립한다.

또한 시기에 따라 시대적 요구가 달라져 이 3자의 유기적 관계에도 각각의 비중이 달라지므로 가변적으로 고찰해야 한다. 현재의 입장과 가치관으로 과거 역사를 재단하는 것은 비역사적이다.[22] 따라서 과거 역사를 현재적 시각만 중시하여 결정론적으로 평가할 것이 아니라 당시 상황과 당시의 시대정신·조류에 의거하여 유동적·가변적으로 평가해야 할 것이다. 우리 산업화 초기 단계에는 지도자의 역할이 큰 비중을 차지했으나, 그 이후에는 자유 시장의 역할이 더 큰 비중을 차지했으므로 어떤 요인이 모든 것을 통시적으로 결정한다고 보는 것은 일원론적·단선론적이며 역사성이 결여된(역사적 상황을 무시한) 결정론이라고 할 것이다.

어느 하나의 요인이 전체를 결정했다는 결정론과 과장에서 벗어나 모든 요인은 일부를 구성할 뿐이라는 시각을 가질 필요가 있다. 예를 들어 일본사람들은 "한국이 발전한 것은 일본 때문"이라고 말하기도 한다.[23] 박정희 초기 일본 자금이 경제성장의 종자돈 역할을 하였고 수탈을 위한 일본의 기반시설 확충이 해방 후 발전의 인프라

---

20) 이승훈, 「성장 동력 강화와 균형 성장」, 『역동적 균형과 선진한국: 새로운 성장 동력과 균형발전』, 대구사회연구소 주관 광복 60년 기념 종합학술포럼 2차 포럼, 2005년 10월 21일, 6~8쪽.

21) 이정우, 「누구를 위한 경제성장이었나?」, 46쪽.

22) 송호근, 「역사인식부터 바로 잡자」, 『중앙일보』 2005년 3월 4일.

23) 구로다, "한반도 근대화 [일 덕에] 이룬 것 아니냐", o.com/service/news/shell view.htm?articleid=2005031802093781201&linkid=4&newssetid=1331. http://www.yonhapnews.co.kr/news/20050318/0403010000200503180 20957K9.html. 구로다 가쓰히로 일본 『産經新聞』(산케이신붕) 한국지국장이 "위기의 한일관계", 『MBC 100분 토론』, 2005년 3월 17일에서 "대한민국 발전의 기초에는 일본의 협력이 있다"고 말했다. 일본이 한반도를 무력으로 강점한 사실을 긍정적으로 보지는 않지만, 결과적으로 한반도의 근대화가 일어난 것은 인정해야 한다고 첨언했다.

로써 기능하였으며 일본 모델이 하나의 발전 모델로 간주되기는 했지만 그렇다고 일본 때문에 발전한 것(인과관계의 논리)은 아니다. 일본이라는 요인은 하나의 배경에 불과했다. 또한 식민지 시대 자본주의적 근대화가 있었다고 해도 이에 기여한 한국인 매판 자본가와 수탈당했던 노동자들의 노력도 간과되어서는 안 된다.24) 한편 장하준 교수는 "정치적·문화적으로 온갖 굴욕을 당해가면서 35년간 일본의 식민지 결과 1인당 소득은 식민지가 되었을 때보다 낮아졌고, 그나마 그 소득도 지극히 불평등하게 분배되었으며, 대부분의 국민(78%)은 문맹으로 남아있었다"고 주장하면서 일제 지배가 긍정적일 수 없다고 주장했다.25) 따라서 일본 식민정책은 한국의 경제적 근대화를 저지시킨 것이라는 주장도 가능하다.26)

그런데 전후 복구에 치중했던 1950년대의 상황을 극복하고 도약(take-off)을 통한 산업화의 단초를 열었던 시대가 바로 1960년대라는 것은 틀림없는 사실이다. 특히 1960년대 수출지향적 산업화

---

24) 이선민 기자는 "국내에서 활동했던 민족운동가들은 식민지라는 어려운 상황에서도 근대화를 위해 많은 노력을 했다. 적어도 1930년대 중반까지는 언론·사회단체를 중심으로 한글 보급과 교육 확대, 산업 건설 등에 힘쓰는 한편 식민 당국에도 근대화 시책의 시행을 압박했다. 한국인에게 의미 있는 근대화의 지표들은 이런 한민족의 적극적 노력에 의해서 얻어진 것이었다. 그리고 이는 19세기 후반부터 활발하게 계속돼 온 자주적 근대화 운동의 연장선 위에 있다. 물론 식민지 상태에서 이룩된 근대화는 일그러진 모습이지만 이는 우리만의 상황이 아니며, 이미 국제학계에 '식민지적 근대성(Colonial Modernity)'이라는 개념으로 정립돼 있다"고 주장했다. 이선민, "한승조 교수가 놓친 것", http://blog.chosun.com/blog.log.view.screen?blogId=6991&logId=315283. 이선민 기자는 '식민지근대화'가 있었다는 것을 단정하는 것에는 이견이 있을지라도 '식민지적 근대화'는 달성하려 했다고 봐야 하지 않느냐는 의견을 제시했다. "이선민 기자와의 인터뷰", 2005년 9월 28일.

25) 장하준, 「이래도 일제 지배가 긍정적인가」, 『중앙일보』 2005년 3월 19일.

26) 신용하, 「역사 속의 현재, 현재 속의 역사」, 『한국사회의 재구조화와 문화변동』, 한국사회학회 광복 60주년 기념 특별심포지움, 2005년 6월 10일, 8쪽.

박정희와 '한강의 기적'-1차5개년계획과 무역입국

정책 채택은 한국 발전의 가장 중요한 전기였다고 해도 과언은 아니므로 이에 대해 조망하는 것은 매우 중요하다고 할 것이다. 그렇지만 이러한 정책 전환에 대해 엄밀한 연구는 별로 없는 실정이다. 따라서 이 연구는 그러한 공백을 메우기 위해서도 매우 필요하다.

산업화 단초기 논쟁에서 다음 세 가지 중요쟁점을 부각할 수 있다. 첫째 1950년대의 수입대체산업화에서 1960년대의 수출지향적 산업화로의 정책적 변동이 언제[27] 이루어졌으며 하나의 드라마틱한 전환을 거쳐 변화했는지 아니면 점진적으로 변화했는지의 여부이다. 두 번째는 수출지향의 정부주도 산업화 과업을 당시 최고 실력자였던 박정희가 주도했는지 아니면 박정희의 의지와는 상관없이 국제적 요인에 의해 조성된 역사적 대세 내지는 필연이었는지에 관한 논쟁이다.[28] 보다 구체적으로 수입대체에서 수출지향이라는 정책적 변

---

27) 이에 대하여는 1962년 1차경제개발계획 施行始點, 1963년 1차계획수정안 作成 時點, 1964년 1차계획수정안 施行始點, 1965년설, 1960년대 후반기설 등 여러 가설이 있을 수 있다.

28) 당시 국내외적으로 이미 갖추어져 있던 경제발전조건(미국의 아시아 정책 변화, 기존의 경제개발계획안, 양질의 노동력, 농지개혁의 성과 등)에 박정희가 편승했다는 소위 '편승(free ride)론'에 대해 김일영 교수는 박정희의 탁월한 리더십이 경제발전을 이루었다는 '리더십론'으로 반박했다. 김일영, 「박정희 18년, 긍정해야 한다」, 『월간조선』 1996년 3월, 555~556쪽; 「박정희체제 18년: 발전과정에 대한 분석과 평가」, 『한국정치학회보』 제29집 2호, 1995, 195~196쪽. 편승론은 장면이 계속 집권했다면 조금 시간은 걸렸겠지만 보다 민주적으로 성취되었을 것이라는 주장이다. 정헌주, 「민주당정부는 과연 무능했는가」, 『신동아』 1985년 4월; 송원영, 『제2공화국』(서울: 샘터사, 1990). 한편 김대환 교수는 경제개발의 과실을 박정희의 능력으로 돌리는 것은 유치한 견해에 속한다고 주장했다. 김대환, 「'근대화'와 경제개발의 재검토」, 『경제발전연구』 제3집, 한국경제발전학회, 1997. 박정희의 경제개발을 제대로 이해하기 위해서는 대내적인 요인만이 아니라 대외적인 요인에도 눈을 돌려야 할 것이라는 주장이다. 당시 국제분업체계의 변화, 시설재 생산 및 국제유동성의 상대적 과잉[N. Bienefeld, "Dependency and the Newly Industrialising Countries (NICs): Towards a New Appraisal", D. Seers (ed), *Dependency Theory: A Critical Reassessment* (London: Frances Pinter, 1981)] 그리고 '수정계획'에서부터 한국의 경제개발계획의 수립에 미친

화가 ① 민족주의적 수입대체전략에 반대하는 미국의 외압에 의한 것인지[29] ② 기업가의 압력에 의한 필연적 귀결[30]인지 혹은 ③ 자주적 전략의 실패라는 시행착오에 의한 어쩔 수 없는 마지막 선택(잔여적 선택지)[31]이었는지 아니면 ④ 박정희의 독자적 상황인식에 의한 주체적 결단이었는지가 논구될 것이다. 이 문제는 결국 미국의 외압(외적 환경)에 국가(박정희)와 기업이 어떻게 대응했는지를 정치경제학적으로 고찰하는 대로 귀결될 것이다.[32] 가장 중요한 테마라고 할 수 있는 이 문제는 ① 공공부문인 국가('박정희'로 대표)와 ② 민간부문인 사회(시장의 대표적 구성원인 '기업', 노동자·농민 등 사회세력), 그리고 ③ '미국'으로 대표되는 세계체제(외세) 3자(혹은 개인과 구조라는 양자)의 유기적 관계 속에서 고찰할 수 있을 것이다. 약간의 무리를 수반하기는 하지만 보다 단순화시키면 박정희·기업가·미국 3자는 한국의 대외지향적 경제발전 채택에서 없어서는 안 되는 필수적인 인자[33]로서 언제나 상호작용하면서

외부(특히 미국, IMF 및 IBRD)의 영향 등이 종합적으로 고려되어야 할 것이라고 주장했다. 김대환, 「논평: 장하원의 1960년대 한국의 개발전략과 산업정책의 형성」, 1998년 11월. 편승론의 입장에서 보면 박정희가 아닌 다른 사람이 집권했더라도 외부적인 여건상 그 정도의 성과는 이루었을 것이며 그것도 민주적인 방식으로 성취했을 것이라고 주장한다.

29) 이병천, 「냉전분단체제, 권위주의정권, 자본주의 산업화」, 『동향과 전망』 28 (1995).

30) 손호철은 『한국정치학의 새구상』(서울: 풀빛, 1991), 187쪽에서 박정희 정권기에 국내자본에 대한 국가의 상대적 자율성이 본질적으로 한계를 가지고 있었기 때문에 수출지향적 전환은 '예정된 조응화'였다고 평가했다.

31) 木宮正史, 「한국의 내포적 공업화전략의 좌절: 5·16 군사정부의 국가자율성의 구조적 한계」, 고려대학교 정치외교학과 박사학위논문, 1991.

32) Stephan Haggard, *Pathways from the Periphery: The Politics of Growth in the Newly Industrialization Countries*(Ithaca: Cornell University Press, 1990), 20~21쪽.

33) 예를 들어 미국의 자본제공 없이 박정희 혼자서 대외지향을 할 수는 없었을 것이며 박정희 아닌 다른 사람이 똑같은 외적 조건을 가지고 동일한 결과를

때로는 공조효과 (synergy effect)를 내기도 했고 때때로 서로를 저해하기도 했다.[34] 3자 중 어느 것 하나라도 없었다면 지금과 같은 발전이 불가능했을 것이므로 어느 것 하나도 소홀히 할 수는 없는 소중한 것이며 필요조건이라고 할 것이다. 그 중에서 어떤 인자가 주도적이었는지 분간하는 것이 이 글의 목적이다(수출드라이브를 채택한 후 수출신장을 이룩해 경제발전을 이룩한 데에는 역시 정부(박정희)·기업[35]의 기여에다가 열심히 땀 흘린 노동자의 공이 크다고 할 것이다). 마지막 세 번째 쟁점은 앞의 두 문제와 연관되어 있는 것으로 고도성장적 산업화의 방향에 대한 평가이다. 즉 정부의 정책 방향이 시종일관 종속적이었다는 비판에 대하여 당시 정부는 자주적인 방향을 추구하려 노력했다고 긍정적으로 자평하여 논쟁거리를 제공하고 있다.

위와 같은 거대한 문제들에 대해 모두 해명할 수는 없을 것이다. 단지 한국의 본격적 산업화 단초를 가능하게 했던 제1차경제개발5개년계획의 입안과정을 역사적으로 조명함으로써 경제개발 발상의 주도자는 누구이고 오늘날 우리의 개방체제 지향을 가능하게 했던 수출드라이브정책은 언제 누구(박정희냐 기업이냐 아니면 미국이냐)에 의해 힘을 얻어 본격적으로 추진했는지를 살펴보고자 했다. 이러한 작업을 통해 위 논쟁들을 부분적으로 해명할 수 있을 것으로 사료된다.

선출하기도 어려웠을 것이다. 따라서 특히 박정희-미국은 없어서는 안 되는 필수적인 조건이었다고 할 수 있다.

34) 국가가 우위에 선 상태에서 국가와 기업은 공조했으며 미국은 국가에 제약을 가하려 했다.

35) 유광호 교수는 제1차경제개발5개년계획이 향후 우리 경제에 미친 영향을 평가하면서 이 계획으로 한국기업의 선단식 경영방식과 기업가의 사회적 책임의식 부재가 배태되었다고 주장했다. 유광호, 「제1차경제개발5개년계획(1962~1966)」, 『한국 제3공화국의 경제정책』(성남: 한국정신문화연구원, 1999), 110쪽.

이 책의 주된 테마는 두 개로 분리될 수 있는데 첫째는 '박정희 시대 제1차경제개발계획 입안과정'이며 둘째는 '입안과정에 미친 미국의 역할'이다. 이와 같은 주제를 선택하게 된 구체적이며 문헌사적인 동기는 다음과 같다. 우선 1945년 해방 전후에 주로 국한되었던 한국현대사연구가 이른바 '박정희 시대'까지도 연구 범위로 확산시켰으므로 이 글은 기존 연구 성과를 일정부분 반영하고자 한다. 특별히 1960~1970년대 경제개발계획에 대한 연구는 1960년대 후반 이래로 상당히 진행되었다. 경제개발계획이 우리 사회에 미친 영향이 심대했으므로 이러한 연구 축적이 있었다는 것은 어떻게 보면 당연하다. 그런데 이들 연구는 주로 경제학에서 이루어진 것으로써 정치학 분야의 연구는 별로 없는 편이다. 당시 경제정책에 대해서는 경제학적 평가도 중요하지만 정치학적 해석도 필요한 부분이다. 또한 경제사적인 연구도 계속된 경제개발계획에 대한 종합적 평가가 주류를 이루고 있으며 특정 계획에 대한 평가는 그다지 많은 편이 아니다. 제1차경제개발계획 결정과정에 참여한 인사의 회고담은 비교적 축적되어 있지만 1차자료에 의거해 분석해낸 단독연구(모노그래프)는 그렇게 많지 않다.36) 이에 제1차경제개발계획의 입안과정만을 하나의 짧은 연구 주제로 삼아 심층적으로 연구할 필요성이 있다. 제1차경제

---

36) 다음과 같은 관련 연구가 있다. Stephan Haggard, Byung-Kook Kim, and Chung-In Moon, "The Transition to Export-Led Growth in South Korea: 1954~1966", *The Journal of Asian Studies*, Vol. 50, No. 4 (November 1991); 木宮正史, 「한국의 내포적 공업화전략의 좌절: 5·16 군사정부의 국가자율성의 구조적 한계」, 고려대학교 정치외교학과 박사학위논문, 1991; David Hunter Satterwhite, "The Politics of Economic Development: Coup, State, and the Republic of Korea's First Five-Year Economic Development Plan (1962~1966)", ph. D. dissertation, University of Washington, 1994; 김광덕, 「5·16직후 군권위주의정권과 자본축적에 관한 연구: 제1차경제개발5개년계획을 중심으로」, 서울대학교 정치학과 석사학위논문, 1988; Hakchung John Choo, "An Inter-industrial Analysis of Development Planning and Performance: A Case Study of the Korean First Five-Year Plan, 1962~1966", ph D thesis, Clark University, 1970.

개발5개년계획은 최초로 실행된 계획이며 그 이후 계획을 작성하면서 그것이 긍정적이든 부정적이든 간에 하나의 모델을 제공해주었으므로 '시작이 반이다'라는 속담을 인용하지 않더라도 그 중요성을 인정할 수 있을 것이다. 따라서 정치학 분야에서는 미개척 분야라고 할 수 있는 제1차경제개발계획에 관한 연구에 착수한 것이다.

또한 미국의 역할에 주목한 이유는 한국 정치에서 미국은 매우 중요한 행위자이기 때문이다. 미국은 해방 직후부터 6·25전쟁 기간 동안 대한민국의 미래 중 상당부분을 결정했다. 1960년대 들어서 그 영향력은 점차 감소하는 추세였지만[37] 그럼에도 불구하고 그것이 무시될 수 있을 정도는 아니었다. 필자가 미국 국립문서보관소와 케네디기념도서관에서 찾은 자료들에도 미국이 한국 경제개발계획에 대해 관심을 표명한 자료들이 많이 있다. 이러한 사료들이 이 연구를 가능하게 한 자료적인 기반이다.

박정희 신드롬(syndrome)이라는 신조어가 생겼으므로 박정희 평가 문제가 사회적 이슈로 등장했다고 할 수 있다. '박정희 향수'는 박정희의 독재를 그리워하는 것은 아닐 것이며 경제발전을 추진했던 강력한 리더십에 감정적으로 영합 내지는 동감하는 것이다.[38] 그런데 백낙청 교수는 제2의 박정희가 해결책이 되지 못하는 이유로 오늘은 박정희 시대와 너무나 달라졌으며 오늘의 우리를 옥죄는 정치·경제·사회적 문제들의 상당수가 바로 박정희 시대의 유산이라는 것을 들고 있다.[39] 박정희 평가의 긍정적 입장에 대해 이병천 교

---

37) 1945년 한미경제관계가 처음 개시된 이래로 미국의 영향력은 장기적으로 보면 감소하는 추세를 보였다고 할 수 있는데 이는 한국의 정치·경제발전이 이루어져 일방적인 의존관계에서 상호의존관계로 변화했기 때문이라고 할 수 있다.
38) 홍하상, 『주식회사 대한민국 CEO 박정희』(서울: 국일미디어, 2005), 6쪽.
39) 백낙청, 「박정희시대를 어떻게 생각할까」, 『창작과 비평』 제33권 2호 통권 128호(2005년 여름), 296쪽.

수는 돌진주의의 위험성을 망각하는 '무반성적 승리주의'[40]와 '박정희 우상화 담론'으로 규정하며 그를 부정하는 견해를 박정희 시대의 성취를 외면하는 '근본주의적 초비판'론자라고 규정하고 있다.[41] 박정희에 대한 평가 부분에서 이렇게 첨예한 입장 차이와 양극화를 보이므로 냉정한 학술적 연구를 통한 역사적 재평가가 필요하다.

　　연구의 시간적 범위에 대하여 언급하면 1962년에 실행되기 시작한 제1차경제개발5개년계획은 1960년부터 1961년에 입안된 민주당 정권의 부흥부 산업개발위원회 경제개발5개년계획과 연관하에 입안되었으며 민주당 안은 그 이전의 자유당 안과 연결되어 고찰될 수 있으므로 자유당 안이 입안되기 시작한 1950년대도 보조적으로 고려하고자 한다. 또한 제1차경제개발5개년계획은 1961년 작성되어 1962년부터 시행되었고 시행 첫해부터 미국과 기업가 등이 수정을 요구해 1964년 2월 수정안이 확정되었으며 1965년 수출드라이브정책의 구현으로 경제개발의 본격적 시동이 걸려 1965년과 1966년에 수출의 비약적 발전을 경험하게 되었으므로 1961년 계획입안에서부터 1966년 제1차경제개발5개년계획 마지막 해까지를 연구의 주된 대상으로 삼고자 한다.

　　연구방법으로는 '사료의 분석을 통한 실증적 고증'이 주요 방법인 역사적 접근법(historical approach)을 채용해 1960년대의 상황을 재조명할 것이다. 또한 사회·경제적인 서술이 필요한 부분에서는 수치가 인용되는 등 초보적인 통계 방법도 원용될 수 있을 것이다.

　　주로 의존할 자료는 앞서 언급한 미국 측 1차자료를 비롯해 당시

---

40) 위의 글, 293쪽에 의하면 한국은 해방 후 갑작스러운 분단으로 일시적 마비상태였으며 여기다가 엎친 데 덮친 격으로 전쟁으로 대대적인 파괴를 당하여 빈곤이 극에 달했지만 도약의 저력이 충분히 내장된 사회였다는 것이다.

41) 이병천, "책머리에", 이병천 편, 『개발독재와 박정희 시대』(서울: 창작과 비평사, 2003), 4~5쪽.

박정희와 '한강의 기적'-1차5개년계획과 무역입국

국내에서 간행된 신문, 잡지 등의 1차자료와 이에 관한 연구서인 2차자료이다. 또한 당시 의사결정에 관여한 인사의 회고록과 증언록도 1차자료에 준하는 것으로 간주하고자 한다. 그런데 아무리 좋은 자료라고 해도 전적으로 신뢰할 수 있는 것은 아니다. 특히 회고록 등은 자신의 현재 입장을 사후적(事後的)으로 정당화하기 위하여 이데올로기적으로 채색된 경우가 있다. 또한 당시 최고 지도자 박정희가 저술한 자료 대부분은 누구인가에 의해 골격이 완성된 것이었다는 점을 인지하고 사료를 선택적으로 수용할 필요가 있다는 점이다.42) 따라서 자료를 인용할 때에는 사료 비판이 수반되어야 하며 다른 자료와의 상관적 검토가 행해져야 한다. 이렇게 심층적으로 분석하고 재해석한다면 여러 정보들에서 작성자의 의도를 분리·탈각하여 '사실에 입각한 연구'를 할 수 있을 것이다.

---

42) 예를 들어 당시 최고회의 의장 박정희의 자문역을 하고 있었던 박상길(후일 청와대 대변인 역임)은 박정희의 부탁을 받아 일종의 대통령선거용으로 『국가와 혁명과 나』를 집필하였으며 박정희가 다 읽어보았다고 한다. 이렇게 대필된 책이었지만 박상길은 이 책이 박정희의 철학-사상-정치-경제-문화-외교-사회관-인생관을 대변하고 있다고 자부했다. 박상길, 『나와 제3·4공화국』(서울: 한진출판사, 1982), 114~119쪽. 비록 타인이 저작하여 박정희가 감수만 했다 해도 그가 당시의 시대정신을 반영했던 측면도 있다.

2장

제1차경제개발5개년계획
이전의 경제개발계획

경제개발계획의 대내외적 배경과 1공화국의 계획: 원조경제 종식

　한국의 경제개발 계획 입안 시작에는 미국의 방향설정이 큰 역할을 했다. 미국은 미군정 시대인 1947년에 이미 조선재건5개년계획을 수립해 남한의 대대적 경제부흥을 진행시키려 했던 적이 있었다.1) 또한 1948년 9월 한국정부는 경제계획을 작성하기 시작해 1949년 1월 8일 경제부흥5개년계획을 수립했으며 국무회의는 4월 17일 5개년경제계획을 책정했는데 이는 미국의 원조를 효과적으로 활용하기 위한 것이었다.2) 산업부흥5개년계획이라고도 칭해졌다.3) 한편 미 경제협조처(Economic Cooperation Adminstration; ECA) 한국국장 번스(Arthur Bunce)는 1949년 1월 ECA가 주관하는 한국재건계획은 7월 1일부터 시작될 것이며, 미 점령군 주관하에 있는 구제계획은 6월 말일까지 계속하고 끝을 맺을 것이라고 말하였다.4) 따라서 1949년의 5개년계획은 어떤 실체가 있었던 것은

---

1) 「미국의 조선재건 5개년계획의 개요」, 1947년 10월 4일, *Business Week*, in『한국 경제정책 반세기 정책자료집』(서울: 한국개발연구원, 1995), 77~79쪽.

2) 「李順鐸 기획처장, 공채발행과 물가정책 등에 관해 기자와 문답」, 『연합신문』 1949년 2월 23일.

3) 「상공부, 전기・석탄・공업 증산에 미 경제협조처 자금을 활용하고자 국회에 추가예산을 요구」, 『서울신문』 1949년 4월 14일.

4) 「주한미경제협조처 대표, 한국의 재건계획은 7월 1일부터 개시될 것이라고 기

아니며 그나마 6·25전쟁으로 본격 실행되지 못했다.

전후 1950년대에도 역시 미국 원조당국이 원조정책의 일환으로 원조의 배분과 방식에 관련해 당시 한국경제의 재건과 부흥 방침을 한국 정부에 제시했다. 대표적인 두 가지 경제계획이 'Nathan 보고서'로 알려진 '한국경제재건계획'5)과 'Tasca 3개년 대한원조계획'6)이다. 또한 1955년 양유찬 주미대사가 미국 에바스코사와 한국의 경제발전 프로그램에 대해 자문을 구한 적이 있었다.7) 이외에 1954년 7월에 입안된 '경제부흥5개년계획'(1954~1958)은 이승만 대통령의 방미에 앞서 대미교섭용으로 급조된 것이었다.8) 이상의 것들은 경제계획이라기보다는 "미국이 얼마의 경제원조를 제공하면

　　　　자회견」,『서울신문』1949년 1월 13일.

 5) 미국 Robert R. Nathan협회가 국제연합한국재건위원회(유엔의 결의로 한국의 재건과 부흥의 원조를 맡음; 약칭 UNKRA)와 계약해 1952년 12월 15일 '부흥에 관한 예비보고'를 했으며 1953/54년 미 회계 연도(미국은 회계 연도의 시작이 9월임)에 시작해 1958/59년에 끝나는 5개년계획을 1953년 3월 발표했음. 1954년 2월 4일에 채택됨. 안림,『동란후의 한국경제』(서울: 백영사, 1954), 422쪽; 임정택,『경제개발5개년계획의 회고』(서울: 한국개발연구원, 1981), 13쪽;「한국경제재건계획: 네이산 보고서」1954년 2월 4일,『한국경제정책 반세기 정책자료집』(서울: 한국개발연구원, 1995), 152~156쪽; Joe Won Lee, "The Nathan Economic Commission and Korean Development", ph D dissertation, Indiana University, 1962.

 6) 1953년 4월 17일 내한한 아이젠하워(Dwight David Eisenhower) 대통령 특사 Henry J. Tasca사절단은 2개월에 걸쳐 정부, 미국 측, 유엔기관 등과 접촉해 보고서를 작성했으며 1953년 7월 15일 미국의 대한경제원조 사용지침으로 한국 정부에 건의되었다. 1954~ 1956년을 기간으로 하고 있다.

 7) "Economic Development Program of Korea", June 6, 1955, EBASCO Services Incorporated, File 25: Economic Development Program for Korea, The Syngman Rhee Presidential Papers, Yonsei University.

 8) 1953년 9월 한국정부는 경제부흥5개년계획을 발표했으며 1954년 7월 28일 한국 정부 企劃處는 所要外資 29억 달러의 經濟復興5개년계획을 수립했다고 한다.『동화연감』, 1967년판, 483~484쪽; 김진현·지동욱,「한국장기개발계획의 내막: 1차~2차5개년계획이 만들어지기까지」,『신동아』1966년 9월, 103쪽.

박정희와 '한강의 기적'-1차5개년계획과 무역입국

戰前 수준으로 부흥하겠는가"에 중점을 둔 부흥계획이었다.9)

  그런데 1957년을 고비로 한국의 경제재건이 戰前 수준으로 복구
되자 '재건'(전후복구)이 아닌 독자적인 '개발' 필요성이 대두되었는
데 이것이 경제개발계획 추진의 가장 중요한 대내적인 배경이다.
1957년은 당시까지는 최고의 성장률인 8.1%의 성장률을 노정했으
며, 1956~1957년간 제조업, 광업, 전기 등 공업생산분야에서 제1
차 도약을 기록했다고 평가된다.10) 1950년대에 들어서 아시아 각
국의 경제개발계획이 작성되기 시작한 것은 당시 경제개발계획 작성
의 주목할 만한 국제적 배경이다. 인도는 1950년부터 5개년개발계
획을 추진했으며 1955년을 전후한 시기에 아시아 각국이 경제개발
계획을 착수했다. 후진국의 발전주의에 의거한 경제개발의 계획적
추진은 하나의 유행이자 조류로 발흥하기 시작했던 것이다.11) 인도
는 당시 세계에서 가장 훌륭한 5개년계획을 작성했다고 평가받았다.
인도는 제1차5개년계획(1952~1956) 기간에 농산물 풍작 등으로

---

9) 김진현·지동욱, 앞의 글, 101쪽.

10) 이한빈, 『사회변동과 행정』(서울: 박영사, 1968), 223쪽. 1962년 및 1963년에 제2
    차 도약을 기록했다는 것이다.

11) 유엔과 미 케네디 대통령은 1960년대를 "저개발국의 경제발전을 위한 10년"으
    로 선언했으며(이 장의 각주 47 참조) 세계 무역거래량이 계속 팽창세를 보이
    는 안정적인 환경이 1950년대 말 이래로 마련되고 있었다. 김수근, 「한국의 경
    제발전과 미국의 역할」, 김덕중·안병준·임희섭 공편, 『한·미관계의 재조
    명』(서울: 경남대학교 극동문제연구소), 204쪽. 아시아 여러 나라들은 제각기
    그 구체적인 목표는 다르나 대체로 자립적 성장이란 공통된 목표 밑에 경제계
    획을 하게 되었다. 경제기획원, 「개발계획 총서를 내면서」, ECAFE(Economic and
    Social Commission for Asia and Pacific; 유엔아시아태평양경제사회이사회), 『경제
    개발을 위한 계획기술과 공업개발계획의 방법』(개발계획총서 제1권, 경제기획
    원, 1962), 3쪽. 구체적으로 일본의 1955년 5개년계획, 대만의 1953년 4개년계
    획, 싱가포르의 1960년 5개년계획, 말레이시아의 1955년 5개년계획, 필리핀의
    1959년 3개년계획, 버마의 1952년 8개년계획, 몽골의 1948년 5개년계획, 중국
    의 1953년 5개년계획, 베트남의 1955년 3개년계획, 네팔의 1955년 5개년계획,
    파키스탄의 1955년 5개년계획, 스리랑카의 1958년 10개년계획 등이다.

인해 예상외의 성공을 거두자 제2차5개년계획(1957~1961)은 목표를 더욱 늘려 잡아 경제개발을 추진하고 있는 중이었다.12) 이것이 우리의 경제개발계획 작성에 자극제가 되었으며13) 당시 국제적 환경은 경제개발

인도 뉴델리에서 열린 UN ECAFE 연차총회(1961. 4)에 참석한 우리 대표단. 왼쪽부터 최창락(부흥부 기획과장), 최덕신(주월남대사), 이기홍(부흥부기획국장).

---

12) 이기홍,『경제 근대화의 숨은 이야기: 국가 장기 경제개발 입안자의 회고록』(서울: 보이스사, 1999), 246쪽, 267~268쪽에 의하면 인도의 계획이 정작 그들의 경제발전에는 기여하지 못했는데 그 실패는 인도의 사회적, 종교적 모순에 기인한 것이었다. 이와 같은 원인은 후일 알게 되었고 1960년대 전반기까지는 인도가 전세계 후진국의 모범 개발도상국이었다.

13) 산업은행조사부 편, 「ECAFE지역의 10년간의 경제개발계획수립과 집행」,『산은조사월보』85, 1962, 5~41쪽도 그런 관심의 표현이었다.

14) 그렇지만 박정희가 국제적인 호조건에 편승하기만 한 것은 아니었다. 인도를 비롯한 나라들이 국제적인 분위기를 국내의 경제발전으로 성공적으로 연결시키지 못했던 사례에서 리더십의 중요성을 지적할 수 있다.

15) United States Operation Mission-Korea의 약칭. 미 국무부 산하 외청인 국제개발처(US Agency for International Development; USAID, 약칭 AID)의 현지 행정기관으로서 '주한미국경제협조처'로 번역됨. 약 200명의 미국인 직원과 한국인 직원 300명으로 구성. 본고에서는 USOM으로 약칭함. 원조기관이자 정보기관임. 임철규, 「유솜: 주한미국경제협조처」,『신동아』1965년 5월, 151쪽.

16) 이기홍,『경제 근대화의 숨은 이야기: 국가 장기 경제개발 입안자의 회고록』(서울: 보이스사, 1999), 265쪽. 당시 이승만 대통령이 공산당의 '계획경제'를 연상시킨다는 이유로 별다른 열의를 보이지 않았다고 한다. 조갑제, 「'근대화 혁명가' 박정희의 생애」,『조선일보』1998년 7월 16일;『조선일보』1999년 1월 26일.

17) 1959년 1월 동양시멘트의 시설확장을 위해 개발차관기금(Development Loan Fund)으로부터 재정차관의 계약이 이루어졌다. 이대근, 「차관경제의 전개」, 이대근 ·

입안에 유리한 상황이었다.14) 당시 부흥부 기획과장 이기홍은 다음과 같이 회고했다.

> 당시의 상황은 현재가 급하기 때문에 미래에 대한 언급은 금기시되어 있었다. 그러나 나는 인도의 5개년계획을 연구하면서 1956년부터 한국의 5개년계획을 주장해 계획 초안을 작성했다. 이 계획안은 1957년 부흥부장관(김현철)을 단장으로 하고 김일환(상공), 인태식(재무), 정운갑(농림) 등 경제4부장관이 이승만 대통령에게 건의했고, 기획과장이 기획국장을 거치지 않고 직접 경제4장관, 대통령에게 브리핑했다. 1957년 11월 초에 이승만 대통령은 브리핑을 듣고 나서 5개년계획은 "스탈린식 사고방식"이라고 질책했다. 이로써 이대통령 생존시에는 5개년경제계획이 불가능하다는 것을 확인한 후 한국의 경제정책에 상당한 영향력을 행사했던 USOM-Korea15)의 재정경제고문에게 장기계획의 필요성을 강조했다. 당시 USOM의 관심은 원조기금의 효율적 관리였으므로 이들을 끌어들여 경제계획을 해야겠다는 고려를 했다. 또한 5개년계획 대신 3개년계획과 7개년계획으로 하고 명칭은 '경제계획'보다 그냥 장기계획으로 할 것을 부흥부장관(송인상)에게 건의했다.16)

1950년대는 한국경제가 미국경제원조에 의존해 국민경제수준을 유지하면서 수입대체적 공업화를 추진하는 시기였다. 그러나 경제원

---

14) 그렇지만 박정희가 국제적인 호조건에 편승하기만 한 것은 아니었다. 인도를 비롯한 나라들이 국제적인 분위기를 국내의 경제발전으로 성공적으로 연결시키지 못했던 사례에서 리더십의 중요성을 지적할 수 있다.

15) United States Operation Mission-Korea의 약칭. 미 국무부 산하 외청인 국제개발처(US Agency for International Development; USAID, 약칭 AID)의 현지 행정기관으로서 '주한미국경제협조처'로 번역됨. 약 200명의 미국인 직원과 한국인 직원 300명으로 구성. 본고에서는 USOM으로 약칭함. 원조기관이자 정보기관임. 임철규, 「유솜: 주한미국경제협조처」, 『신동아』 1965년 5월, 151쪽.

16) 이기홍, 『경제 근대화의 숨은 이야기: 국가 장기 경제개발 입안자의 회고록』(서울: 보이스사, 1999), 265쪽. 당시 이승만 대통령이 공산당의 '계획경제'를 연상시킨다는 이유로 별다른 열의를 보이지 않았다고 한다. 조갑제, 「'근대화 혁명가' 박정희의 생애」, 『조선일보』 1998년 7월 16일; 『조선일보』 1999년 1월 26일.

조는 1957년의 3억 8천만 달러를 고비로 하여 점차 감소되기 시작했으며 1959년부터 차관이 들어오기 시작했다.[17] 1957년 미국 원조정책이 무상원조에서 차관으로 넘어갈 조짐이 보였으며 1960년대에 들어서면서 원조의 감소추세는 더욱 현저해졌고 가까운 시일내로 종결될 것이 예고되었다. 한국정부로서는 진지하게 그에 대한 대책을 세우지 않을 수 없었다. 위 이기홍의 회고에서 언급된 것처럼 부흥부 기획과장이 USOM을 끌어들여 추진한 면도 있지만 미국의 종용이 절대적으로 중요했었다. 이승만의 강압정치에 실망한 미국은 1957년 중반 한국 정부의 정책당국자인 김현철 부흥부 장관에게 장기적인 경제개발계획을 내놓아야 원조를 계속하겠다고 통보했다.[18] 미국 원조 급감이 예고되는 1957년 중반부터 주한 USOM 관리들은 김장관에게 효과적인 대안으로 장기경제개발계획안을 작성·제출하라고 강력하게 통고했던 것이다.[19] 이렇게 당시 경제개발계획 작성에는 미국의 힘이 중요하게 작용했다. 한국의 경제개발계획은 기본적으로 미국의 대규모 원조계획이 종결될 조짐이 보이자 수립되기 시작했던 것이다. 미국이 '손을 떼기' 시작하자 한국 정부는 어쩔 수 없이 계획을 수립했던 것이다.[20] 1950년대 말에 이르러 서구제국의 부흥으로 인한 미국 지위의 상대적 하락현상은 미국의 국제수지적자 누적(매년 30억 달러에 달함)과 금유출의 증대 현

---

17) 1959년 1월 동양시멘트의 시설확장을 위해 개발차관기금(Development Loan Fund)으로부터 재정차관의 계약이 이루어졌다. 이대근, 「차관경제의 전개」, 이대근·정윤형 편, 『한국자본주의론』(서울: 까치, 1984), 171쪽; 변형윤, 「한국경제의 성장과 변천」, 변형윤 외, 『한국경제의 이해』(서울: 비봉출판사, 1987), 31쪽.

18) 이용원, 『제2공화국과 장면』(서울: 범우사, 1999), 35쪽.

19) 이기홍, 『경제 근대화의 숨은 이야기: 국가 장기 경제개발 입안자의 회고록』(서울: 보이스사, 1999), 263쪽.

20) Ezra F. Vogel / 장인영 역, 『네 마리의 작은 용: The Four Little Dragons』(서울: 고려원, 1993), 81~83쪽.

박정희와 '한강의 기적'—1차5개년계획과 무역입국

상을 유발했다. 이에 미국은 달러위기에 봉착해 이제까지의 대외원 조정책을 전환하고자 모색했는데 무상원조를 더 이상 지속하기 어려 웠다. 이것이 대한원조 감액 배경이다.

한편 1957년과 1958년간의 경제안정정책이 부분적이나마 효과 를 보아 인플레이션이 다소 진정 되었으나[21] 원조 감소와 함께 찾 아 온 경제정체와 불황은 지속되었다(정체와 불황은 결과적으로는 1962년까지 지속됨.) 안정 국면은 중·장기 경제발전계획을 마련 할 여유를 주었으며 불황 국면에도 당시 경제관료들은 경제개발계획 필요성을 절감했다.[22] 1950년대 말은 안정이건 불황이건 간에 장 기경제개발의 필요성이 제기되었던 국면이었으며 위기와 기회가 혼 재한 상황이었다. 미국은 1950년대 중반부터 한국에서 장기적인 경 제개발 전략이 시급하다고 역설했던 것이다.[23] 따라서 한국의 경제 개발계획은 1950년대 중반의 상황부터 고찰해야 한다.[24]

이렇게 미국의 원조가 일단락되기 시작할 무렵 3대 부흥부 장관 에 취임한 송인상(1957년 6월에서 1959년 3월까지 역임)은 미국 의 강권도 있고 해서 대미원조교섭을 효과적으로 수행하기 위한다는 명분 아래 경제개발계획을 작성하기 시작했다. 송장관은 점차로 감

---

21) 1957년의 물가인상률은 0.6%였고 1958년에는 2.6%였으나 미국이 환율을 1달 러당 500환에서 650환으로 올리고 원조를 감축하자 1959년에는 10.3%로 뛰어 올랐다. Duck Woo Nam, "Monetary Expansion and Capital Formation in Korea, 1954~1958", ph D dissertation, Oklahoma State University, 1961.

22) 박태균, 「1950년대 말 미국의 대한경제정책 변화와 로스토우의 근대화론」, 『한 국사론』 37, 1997년 6월, 298~299쪽.

23) "From CINCUNC TOKYO to CINCREP SEOUL: Long Range Korean Economic Program", 28 Feb., 1955, RG 319: Records of the Army Staff, Records of the Office of the Chief of Civil Affairs, Security Classified Correspondence of the Economics Division Relating to Korea, Japan, and the Ryukyu Islands, 1949~1959, Box 11, 1쪽.

24) Soon Chough, "Financing of Economic Development in South Korea, 1954~1964", ph D dissertation, University of California at Berkeley, 1967.

소 추세에 있는 미국원조에 직면해 연도별 원조교섭에 신경을 쓰다가 그 해결책을 경제계획에서 구했던 것이다. 매년 원조액수의 흥정에 한미양국이 피차 신경을 쓸 것이 아니라 장기경제계획이란 기본 프레임을 작성하고 그 프레임의 범위 내에서 필요한 미국의 원조규모를 확정하면 좋을 것이라는 아이디어였다. 송장관은 1958년 방미해 허터(Christian A. Herter) 국무장관 대리를 만나 ① 장기경제계획을 공동으로 만들 것과 ② 미국의 원조는 1년 베이스가 아닌 3~5년 베이스로 약속해 줄 것을 요구했다. 이에 대해 허터는 장기적인 원조 약속은 힘들지만 계획작성기구를 만들면 이 경비를 부담할 것이며 계획작성용역단을 제공해준다는 약속을 했다.25) 이 결과 전적으로 미국의 원조재원인 對充資金으로 유지되는 산업개발위원회(Economic Development Council; EDC)가 부흥부 산하 자문기관으로 1958년 봄에 대통령령에 의거해 설립되었으며26) 미국 오리건대학 교수 5명이 자문역으로 초청되었다.27) 한국인의 자력에 의한 한국 최초의 장기계획 수립28)은 미국의 권고와 송인상 장관의 실무적인 주도로 시작되었다. 장관 취임 직전 국제부흥개발은행의 경제개발연구소에서 새로운 식견을 흡수하고 돌아왔던 송인상 장관

---

25) 1958년 10월 23일 美國은 韓國의 7개년 經濟發展 계획에 동의했다는 기사가 나온다.

26) 이기홍의 회고에 의하면 자신의 건의에 따라 산업개발위원회가 신설되었다고 한다. 1957월 8월(혹은 9월) 송장관으로부터 신설안의 재가를 받고 적극적으로 추진해 1958년에 신설되게 되었다. 「이기홍 전경제기획원 기획국장과의 인터뷰」.

27) The Oregon Advisory Group in Korea, *A Report on the University of Oregon Advisory Mission to the Korean Economic Development Council: 1959~1961* (Eugene, Oregon: University of Oregon, 1961). 김진현·지동욱, 앞의 글, 105쪽에 나타난 평가에 의하면 이들 다섯의 학자들은 부문계획에 대해 다소간의 도움은 주었지만 종합부문은 전혀 몰랐다고 한다.

28) 이한빈, 『사회변동과 행정』(서울: 박영사, 1968), 139쪽.

은 산업개발위원회의 위원장을 겸했다.

당초 계획은 7개년으로 잡고 전반부를 3년, 후반부를 4년으로 잡아 먼저 3개년계획의 작성에 착수했다.[29] 경제개발7개년계획 (1960~66)의 전반계획으로 경제개발3개년계획(1960~62)은 한국정부가 독자적으로 만든 최초의 경제개발계획이었다.[30] 2년의 작업[31] 끝에 1959년 12월 31일 안이 확정되었으며 1960년 4월 15일 국무회의에서 수정 채택되었다.[32] 이 계획의 입안자들도 역시 제2차대전 후 신생후진국가들이 발전계획을 장기적으로 해결하고 있는 추세를 의식했다.[33] 계획의 첫머리 '장기경제개발계획의 의의'라는 항목에 다음과 같이 기술되어 있다.

경제 총량은 서로 관련지어서 전체로 파악하여 그 순환기능을 원활하게 하며 적정경제성장을 의욕하여 보다 나은 국민복지생활을 누리게 하자면 경제를 계획적으로 운영하여야겠다는 결의는 방금 세계적 풍조가 되어 있다. 더욱이 제2차 대전 후의 신생후진국들의 경제자립의욕은 과거의 정체된 사회제도까지 파고들

29) 왜 7년을 계획기간으로 잡았느냐는 질문에 대해 송인상은 단지 북의 공산주의자들이 일반적으로 5개년을 잡고 있었기 때문에 혹시나 일반의 오해를 받을까 두려워서 그렇게 했다고 술회했다. 김진현·지동욱, 앞의 글, 104쪽. 북한의 경제계획에 대하여는 이 장의 각주 50 참조.

30) 유광호, 「장면정권기의 경제정책」, 한국정신문화연구원 현대사연구소 편, 『한국현대사의 재인식 5: 1960년대의 전환적 상황과 장면정권』(서울: 오름, 1998), 124쪽.

31) 이종연, 「박대통령의 '그랜드 디자인'」, 『정경문화』 1986년 1월, 188쪽; 이승구, 「비화: 제1차 5년 계획 산고」, 『월간경향』 1987년 2월, 224쪽에 의하면 1959년 송인상 장관은 박동묘, 황병준, 이면석, 김종대 등과 금융기관 실무자들을 동원해 이 계획을 작성했으며 1960년 1월 국무회의에서 의결되었다고 기술되어 있다.

32) 『한국경제정책40년사』(서울: 전국경제인연합회, 1986), 1045쪽.

33) 『경제개발3개년계획안』(서울: 부흥부산업개발위원회, 1959년 12월), 5쪽; 「경제개발 3개년계획」, 1960년 3월 7일, 『한국경제정책 반세기 정책자료집』(서울: 한국개발연구원, 1995), 188쪽.

어가서 근본적인 개선과 발전계획을 장기적으로 해결하려는 추세에 있다 … 34)

경제개발3개년계획은 경제성장투자 – 생산 – 고용 그리고 국제수지 등 경제 각 분야의 개발목표와 정책방향을 제시했다는 점에서 한국경제의 자립의지를 최초로 계획화한 것이었다. 농 – 공의 균형과 중 – 경공업의 조화 그리고 국제수지의 균형 등 자립적 균형성장을 개발목표로 삼고 있었다. 5대 계획 목적은 생산력의 극대화, 국제수지의 개선, 고용기회의 증대, 국민생활수준의 향상 그리고 산업구조의 근대화였다.35) 경제성장의 목표치는 5.2%였다.36) 이 계획의 기조는 '자립경제체제의 확립이라는 장기적 문제를 해결할 수 있는 기초로서 우선 자립화의 기반을 조성함을 목적으로' 한다는 것이었다. 이러한 목적은 군사정부의 제1차경제개발5개년계획 기본 목표인 '모든 사회·경제적 악순환을 시정하는 자립경제 달성을 위한 기반구축'(후술함)와 거의 동일한 것이었다.37) 그러나 '3개년계획'은 1960년 최종 단계에서 4·19혁명을 만나 말 그대로 '계획'에 그치고 말았다.38) 전술한 바와 같이 공산당의 계획경제를 연상했던 이승만은 별다른 열의를 보이지 않았으므로 부흥부의 독립방계 기관인 산업개발위원회의 주도와 송인상, 이기홍 등의 개인적 열의에 의존했

---

34) 『단기 4293년도 경제개발3개년계획』(서울: 부흥부산업개발위원회, 1960년 4월 15일), 5쪽.

35) 『경제개발3개년계획안의 요약』(서울: 부흥부산업개발위원회), 1959년 12월 31일, 3~4쪽.

36) 부흥부산업개발위원회, 『단기 4293년도 경제개발3개년계획』(서울: 부흥부산업개발위원회, 1960년 4월 15일), 65쪽.

37) 유광호, 「1950년대 '경제개발3개년계획'의 주요 내용과 그 특징」, 『한국 제1-2공화국의 경제정책』(성남: 한국정신문화연구원, 1999), 180쪽, 183쪽, 185쪽.

38) 『단기4292년도가격기준에 의한 경제개발3개년계획』(서울: 부흥부산업개발위원회, 1960).

박정희와 '한강의 기적'-1차5개년계획과 무역입국

던 것이다.[39] 산업개발위원회는 부흥부 보다 오히려 규모가 컸으며 아이디어 뱅크로서의 역할을 훌륭히 수행했던 것이다.[40] 그런데 이 계획도 다른 선행 계획과 마찬가지로 미국으로부터 원조를 더 많이 얻기 위한 계획으로서의 측면이 농후했다.[41] 만약 성장과 안정을 배타적인 가치로 상정한다면 이 안은 성장보다는 안정을 지향한 안이었다고 할 수 있다. 목표연도의 수출목표는 6,300만 달러로 기준 연도의 약 3.7배에 달했으며 '수출신장'을 위해 노력한 부분이나 '수출산업'이라는 용어도 언급되어 있지만 중점은 1차생산품의 수출이나 수입대체공업에 두어졌다.[42]

---

39) 김진현・지동욱, 앞의 글, 105쪽.

40) Kie-Hong Lee, "National Construction Service, A Case Study: Korea's Experience in Utilization of Underemployed Manpower Resources", unpublished manuscript prepared by Lee during his tenure as Research Economist, United Nations Asian Institute for Development and Planning, Bangkok, Thailand, dated July 1969, pp.74~76.

41) 1960년 4월부터 8월까지 부흥부 장관을 역임했던 전예용의 회고에 의하면 3개년계획의 경우 1960년 6월 19일 방한할 미국의 아이젠하워 대통령과의 협상에서 더 많은 원조를 얻어내기 위해 급조된 것이라는 설명이다. 한국일보사 편, 『재계회고 8: 역대 경제부처장관편 II』(서울: 한국일보사, 1981), 294~295쪽. 그런데 1950년대 중반 이후 인적 제도적 준비가 있었던 한국에 대해 미국은 군사적 고려를 우선시하여 산업화를 불가능하게 구조적으로 제약했으나 1961년 쿠데타 이후 이러한 억제를 풀어 한국 산업화가 이루어졌다는 주장이 있다. 정일준, 「미국의 대한정책 변화와 한국 발전국가의 형성 1953~1968」, 한국사회사학회 제95회 연구발표회 발표문, 2000년 4월 29일, 40쪽; 정일준, 「미국의 대한정책 변화와 한국 발전국가의 형성 1953~1968」, 서울대 대학원 사회학과 박사학위논문, 2000, 289~292쪽.

42) 『경제개발3개년계획안』(서울: 부흥부산업개발위원회, 1959년 12월), 61~63쪽.

메사츄세스공과대학(MIT)의 경제학 교수인 로스토우는 1950년 대부터 저개발지역에 대한 정책적 대응을 주장해 오다가 1961년 1월 케네디 행정부에서 대통령 안보담당 특별보좌관보(Deputy Special Assistant to the President for National Security Affairs)로 일하다가 그해 12월 미 국무부 정책기획위원회(Policy Planning Council of the United States Department of State; Policy Planning Staff[PPS]의 관계기관) 의장(chairman)으로 발탁되었다. 그는 미국 대외정책의 핵심인물로 부상해 로스토우 노선이라고 불리어지는 전략개념을 개발했다. 장면 정부 이후 한국경제개발계획 작성에서 로스토우 영향은 심대했다는 견해가 있다.43)

로스토우는 저개발 지역 특히 아시아의 공산주의는 전근대적 사회의 정체와 모순에 기생하는 '풍토병적 현상' 내지는 질병으로서 미국의 자금에 입각해 전통사회에서 근대사회로의 급속한 이행을 유도하면 도약과정에 진입할 수 있을 것이라고 내다보았다.44) 이 과정

---

43) 박태균, 「1950년대 말 미국의 대한경제정책 변화와 로스토우의 근대화론」, 『한국사론』 37, 1997년 6월; 박태균, 「1956~1964년 한국 경제개발계획의 성립과정: 경제개발론의 확산과 미국의 대한정책 변화를 중심으로」, 서울대학교 국사학과 박사학위논문, 2000, 110~111쪽. 그런데 그는 한국에만 특별히 관심을 가진 것은 아니었으며 세계의 모든 저개발 지역 발전에 관심이 있었다. 실제로 대통령 고문 로스토우가 라틴아메리카 경제발전 자문역을 했다는 사실이 다음에서 확인된다. "Benjamin H. Read(Department of State's Executive Secretary)'s Memorandum for Walt W. Rostow(White House)", January 13, 1967, RG 59, Central File 1967~1969, Entry 10: Latin America, Box 633.

44) 이상구, 「케네디행정부를 이끄는 브레인 트러스트: 경제발전단계설로 이름난 W. W. 로스토우」, 『사상계』 1961년 2월, 111쪽.

에서 장기경제개발계획이 필요하다고 분석했으며 도약을 위한 효율적 원조로서 장기적인 차관과 기술 원조정책을 제안했다.[45]

한국의 경우도 이 단계설정에 적용되었다. 1960년 8월 12일 국무부 극동 담당 차관보 파슨즈(J. Graham Parsons)는 "한국이 '로스토우식 도약단계'(the stage labeled by Rostow the "take-off point")로 전환하도록 지도와 격려, 지원을 해야 공산주의 경쟁자들이 그들의 방법을 시도할 기회를 주지 못할 것이"라고 분석했다.[46] 여기서 미국이 한국문제를 다룰 때 공산주의를 의식하면서 공산화를 방지하기 위해 애쓰고 있음을 알 수 있다.

당시 새로이 미 대통령으로 취임한 케네디는 로스토우의 광범위한 일반 처방을 받아들여 1961년 3월 22일 '대외원조에 관한 특별교서'를 의회에 제출했다. 이 교서에서 케네디는 1960년대를 결정적인 '개발의 10년'[47]으로 내세워 저개발국의 자립적 성장에의 전환을 이룩하고자 종래의 연 단위 증여원조를 장기의 유상원조계획으로

---

45) W. W. 로스토우, 이상구 역, 『반공산당선언: 경제성장의 제단계』(서울: 진명출판사, 1960), 72쪽; 김정현, 「'60년대 근대화노선: 미국의 '문화제국주의'와 한국 지식인」, 『역사비평』 1991년 여름, 181쪽.

46) "Letter From the Assistant Secretary of State for Far Eastern Affairs (J. Graham Parsons) to the Ambassador to Korea (McConaughy)", Washington, August 12, 1960, FRUS, 1958~1960, Volume XVIII, p.683.

47) 1961년 케네디 대통령은 '유엔개발의 10년'(First UN Decade of Development; UNDD)을 제창했다. 그런데 이는 그때까지 미국이 자본주의세계체제 구축비용을 전담하던 것을 일본·서독·선진유엔회원국 등에 분담시키려고 기도한 것이었다. 한편 박정희는 "미국의 원조를 받아 온 각국이 저마다의 자치와 부흥의 궤도에 매진하고 있을 때, 10대 수원국 중 제4위를 차지하였다는 한국만이 유독 그 잘사는 대열에서 낙후한 원인"을 "민주주의를 빙자한 서구의 노리리 풍을 타고 소비에만 지향"해 "국제수지의 역조"를 초래한 데에서 찾고 있다. 박정희는 '10년 전쟁'이라는 표현을 사용해 10년만 참으면 라인강의 기적도 부러울 것이 없을 것이라고 말했다. 박정희, 『국가와 혁명과 나』(서울: 향문사, 1963), 257쪽, 260쪽, 267쪽.

전환하고, 유상원조를 통한 저개발국의 장기개발계획48)에 주력할 것임을 밝혔다. 이에 의하면 "균일성과 신뢰성이 희박한 단기원조의 제공은 수혜국으로 하여금 그들의 경제를 개발함에 있어 가장 중요한 요소가 되는 장기개발계획의 수립이나 자조·자립적 노력에의 자극을 약화시키고 있다."는 것이다. 케네디는 원조를 받는 후진국이라면 장기경제계획을 가져야 한다는 견해를 강력히 표명했다. "안보상황이 허락하는 한 앞으로 군사지원은 외국정부의 안정, 시민의 자유, 피원조국의 경제성장 등에 더 중점이 주어질 것"이라고 공언했다.49) 선진국의 발전을 위해 후진국의 경제성장이 필요했던 것이다.

미국은 이 시기 대외원조정책을 쇄신했다. 1957년을 전후해 미국의 대외정책은 군사 우선에서 경제중시로 전환하기 시작했다. 소련·중국·북한50) 등 사회주의국가들이 급속한 산업화의 단초를

---

48) 케네디행정부에 들어와서는 대내적 국방문제에 대해서도 종전까지의 單年度主義를 탈피하고 장기적이고 전체적인 국방계획을 체계화하였다. 1962년 케네디행정부가 처음으로 편성한 국방예산을 의회에 요구할 때 맥나마라(Robert S. McNamara) 국방장관은 5개년의 중기계획을 제시했다.

49) John F. Kennedy, 「외국원조에 관한 특별교서」, March 22, 1961; John K. Galbraith, "A Positive Approach to Economic Aid", Foreign Affairs (April 1961); 김화성, 「受援態勢와 그 方法의 反省」, 『사상계』 1961년 7월, 126쪽; 임철규, 「유솜」, 『신동아』 1965년 5월, 162쪽; 김정현, 「1960년대 근대화노선의 도입과 확산」, 한국역사연구회 현대사연구반 편, 『한국현대사』(서울: 풀빛, 1991), 54쪽. 이 교서는 1961년 3월에 제출되었던 '그레이위원회보고'에 기초하고 있는데 이 위원회는 원조의 효율이 좋지 않은 나라에 대해서 정지·삭감할 것을 건의했다.

50) 북한의 계발계획 수립과 추진이 대한민국 경제개발계획 수립의 중요한 배경으로 작용했다. 북한 계획경제는 1947년부터 시작되었으며 두 개의 1개년계획(1947년과 1948년), 2개년계획(1949~1950년) 등 인민경제계획을 작성·실행했지만 장기적이며 본격적인 계획은 전후부터 수립·추진되었다. 「2개년 인민경제계획에 있어서의 전기 연로 광업부문」, 『旬刊通信』(1949년 4월 상순, No. 17); 「2개년 인민경제계획과 건재공업」, 『旬刊通信』(1949년 4월 하순, No. 19). 김일성은 1953년 8월 5일 「모든 것을 전후 인민경제복구발전을 위하여: 조선로동당 중앙위원회 제6차 전원회의에서 한 보고」, 『김일성 저작선집』(평양: 조선로동당출판사, 1967), 400~401쪽 연설에서 3개의 기본단계들을 묶어서 함

열게 됨으로써 제3세계국가들에 하나의 대안 모델로 부상했으므로 미국은 이를 견제해야만 했다. 이제 미국은 아시아를 포함한 제3세계국가들의 경제개발의 중요성을 인식했고 전시기 대통령인 아이젠하워의 뉴룩(New Look)전략에도 이러한 것의 단초가 포함되었었다. 전술한 바와 같은 이승만 행정부 부흥부의 경제개발계획도 이러한 배경에서 추진된 것이라고 할 수 있다. 1951년부터 1961년까지 트루먼(1945~1953)과 아이젠하워(1953~1961) 행정부에 지속되었던 상호안전보장법(Mutual Security Act; 약칭 MSA)이 케네디에 의해 신대외원조법(Foreign Assistant Act; 약칭 FAA;

게 발표했는데 전반적인민경제복구건설의 준비단계로서 반년 내지 1년 동안에 파괴된 인민경제를 전반적으로 복구건설할 수 있는 준비사업과 정리사업의 진행단계, 1954년 1월 1일부터 1956년 12월 31일까지의 인민경제복구발전 3개년계획, 1957~1961년까지의 공업화의 기초를 축성하기 위한 5개년계획(2년 반 만에 목표를 달성하고 나머지 2년 반은 다음 계획을 준비했다고 주장함; 이후 모든 계획이 목표달성에 실패했으므로 이 시기가 황금기라고 할 수 있음)이 그것이다. 그 후 최초의 본격적 사회주의경제계획인 1961~1967년간에 인민경제발전7개년계획을 추진했다. 목표달성에 실패했던 이 7개년계획을 3년 연장해 1960년대를 통괄하는 10년 계획으로 만들었으며 1971~1976년간 인민경제발전6개년계획(1969년 12월에는 5개년계획으로 발표되었으나 1970년 11월의 제5차당대회에서 6개년으로 수정됨)을 추진했으며 1년 연장했다. 1978~1984년간의 제2차7개년계획은 2년 연장되어 1985~1986년 조정기를 거쳤다. 1987~1993년의 제3차7개년계획도 1994~1996년 3월까지 '경공업·농업·무역 제일주의'의 완충기를 두는 연장이 발표되었다. 김일성 사후 있어야 할 1996~2002년의 제4차7개년계획은 발표되지 않았으며 수행되지 않았다. 『≪제1차5개년계획을 성과적으로 수행하기 위하여≫에 대하여』(김일성동지의 노작해설문고, 평양: 사회과학출판사, 1975), 2~8쪽; 김일, 『조선민주주의인민공화국 인민경제발전7개년(1961~1967)계획에 대하여: 1961년 9월 16일 제4차대회에서 한 보고』(평양: 조선로동당출판사, 1961), 1쪽; 고승효, 『현대북한경제입문』, 이태섭 역(서울: 대동, 1993), 128~129쪽; 高瀨淨, 『朝鮮社會主義經濟の研究』(東京: 博文社, 1978), 232~235쪽. 특히 김일성의 1958년 3월 6일 조선로동당 대표자회에서 한 연설 「제1차5개년계획을 성과적으로 수행하기 위하여」, 『김일성저작선집』 2(평양: 조선로동당출판사, 1968), 101~131쪽에 자극받아 이즈음 남한에서 경제개발을 추진하기 시작한 면이 있다.

1961년 9월 의결)으로 대체되면서 이러한 성격은 다소 변형되어 추진되었다.51) 기존의 상호안전보장법 체제하에서는 미국과 우방국 각 나라 간의 상호방위조약에 의거해 군사원조와 단순 소비재 중심의 무상－경제원조가 뒤섞여 제공되었는 데 비해 케네디는 뉴 프론티어(New Frontier) 정책에 의거해 自助할 수 있는 능력이 있는 나라만이 유상의 차관을 제공받을 자격이 주어질 뿐이었다.52) 원조의 중심은 더 이상 군사원조나 무상원조가 될 수 없었던 것이다.

그런데 케네디 정권은 1960년대 들어 미국의 국제수지가 한층 악화되는 상황 속에서 출범했으므로 대외원조의 총액을 늘리지는 못했지만 경제원조의 비율을 정책적으로 확대시키는 것에 주력했다. 전세계에 걸친 경제원조 총액은 1950년대의 연평균 26.5억 달러에서 1960년대에는 41.5억 달러로 증액되었다. 그러나 이러한 증가 경향은 지역적 편차가 있었다. 1960년대 쿠바혁명을 계기로 미국 대외정책의 중심은 중남미와 중동으로 옮겨가 증대된 경제원조의 대부분은 이 지역들에 투입되었다.53) 경제원조 전체에서 차지하는 동

---

51) FAA의 제1부는 국제개발법(Act of International Development)인데 이에 의거해 AID가 설치되었다.

52) 한국의 경우 미국 회계 연도 기준으로 1954년부터 1958년까지 재건구호의 차원에서 MSA에 의한 확대원조가 제공되었다. 그 후 미국은 한국에서 전후 복구가 거의 끝났다고 판단해 개정된 MSA에 의거해 1958년부터 1962년까지 지원 감축에 따른 개발차관을 제공했다. 1962년부터는 FAA에 의거해 自助支援이 행해졌으며 1966년부터는 長期支援이 행해졌다. 임철규, 「유솜」, 『신동아』 1965년 5월, 151쪽.

53) 케네디의 '진보를 위한 동맹'(Alliance for Progress)은 쿠바와 마찬가지로 빈곤과 빈부 격차 문제로 앓고 있는 중남미에 카스트로주의가 확산되는 것을 방지하기 위한 것이었다. 미국 주도하에 라틴아메리카 경제를 발전시키고 토지 및 세제 개혁을 통해 중산층과 빈민층에게 혜택이 돌아가게 함으로써 혁명세력의 토양을 없애려는 계획이었다. 이 반공산주의적 동맹은 1961년 우루과이의 푼타 델 에스테(Punta del Este)에서 결성되었는데 10년간 1,000억 달러의 기금(미국이 200억 부담)으로 중남미의 경제개발을 도모하자는 계획을 수립했다.

박정희와 '한강의 기적'－1차5개년계획과 무역입국

아시아의 비율은 1950년대의 33.8%에서 21.8%로 감소한 반면 중남미의 비율은 7.3%에서 26.6%로 급증했다. 아시아 중에서는 미국의 관여가 점차적으로 깊어가고 있던 베트남의 원조 수요가 급증했으므로 한국과 대만 등의 대규모 원조부담은 시급히 해결해야 할 과제였다.54) 이런 배경에서 미국은 한국에 대한 미국의 원조를 일본에게 분담시켜 일본을 맹주로 하는 동북아시아 지역 통합(regional integration)을 모색하려 했다.

1965년 5월 3일 서울대학교에서 한 연설을 통해 로스토우는 한국이 도약단계의 초기에 있다고 평가했으며 제2차경제개발계획5개년 계획 입안을 검토하고 재정적 뒷받침 등을 통해 그 계획에 참여하려 했다. 또한 원조형식면에서 소비재 중심의 일반적 지원으로부터 투자분야를 확장한 개발원조로 변화될 것이라고 예측했다.55) 한

유럽의 마셜플랜을 연상시켰던 이 계획은 유럽에서와는 달리 실패로 끝났다. 권용립, 『미국 대외정책사』(서울: 민음사, 1997), 578~579쪽.

54) 이종원, 「한일회담의 국제정치적 배경」, 민족문제연구소 편, 『한일회담을 다시 본다』(서울: 아세아문화사, 1995), 47~48쪽.

55) 월트 W. 로스토우, 「한국의 경제개발과 그 문제점」, 서울대학교에서 한 연설 전문, 1965년 5월 3일, 동아출판사 편, 『박정희대통령방미기: 우의와 신의의 가교』(서울: 동아출판사, 1965), 235쪽, 238쪽. 이러한 정부의 '도약단계' 진입 주장에 대해 당시 야당인 신민당은 앞으로의 지속적인 성장이 가능할 것인가에 대해 깊은 회의를 가지고 있으며 국민은 어디로 도약할 것인가를 의심하고 있다고 주장했다. 신민당은 1968년 당시를 '도약을 위한 선행적 조건충족의 단계'라고 규정했다. 신민당, 「당면정책, 1968년 5월 20일 개정」, 중앙선거관리위원회 (편), 『대한민국정당사』(서울: 중앙선거관리위원회, 1973), 613~614쪽; 신민당, 「1967년 3월 25일 당면정책」, 중앙선거관리위원회 편, 『대한민국정당사』(서울: 중앙선거관리위원회, 1973), 643쪽. 한편 1969년 7월 20일 제정된 신민당의 「기본정책」, 중앙선거관리위원회 편, 『대한민국정당사』(서울: 중앙선거관리위원회, 1973), 706~707쪽을 통해 신민당은 "성장 '템포'가 낮아지더라도 공정분배의 극대화를 통해 국민 후생의 균형도를 제고"하는 대중경제를 대안으로 제시했다. 대중경제는 자유주의적 자본주의체제와 계획경제체제의 장점만을 채택한 혼합경제체제를 기본방향으로 하고 있다는 것이었다. 『대한민국정당사』, 678~679쪽.

편 서울대 변형윤 교수는 한국경제가 대체로 1962~1967년 중에 도약단계에 진입했다고 평가했다.[56] 또한 중앙대 유진순 교수는 한국경제가 전통사회를 거쳐 도약을 위한 선행조건 충족의 단계에 들어갔음은 이론의 여지가 없으며 문제는 이 단계에서 벗어났는가 아닌가라고 자문한 후, 일단 벗어났음을 전제하고 60년간의 도약단계 중 前期 20년간의 도약단계에 있다고 평가했다.[57]

1965년 5월 3일 서울대에서 강연하는 로스토우 박사

---

56) 변형윤, 「「로스토우」 도약이론의 한국경제에 대한 적용문제」, 『한국경제발전의 이론과 현실』I, 내각기획조정실, 1969, 35쪽.

57) 유진순, 「한국경제 성장의 제단계」, 『한국경제발전의 이론과 현실』I, 내각기획조정실, 1969, 12쪽, 19~20쪽. 한편 공화당은 1966년 경 정책기조연설을 통해 1971년부터는 도약단계에 들어가 1970년대 후반기에는 바야흐로 근대화를 성취할 수 있다고 주장했다. 위의 책, 4쪽.

3 미국의 종용과 지원 아래 작성된 장면 정부의 경제계획

4·19 이후 장면 정부가 수립되자 미국은 이를 즉각 승인하고 경제 원조를 제공했다.[58] 아이젠하워 대통령은 1960년 9월 14일 일시 귀국한 맥카나기 대사를 만나 장면 정부에 대한 지지를 표명하면서 한국의 경제발전에 대해 관심을 표명했다. 그는 "한국인들이 스스로 경제단계를 끌어올리는 방법을 발견해야 할 것이며 만약 경제적으로 자립할 수 없으면 독립국이라고 할 수 없음을 깨달아야 한다"고 말했다.[59] 또한 미국의 경제고문은 장면 정부가 장기경제계획을 수립하는 데 많은 도움을 주었다.[60] 이 계획 중 대부분이 1961년 군정의 경제개혁에 흡수되었다.[61] 경제제1주의를 표방한 민주당 정권

---

58) 정권출범 후 장면 정부는 급감하는 원조 규모를 한 푼이라도 더 유지하려던 자유당정부 말기의 소극책을 버리고 부정·부패를 일소하는 경제제도의 쇄신을 부르짖으면서 자조 자립하겠다는 표현만으로 된 대미각서(Aide-Memoire)를 보내며 원조를 기다렸다. 1960년 말에는 김영선 재무장관을 중심으로 한 사절단이 도미해 2천만 달러의 안정기금이 대통령 긴급자금에서 지출된다는 딜론 미 국무차관의 각서가 산출되기도 했다. 이에 따라 김 장관은 1961년 2월 2일 2·2조치(1천 3백대 1의 환율인상)를 단행했다. 그렇다고 자유당 시절처럼 대규모 원조 제공이 약속된 것은 아니었다.

59) "Memorandum of Conference With President Eisenhower", Washington, September 14, 1960, Eisenhower Library, Whitman File, DDE Diaries, in *FRUS*, 1958~1960, Volume XVIII, p.691.

60) 1961년 초 당시 USOM 처장 Raymond T. 모이어는 과거에 계획작성의 노력이 있었지만 하나도 완성된 것이 없다고 비판하면서 한국의 장래발전을 위한 총괄적인 계획을 작성해야 한다고 주장했다. R. T. 모이어·부완혁·이정환, 「미국경제원조의 방향: 미국의 대한원조를 재검토한다」, 『사상계』 1961년 2월, 223쪽.

61) U.S. House of Representatives, The Subcommittee on International Organizations of the Committee on International Relations, *Investigation of Korean-American Relations, Oct. 31, 1978*(Washington, D. C.: USGPO, 1978); 미하원국제관계위원회 국제기구소위원

은 부흥부 산업개발위원회를 통해 자유당 정권의 3개년계획을 발전시켜 경제개발5개년계획안(5개년 종합경제재건계획안이라고도 칭함: 1961~65)을 편성했던 것이다.[62]

5개년계획은 김영선 재무부 장관을 중심으로 주요한 상공부 장관, 태완선 부흥부 장관 등의 경제팀에 의해 1960년 10월부터 착상되었다. 장면 총리는 "후세에 남길 대역사를 하자"면서 경제개발계획 추진을 지시하는 한편 김영선 재무부 장관과 차균희 부흥부 차관을 미국에 파견해 재정지원 규모를 타진했다. 이들은 1960년 10월 4일 허터(Christian Herter) 미 국무장관에게 장면의 외교각서인 '원조요청각서'를 전달했는데 장면은 이를 통해 미국의 급감하는 원조 규모를 의식한 듯 "증여가 현 수준에서 유지되어야 함은 물론 더하여 새로운 경제개발사업을 추진할 특별원조와 「경제안정기금」을 마련하여 줄 것을 간절히 요청"했다.[63] 장면은 이 각서를 통해 한국 정부가 당면한 문제점을 열거하면서 내정개혁의 단행, 국방비 부담의 축소, 대일국교정상화를 약속하고 1961~1965년간 소요될 4억 2천만 달러의 경제개발자금 지원을 요청했던 것이다.[64]

회 편, 『프레이저 보고서』, 서울대학교 한・미관계연구회 역(서울: 실천문학사, 1986), 40쪽.

[62] 국가재건최고회의 한국군사혁명사편찬위원회 편, 『한국군사혁명사』 제1집(상), 국가재건최고회의 한국군사혁명사편찬위원회, 1963, 919쪽.

[63] 대한민국정부, 「한국의 경제개혁방책에 관한 각서(요지)」 1960년 10월 4일, 2쪽. 위의 각서 20쪽에서 경제안정기금을 향후 2년간에 걸쳐 8천만 달러를 공여하여 줄 것을 부탁했다. 이 문건의 12쪽에는 "수출산업의 진흥에 총력을 기우린다"는 것이 국제수지개선책의 맨 처음 항목으로 열거되었는데 이는 초기 공업화과정의 일본이나 최근 홍콩의 성공에서 교훈을 얻은 것이라고 지적되었다. 장면 정부의 각료들도 일본이나 홍콩 등의 국제적 조류를 의식해서 수출산업 진흥을 하나의 대안으로 고려했던 것은 사실이다.

[64] 정헌주, 「민주당정부는 과연 무능했는가」, 『신동아』 1985년 4월, 270쪽, 274~275쪽.

박정희와 '한강의 기적'-1차5개년계획과 무역입국

한국경제개발5개년계획이 대외적으로 발표된 것은 이것이 처음이었다.[65] 김장관 일행이 허터와 미 국제개발처(AID) 관계자들과 만난 결과 비교적 냉담한 반응을 들었다고 한다.[66] 김장관은 재정 안정기금의 일부로 2천여 만 달러를 받아오는 데 그쳤다.[67] 이러한 분위기가 국제사회에 전달되어 홍콩의 파이스턴이코노믹리뷰(Far Eastern Economic Review) 지의 윌슨(Wilson) 편집국장은 직접 한국을 방문해 김영선 장관과 이기홍 국장, 이한빈 재무부 예산국장 등을 인터뷰해 「도약을 위한 한국의 탄원」이란 제목의 커버스토리를 10월 27일자에 실었다.[68]

미국은 전술한 바와 같이 이미 1950년대 중반부터 장기적 개발계획의 입안을 종용했으나 구체적인 지원 요청에는 다소 냉담했다.

---

65) 이기홍, 『경제 근대화의 숨은 이야기: 국가 장기 경제개발 입안자의 회고록』 (서울: 보이스사, 1999), 268쪽.

66) 조갑제, 「'근대화 혁명가' 박정희의 생애」, 『조선일보』 1998년 7월 16일자. 이에 비해 정헌주는 미국의 반응이 무척 호의적이었다는 상반된 평가를 내어놓고 있는데 이는 민주당 정부의 계획을 과대평가하는 견해라고 할 수 있다. 만난 일자도 10월 말(정헌주)와 10월 초(조갑제)로 엇갈리고 있다. 정헌주, 앞의 글, 275쪽. 한편 이용원, 『제2공화국과 장면』(서울: 범우사, 1999), 42~43쪽에 의하면 1960년 10월 13일 워싱턴에서 열린 한미경제회담에서 한국은 4억 2천 1백만 달러를 1961~1965년에 걸쳐 원조해 달라고 미국에 정식 요청했으며 圜과 미국 달러화 환율을 1961년부터 1천대 1로 끌어올리기로 합의했다는 것이다. 또한 11월 26일에는 맥카나기 주한 미국 대사가 장면을 방문, 각서에 밝힌 요청에 기본적으로 동의한다는 허터 미 국무장관의 공한을 전달했다는 것이다.

67) 장면, 『한알의 밀이 죽지 않고는』(서울: 가톨릭출판사, 1967), 74쪽.

68) *Far Eastern Economic Review*, October 27, 1960에서 "초기 공업화의 일본이나 최근의 홍콩에서 보여준 바와 같이 한국의 근면하고 영리한 노동력을 이용하여 수출 상품을 생산"하는 전략이라고 구상중인 장면 정부의 경제전략에 대해 논평했다. 이 관찰에 의하면 장면 정부의 개발계획은 전형적인 수출주도형 공업화 전략으로 평가될 수 있으나 이는 섣부른 평가였다. 또한 "일단의 젊은 관료들이 체면 불구하고 미국에 매달려 경제적 도약을 하겠다고 공개 탄원했다"고 보도 했다.

한편 장면 정부는 1960년 11월 말부터 부흥부 산업개발위원회가 주무부서가 되어 5개년계획의 수립에 착수했다.[69] 이기홍 부흥부 기획국장과 정재석 조사과장, 최창락 기획과장 등이 세부안을 손질했다. 1961년 1월 5일 장면은 경제개발계획의 대강을 발표했는데[70] 미국 정부는 공식논평을 하지는 않았지만 부정적인 반응을 비공식적인 경로로 전달했으며, 맥도널드의 회고에 의하면 사회주의적이라고 평가하는 이도 있었다고 한다.[71]

1961년 4월 말~5월경 5개년계획안 성안이 완료되었다. (그런데 이 안의 구체적인 결과물은 아직 학계에 발굴되어 있지 못하다. 장면의 회고에 의하면 비밀리에 성안하여 발표할 생각이었는데 신문에 발표되었다고 한다.[72] 공식문서로는 단지 1961년 2월에 대외비로 작성된 『한국경제개발5개년계획수립요강』이라는 문서만이 남아 있을 뿐이며 "부흥부 발표 1차5개년계획의 개요"가 1961년 5월 12일에 발표되어 신문에 보도되었다.[73] 『조선일보』는 1961년 5월

---

69) 김진현·지동욱, 앞의 글, 106쪽. 김진현의 주장에 의하면 경제개발계획에 관한 한 4·19 이후에는 자유당 집권시의 송인상과 같은 주도적 인물이 없었으며 4·19부터 11월 말까지 전혀 추진되지 않았다는 것이다.

70) Nae-Bok Han, "Seven-Point Development Plan", *Far Eastern Economic Review*, January 26, 1961.

71) Donald MacDonald, *U.S.-Korean Relations from Liberation to Self-Reliance: The Twenty-Year Record* (Boulder, CO: Westview, 1992), p.289; David Hunter Satterwhite, *op. cit.,* p.353.

72) 장면, 『한알의 밀이 죽지 않고는』(서울: 가톨릭출판사, 1967), 82쪽.

73) 이에 대해 유광호 교수는 실무진이 작업은 했지만 일종의 완성된 문서형식으로까지는 만들지 못했던 것으로 짐작했다. 남덕우, 「한국 경제정책의 발자취: 제1~6공화국의 경제정책 요약」, 『제1차 한국현대사학술토론회』(성남: 한국정신문화연구원, 1991), 40~42쪽; 이한빈, 『사회변동과 행정: 해방 후 한국행정의 발전론적 연구』(서울: 박영사, 1981); 유광호, 「장면정권기의 경제정책」, 한국정신문화연구원 현대사연구소 편, 『한국현대사의 재인식 5: 1960년대의 전환적 상황과 장면정권』(서울: 오름, 1998), 125쪽. 이 문서는 다음에 요약되어 있다. 「부흥부 발표 1차5개년계획의 개요」 1961년 5월 12일, 『한국경제정책 반세기 정책자료집』(서울: 한국개발연구원, 1995), 207쪽.

13일 1면에서 민주당 내각의 경제5개년계획을 보도했으며 다음날 사설을 통해 경제개혁이 緣木求魚격이라고 비판했다. 『동아일보』는 1961년 5월 13일자 석간 1면과 14일자 조간 1면에 "「경제심의회」 추진"이라는 기사를 통해 "새로 수립될 경제개발 「제1차5개년계획」" 이라는 표현을 사용했을 뿐이다) 정부는 미국 측의 동의를 얻기 위해 재무부의 이한빈 예산국장과 김영록 이재국장, 부흥부의 이기홍 기획국장 등 3인을 교섭실무단으로 파견했다. 이들의 방미 목적은 장면의 7월 방미 전에 한국 정부가 진행중인 경제개발의 방향을 뉴프론티어 사고의 범위 내에서 예비적으로 조율하기 위한 것이었다.[74] 5월 9일 AID 본부에서 대한원조책임자 케어리(Hugh L. Carey) 국장을 만나 3억 달러의 지원 약속을 받아냈다.[75] 이에 장면 총리는 7월 10일 미국을 방문해 케네디 대통령과 회담을 가진 후 3억 달러 지원안에 서명하고 국내로 돌아와 경제개발5개년계획을 발표한다는 일정을 갖고 있었다.[76] 이기홍의 주장에 의하면 미국은 5개년계획의 초안이 쇼핑리스트(Shopping List)내지는 프로젝트 리스트(Project List)라고 혹평하면서도 소요예산에 대해서는 걱정하지 말라는 우호적 태도를 보여주었다는 것이다.[77] 3인의 관리가

---

74) Donald Macdonald, YI Ki-hong, "Memorandum of Conversation: Objectives of ROK Economic Working Group", May 9 1961, p.1, RG 59, Bureau of Far Eastern Affairs, Assistant Secretary for Far Eastern Affairs, Subject, Personal Name, and Country Files, 1960~1963, 1961 Subject Files, Box 9. 이기홍 등은 경제개발에 관한 어떤 확정 된 계획서는 아직 작성 중이므로 제출할 수 없으며 확정할 때 지침을 얻기 위 해 방미했다는 것이다.

75) 정헌주, 앞의 글, 275쪽. 이 면담에서 이기홍 국장은 계획안이 1962년부터 시행 될 예정이니 빨리 미 의회를 통과시켜 달라고 요청했다는 것이다.

76) 장면, 『한알의 밀이 죽지 않고는』, 74쪽; 정헌주, 앞의 글, 276쪽; 이용원, 『제2 공화국과 장면』, 47쪽.

77) 이기홍, 『경제 근대화의 숨은 이야기: 국가 장기 경제개발 입안자의 회고록』 (서울: 보이스사, 1999), 269~270쪽, 295쪽.

방미했다는 사실은 백악관의 뉴 프론티어 팀의 한 사람인 로스토우의 주목을 끌기도 했다.[78] 그러나 군사쿠데타 소식이 곧 전해지고 실무교섭단은 도중에 귀국해 버릴 수밖에 없었다. 오위영 무임소 국무위원은 5월 12일 오후 4시부터 장면 총리를 방문한 뒤 약 한 시간 반 동안 정부가 1962년부터 시행할 경제개발5개년계획을 협의했으나[79] 이것도 너무 늦은 협의였다. 장면 정부는 경제개발계획을 발표해 놓고 5개월이 넘도록 시행하지 못했다.

결국 장면의 회고대로 민주당 정부의 계획은 그 실행을 위한 재정적 뒷받침이 없었고[80] 실천에 옮길 만한 확고한 준비가 없었으므로[81] 1961년부터 시행시키지 못했으며(확정된 안도 1961년 전에 만들지 못했음) 1961년의 5·16으로 결국 실시되지 못하는 하나의

---

78) 이들은 5월 16일부터 18일 사이에 로스토우와 면담이 약속될 예정이었다. "Memorandum for Mr. W. Rostow, the White House: Korean Economic Mission", May 11 1961, p.1, RG 59, Bureau of Far Eastern Affairs, Assistant Secretary for Far Eastern Affairs, Subject, Personal Name, and Country Files, 1960~1963, 1961 Geographic Files, Box 5. 그런데 이기홍의 회고에 의하면 이 약속 전인 5월 13일 금요일에 헤이 아담스(Hay Adams) 호텔에서 만났다는 것이다. 이한빈은 행정부 내에서 정책적으로 영향력을 행사할 수 있는 인사와의 접촉을 원했으므로 삼자 회동이 이루어졌다는 것이다. 이 자리에서 로스토우는 열성적인 태도로 5개년계획을 설파한 이기홍·이한빈 양자를 경제도약집단(take-off group)이라고 격려해 주었다. 이기홍, 『경제 근대화의 숨은 이야기』, 296쪽.

79) 조갑제, 「'근대화혁명가' 박정희의 생애: 제12부 경제개발계획, (4) 종합경제재건계획」, 『조선일보』 1999년 1월 20일.

80) 장면, 『한알의 밀이 죽지 않고는』(서울: 가톨릭출판사, 1967), 82쪽; 『사실의 전부를 기술한다』(서울: 희망출판사, 1966), 302쪽; 김도연, 『나의 인생백서: 상산회고록』(서울: 상산회고록출판동지회, 1968), 391쪽. 장면은 1966년 사망 전(경제개발계획의 시행착오가 노정되던 시점: 1966년 1월)에 작성한 회고록에서 "군정에서 이(민주당 정부: 인용자) 초안 그대로 (재정적인: 인용자) 아무 뒷받침 없이 내밀다가 실패의 고배를 마시고 만 것"이라고 평가했다.

81) Stephan Haggard, Byung-Kook Kim, and Chung-In Moon, "The Transition to Export-Led Growth in South Korea: 1954~1966", *The Journal of Asian Studies*, Vol. 50, No. 4 (November 1991), pp.854~855.

안으로만 남았다.82) 정치적 결단과 추진력이 결여되어 있었다고 평가할 수 있다. 민주당 정부는 1961년에는 국토건설사업계획을 추진하고 그 다음 1962년에 가서 경제개발5개년계획에 착수할 것을 결정했다고 한다.83) '중앙종합계획기구'인 경제개발부의 설치도 불발로 끝났다.84) 그런데 경제개발계획을 기안했던 부흥부 기획국장 이기홍과 이한빈 재무부 예산국장 같은 미국 유학파 경제관료의 뜻은 5·16 이후에도 부분적으로나마 결국 실현되었다.85) 경제개발5개년계획, 경제기획원설치, 국토건설사업 등이 군사정부에도 인계되어 오히려 더 강력하게 실시되었던 것이다.86)

5개년계획안의 성안이 착수 초년도인 1961년을 겨우 1~2개월 앞두고 성안되기 시작한 것에서 이 계획의 이니셔티브를 한국이 아닌 미국이 가지고 있었다는 판단을 유추할 수도 있을 것이다. 또한 장면 정부는 새로이 출범한 케네디 행정부가 전술한 바와 같이 장기

---

82) 쿠데타가 감행되지 않았더라면 민주화와 산업화를 병행시킬 수 있었다는 주장이 다음에 제기되어 있다. 정헌주, 앞의 글, 262~279쪽. 이기홍, 『경제 근대화의 숨은 이야기: 국가 장기 경제개발 입안자의 회고록』(서울: 보이스사, 1999), 269쪽에 의하면 5개년계획의 1차 연도로 예정되었던 1961년은 시기적으로 늦었기 때문에 1961년에 일종의 예행연습으로 실업자 대책인 국토건설사업을 추진했다는 것이다.

83) 이한빈, 『사회변동과 행정』, 190쪽.

84) 이 기구는 수석부(super-minisry)로 할 예정이었다. 이는 정책조정기능이 뛰어난 인도의 Indian Planning Commission(총리직속기관)을 모델로 했지만 이 기구에는 없는 예산편성을 통한 재원배분기능을 첨가할 예정이었다. Stephan Haggard, Byung-Kook Kim, and Chung-In Moon, *op. cit.*, p.856; 이만희, 「한국의 산업정책에서의 경제기획원의 역할」, 연세대학교 정치학과 박사학위논문, 1992, 38쪽; 이기홍, 『경제 근대화의 숨은 이야기: 국가 장기 경제개발 입안자의 회고록』(서울: 보이스사, 1999), 273쪽. 그런데 이러한 아이디어는 혁명정부에 의해 수용되었으며 구정권의 경제관료도 중용되었다. 이런 면에서 자유당·민주당 정권의 경제개발 아이디어가 군사정부에 의해 그대로 계승되었던 것이다.

85) 조갑제, 「'근대화 혁명가' 박정희의 생애」, 『조선일보』 1998년 7월 16일.

86) 이기홍, 앞의 책, 303쪽.

계획을 강조하자 미국과의 흥정을 유리하게 이끌기 위해서는 장기계획이 필요하다고 생각했다. 또한 서독과 일본으로부터 자본재 원조 및 차관을 중심으로 한 외자 도입을 검토했던 장면 정부는 이들 선진자본수출국에 대해서 한국경제의 장기예측과 정책방향을 제시할 필요성 있었다.[87] 따라서 민주당정권은 자율적인 의사와는 상관없이 계획을 추진했을 수 있다.

자유당정권의 계획은 다부문균형적인 성장 모델이었는데 민주당정권의 그것은 요소 공격식 불균형성장론이었다.[88] 불균형성장론은 박정희정권의 경제개발계획이 민주당정권의 그것에서 그대로 계승했던 점이다.[89] 이렇게 균형추구에서 불균형 발전 모델로 바뀐 과정에는 전적으로 미국 이코노미스트의 조언이 작용했다고 한다.[90] 5개년계획을 만들면서 장면 정부는 미국 아시아 재단의 자금 지원으로 미 국방부 연구소인 랜드 코포레이션(Rand Corporation)의 찰스 울프(Charles Wolf, Jr.) 박사를 1961년 3월 1개월간의 일정으로 초청해 이론적인 자문을 받았던 것이다. 울프 박사를 주로 상대한 사람은 이기홍 국장과 이한빈 국장, 김입삼 등이었다.[91] 김입삼은 1961년 3월 중순에 열린 부흥부 산하 산업개발위원회에서 만든 5개년계획을 부흥부 고문 울프 박사에게 브리핑하면서 5개년계

---

87) 김진현・지동욱, 앞의 글, 106~107쪽.

88) Yang Han Kim, "Empirical and Theoretical Analysis of Balanced and Unbalanced Growth Theories with Reference to South Korea, 1953~1960", ph D dissertation, University of Utah, 1967.

89) 그런데 유원식의 회고에 의하면 박정희 군사정부 아래서의 원안은 균형성장 전략이었으며 이 때문에 스칼라피노(Robert A. Scalapino) 교수가 사회주의적이라고 비판했다고 한다. 유원식, 『혁명은 어디로 갔나: 5・16비록』(서울: 인물연구사, 1987), 313~314쪽.

90) David Hunter Satterwhite, op. cit., p.335.

91) 이용원, 『제2공화국과 장면』, 46~47쪽; 김입삼, 『초근목피에서 선진국으로의 증언: 金立三自傳』(서울: 한국경제신문, 2003), 441~448쪽.

박정희와 '한강의 기적'-1차5개년계획과 무역입국

획을 작성할 때 감안해야 할 개발 전략과 자원 조달 방안 작성 기법 등은 무엇이냐고 물었다고 한다.92) 울프는 "5개년계획 작성 작업은 국방을 포함한 장기적인 국가경영전략의 시각에서 파악하는 사고방식을 공유하고 있어서 작업은 내실 있게 진행되었다."93)고 평가했으며 사회주의적이라는 평가를 부정했다.94) 울프 박사는 1961년 3월 28일 부흥부 장관에 보낸 보고 속에 다음과 같이 건의했다.

> 균형 및 불균형성장론에 관한 상이한 견해는 한국경제현황에 비추어 어떠한 일반적 관련을 갖는가? 나의 판단으로는 적어도 싱어(Singer)나 허쉬만(Hirschman)이 개진한 불균형성장의 주장 속에 한국에 타당한 이론이 내포되어 있다고 생각한다.95)

그는 요소공격식 접근을 채택해 정유공장과 인견사공장, 기초화학공장 등의 순으로 투자해야 한다고 주장했다. 또한 그는 1961년은 준비기간으로 잡고 착수년도를 1962년으로 바꾸어야 한다고 주장했는데96) 결과적으로 이러한 주장은 민주당 정권이 무너졌음에도

---

92) 김입삼, 「빛 바랜 청사진 '5개년계획'」, 『한국경제신문』 1998년 6월 15일.

93) 이한빈, 「일하며 생각하며」, 조갑제, 「'근대화 혁명가' 박정희의 생애」, 『조선일보』 1998년 7월 16일에서 재인용.

94) David Hunter Satterwhite, op. cit., pp.334~335.

95) 『경제개발5개년계획 해설』, 조사월보제75호별책, 한국산업은행기획조사보 (1962년 2월), 14쪽.

96) Charles Wolf, Jr., "On Aspects of Korea's Five-Year Development Plan", a paper prepared for the Ministry of Reconstruction, Republic of Korea, April 24, 1961, RAND Corporation Study P-2288, p.19; 김진현・지동욱, 앞의 글, 108쪽. 울프의 보고서는 원래 1961년 3월 28일 부흥부에 제출되었던 것임. 따라서 유광호 교수는 이 5개년계획의 대상년도를 1961~1965로 표기했다가 후반부에서 1962~1966으로 바꾸었다. 유광호, 앞의 글, 124쪽, 128쪽. 울프는 다음과 같은 글을 통해 한국경제개발계획을 분석했다. Charles Wolf, Jr., "Economic Planning in Korea", Asian Survey Vol. II, No. 2 (December 1962).

불구하고 채택되었다.

김입삼의 회고에 의하면 그가 울프박사에게 브리핑할 때 성장률을 6.1%로 설명했으며 울프는 한국 정부의 계획에 전반적으로 찬성했다는 것이다.[97]

장면 정부가 1961년 5월 12일 발표한 1차5개년계획을 빼고 이전의 계획은 모두 차수가 없는 5년 혹은 7년의 1회에 그치는 중기적 안이었다.

김입삼에 의하면 민주당 정부는 발전에 대한 전략에 관한 한 뚜렷한 청사진을 가지고 있었으며 상당히 구체적인 실현 방안도 마련 중이었다는 것이다.[98] 이 점에서 장면 정부는 자유당 정권은 물론 5·16 군사정부보다 월등히 앞섰다고 평가했다. 경제제일주의를 표방한 민주당이었으므로 국무총리, 대통령, 경제장관 등이 모두 참석한 종합경제회의를 정례화했으며 북한과의 경제경쟁에서 승리하자는 의지를 매우 강력하게 표명했다는 것이다. 당시 국가발전의 핵심계획은 1) 5개년계획, 2) 국토건설사업, 3) 태백산종합개발구상, 4) 재정안정계획이었다. 또한 김영선 재무장관은 경제적인 기회의 균형화 등을 통해 경제질서를 바로 잡을 것을 주창했다고 한다.[99]

---

97) 이용원, 『제2공화국과 장면』, 47쪽.

98) 김입삼, 『초근목피에서 선진국으로의 증언: 金立三自傳』(서울: 한국경제신문, 2003), 451쪽에는 1961년 7월 6일의 종합경제재건5개년계획안이 민주당안의 목표성장률을 대폭 높이고 이에 따라 계수조정을 해 맞춘 것에 불과하다는 주장이 나온다. 그는 민주당 정부가 무능했다기보다는 무기력했다고 평가한다. 앞의 책, 445쪽.

99) 김입삼, 「민주당의 경제발전 청사진」, 『한국경제신문』 1998년 7월 6일.

박정희와 '한강의 기적'-1차5개년계획과 무역입국

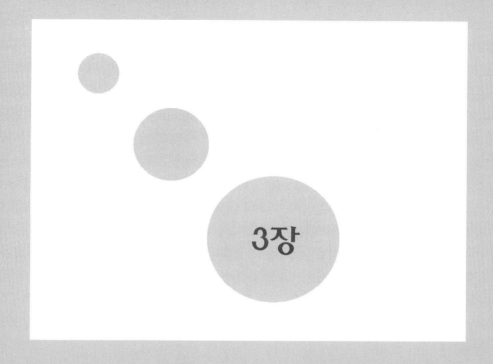

3장

제1차경제개발5개년계획의 작성배경

박정희는 1970년대 초에 집필한 그의 저서에서 범국민적인 개발의욕을 고취시키고 경제 발전을 위한 개발에의 의지를 집약시키기 위해 1962년을 제1차 연도로 하는 종합적인 경제개발5개년계획을 수립하고 국민에게 제시했다고 주장했다.[1] 그의 또 다른 회고에 의하면 5·16 군사혁명의 핵심은 '민족의 산업혁명화'에 있으며 정치혁명과 사회혁명 문화혁명 중에서 경제혁명이 가장 중요하다는 것이었다.[2]

1 | 군사정부출범과 미국

미 국가안전보장회의(National Security Council; 약칭 NSC)는 1961년 4월 초순부터 새로운 대한정책을 수립하는 작업에 들어갔다.[3] 5월 5일 국가안전보장회의 483차 회의에서 「미국의 대한정책」

---

1) 박정희, 『민족의 저력』(서울: 광명출판사, 1971), 133쪽.

2) 박정희, 『국가와 혁명과 나』(서울: 향문사, 1963), 259쪽; 『국가와 혁명과 나』, 해설판(서울: 고려서적, 1965), 197쪽; Park Chung Hee, *The Country, the Revolution and I*(Seoul: Hollym, 1970), p.173.

3) USOM의 부처장(부책임자)이었던 기술자문역 휴 D. 팔리(Hugh D. Farley)는 "1961년 2월 현재 한국의 상황"이란 보고서를 1961년 2월 작성했으며 3월 6일 로스토우에게 전달했으며 3월 15일 개정했다. 이에 의하면 "장면 정부의 독직, 부패, 무능이 한국을 위기로 몰고 가고 있다"고 평가했다. 팔리는 장면정

이라는 보고서를 작성하기 위해 '한국문제에 대한 국무차관 직속 특별대책반'(Korea Task Force; 대통령 직속으로 바뀜)을 구성했다. 이 대책반은 원래 "허약한 장면 정부를 사회경제적 개혁에 단호하게 착수할 수 있는 정부로 어떻게 바꿀 수 있느냐."라는 목적 아래 국무부의 극동지역경제담당인 피터슨(Avery Peterson), 국무부와 원조기관인 국제협력처(International Cooperation Administration; 약칭 ICA)의 한국문제 담당자들, 백악관의 존슨(Robert H. Johnson) 등으로 구성되었다. 이 대책반의 보고서는 5월 15일까지 작성하기로 했으며 19일의 국가안전보장회의에서 토의될 예정이었다.[4] 백악관과 국무부는 이에 대한 대책에서는 의견일치를 보지 못했다.[5] 이러한 시점에서 5·16 군사쿠데타가 발생했다.

부가 이대로 4월을 넘기기는 어려울 것이며 공산혁명 혹은 이와 비슷한 극단적 사태가 일어날지 모른다고 경고했다. 팔리는 점진적인 접근으로는 한국이 필요로 하는 것을 만족시킬 수 없다는 사실에 로스토우에게 알려 '장기적인 개혁'의 추진에 관한 압력을 케네디에게 행사할 것에 기대했다. Hugh D. Farley, "The Situation in Korea, February 1961", March 15, 1961, Presidential Papers of JFK, National Security File(이하 NSF로 약함), JFK Library, Country File: Korea(General), Box 127, p.7. 위 보고서의 p.3 冒頭에는 "1961년 2월 대한민국은 그 국민들의 현재와 미래 희망을 잃고 있으며 그의 친구이자 보증인인 미국에게도 희망을 잃기 시작한 병든 사회이다"라고 지적되어 있다.

4) "Editorial Note", FRUS, 1961~1963, Vol. XXII, p.448. 1961년 5월 10일 군복무자의 시민성을 군대를 통해 교육시키는 프로그램을 개발하자는 다음과 같은 보고서가 작성되었다. 미국은 군부를 상당히 의식하고 있음을 보여주는 보고서이다. "Military Provision of Civilian Skills", Korea Task Force-Paper 4, May 10, 1961, RG 59, Entry 3069; Legal Affairs East Asia Branch, Subject and Country Files, 1941~1962, Box 2. 5·16 후에 국내에서 나온 한 저술에서는 미국은 "민주당정부의 집권을 불안하게 생각"했으며 미 국무부의 한 소식통은 이미 허정과도정부시절에 "고도의 미국식 교육으로 단련된 유능한 한국군장교가 불안한 한국의 미래를 영도하여 줄 것을 바란다"고 전했다는 것이다. 한국군사혁명사편찬위원회 편, 『5·16군사혁명의 전모』(서울: 문광사, 1964), 279쪽.

5) 중앙일보 현대사연구팀, 『발굴자료로 쓴 한국현대사』(서울: 중앙일보사, 1996), 384~385쪽. NSC 요원 로버트 W. 코머는 3월 15일 로스토우 박사에게 "한국문

현지의 주한미군사령부는 쿠데타가 발생하기 전인 장면 정부하에서 박정희의 심상치 않은 움직임을 포착했다. 미국은 박정희를 공산주의자 전력이 있는 인물로 파악했는데, 미 국방부의 한 고위관리는 1960년 가을의 시점에서도 박정희는 여전히 공산주의자라고 주장했다. 이 고위관리는 1960년 10월 초 김영선 재무장관을 만나 "한국군의 작전참모부장(박정희)은 공산주의자다. 체코슬로바키아도 공산화되기 전에 육군의 작전국장이 빨갱이였는데 그 사람이 주동이 되어 국가 전체를 공산화시켰다."고 경고했다. 결국 미8군 사령관 매그루더(Carter B. Magruder) 대장은 박정희를 예편시키려고 장면 정부에 압력을 넣었으며6) 이를 의식한 박정희는 쿠데타를 서두르게 되었다.7) 이렇듯 쿠데타 전 현지의 미국 당국자와 박정희의

　　제의 본질은 경제난이며 … 감군으로 남은 미국 예산을 한국 경제 발전에 투입할 수 있을 것"이라고 언급했다. 4월 11일 맥카나기 주한 미 대사는 러스크 국무장관에게 보낸 보고서에서 장면 총리의 지도력 부족을 비판했다. 조갑제, 「'근대화혁명가' 박정희의 생애」, 249쪽, 『조선일보』, 1998년 8월 1일.

6) 국방부 장관을 역임했던 김정렬이 쿠데타 직후 주한 미 대사관 직원에게 전한 바에 따르면 매그루더가 지지했던 송요찬 장군의 해임 소동 때인 1960년 5월부터 매그루더는 소장파 정군운동의 지도자 박정희를 싫어했고 그의 좌익경력을 알고 있었으며 그를 감시했다고 한다. "Green to Secretary of State", July 18, 1961, 795B.551/7-1861, RG 59, CDF, 1960~1963, Box 2182. 또한 맥카나기 주한 미 대사의 평가에 의하면 매그루더 등의 군부장성들이 장면 정권에 대해 노골적인 불만을 표출했다는 것이다. "Letter From Telegram From the Ambassador to Korea (Walter P. McConaughy) to the Assistant Secretary of State for Far Eastern Affairs (J. Graham Parsons)", Dec. 21, 1960, RG 59, Bureau of Far Eastern Affairs, Assistant Secretary for Far Eastern Affairs, Subject, Personal Name, and Country Files, 1960~1963, 1961 Subject Files, Box 8.

7) 조갑제, 「'근대화 혁명가' 박정희의 생애」, 『조선일보』 1998년 7월 14~16일. 박정희는 1960년 7월 28일자로 부산에 있던 군수기지사령관(송요찬 참모총장이 박정희를 초대사령관으로 1959년 1월 발탁했다. 그러나 박정희는 부산에서 정군을 기치로 내걸었으며 4·19 후 송요찬 총장을 용퇴하라고 해서 결국 송총장은 1960년 5월 19일 사표를 제출했다. 5월 23일 최영희 육군 교육총본부 총장이 참모총장으로 임명되었다)에서 광주에 있는 1관구사령관으로 좌천되었

관계는 좋은 편이 아니었다. 미국 CIA 한국지부장 실바(Peer de Silva)는 박정희 직속 참모인 한국군 장교(백운상 대령)로부터 쿠데타가 계획되고 있으며 행동 개시 일자만이 미정일 뿐이라는 정보를 입수했다. 이에 매카나기 대사에게 보고했으나 확인할 방법이 없으므로 기다려 보자는 답을 얻었다. 또한 실바는 매카나기와 그린(Marshall Green)의 허가를 받아 장면 총리에게 통보했으나 장면은 심각하게 받아들이지 않았다.8) 실바는 박정희 등의 예편을 건의

는데 최영희 당시 육군참모총장이 군수뇌부와 미군의 압력을 받아 한 인사였다. 조갑제, 「'근대화 혁명가' 박정희의 생애」, 『조선일보』 1998년 7월 11일. 최영희 총장은 소장파 장교들의 집단적인 반발로 1960년 8월 다시 합참의장으로 밀려났다. 이에 매그루더는 한국전쟁 직후 한국에서 근무했던 자신의 개인적인 경험까지 거론하면서 최영희 장군의 결백함을 변호했다. "Minute of Conversation: Chang Myon, McConaughy and Magruder", August 25, 1960, 611.95B/8-2560, RG 59, CDF, 1960~1963, Box 1318. 매그루더를 비롯한 여러 인사는 친미적 성향을 가진 최영희를 신뢰하여 장기적으로(in the long run) 활용하려 했다. 매그루더는 "장면 정부가 약하고 불안정하므로 오래 가지 못할 것이며 오늘 필요하지 않는 군장교가 내일은 필요할 수 있다"고 주장했다. "Magruder to Decker", 6 Oct 60, RG 319, Entry: KMAG in War and Peace, Box 2. 매그루더는 민주당 정부가 최영희를 제거하려하자 이를 막으려는 압력을 가하기까지 했다. "McConaughy to Secretary of State", February 17, 1961, 795B.5511/2-1761, RG 59, CDF, 1960~1963, Box 2188, p.1.

8) Peer de Silva, *sub —Rosa: The CIA and the Use of Intelligence* (New York: New York Times Books, 1978), pp. 173~175; 피어 드 실바, 『서브로자: 미국 CIA 비밀공작부』, 이기홍 (역) (서울: 인문당, 1983), p.206. 1960년 11월 22일자 미정보고서에 의하면 미국이 쿠데타에 대해 의식은 했지만 "현재 상황으로는 쿠데타가 발생할 가능성이 없다"(a military coup is unlikely under present conditions)고 관측했다. "Prospects for the Republic of korea", NIE(National Intelligence Estimate) 42.1−2−60, November 22, 1960, FRUS, 1958~1960, Volume XVIII p.698. 미국은 4·19 이래로 군사쿠데타의 발생을 의식했지만 공식적으로는 이를 확인하지 않으려 했다. Australian Ambassador, et. al., "Record of Meeting: Political Development in the Republic of Korea", April 26, 1960, RG 59, Entry 3069: legal Affairs East Asia Branch, Subject and Country Files, 1941~1962, Box 2, p.4. 한편 박정희는 '주요 변혁'이라는 표현을 쓰며 1959년 이승만 정부하에서 쿠데타를 모의했음을 시인했으며 이는 1961년 11월의 시점에서 일반적으로 알려져 있는 일이라고 주장했다. 박

박정희와 '한강의 기적'-1차5개년계획과 무역입국

했으나 박정희를 2군부사령관으로 박병권(족청계)을 전투병과 사령관으로 전출시키는 데 그쳤다고 한다.9)

그런데 막상 쿠데타가 발생하자 현지의 당국자는 다음과 같이 즉각적으로 반응하여 거부감을 표명했음에 비해 워싱턴은 다소 방관자적이며 유보적인 입장을 표명했다. 당시로서는 그 차이가 별 것 아닌 것처럼 보였지만 지금의 관점에서 보면 상당한 차별성을 보인 것으로 평가된다. 5·16 직후인 오전 10시 18분경 매그루더 사령관과 그린 주한 미대사대리는 장면 정부를 지지한다는 성명을 발표했다.10) 그러나 미 국무부의 반응은 의외로 소극적이었다. 국무부는 16일 이 성명이 "두 사람의 권한 안에서 만들어진 것"이라고만 밝혔을 뿐 유동성과 불명확성을 구실로 구체적인 논평을 거부했다.11)

정희, 「우리는 나라를 사랑한다: 내셔널 프레스 클럽에서의 연설, 방미연설」 1961년 11월 16일, 『박정희 대통령 선집』 3, 지문각, 1969년, 156쪽. 맥도널드(Donald Stone MacDonald)는 1960년의 정책문서 NSC 6018(1960년 11월 28일 작성)의 부록(위의 22일자 정보보고서인 것으로 추정됨, 연구자, NSC 6018의 참고자료 E항에 22일자 보고서가 있다. FRUS, 1958~1960, Bolume XVIII, p.699.) 중에 나오는 "군사쿠데타가 가능성이 거의 없다"는 구절 등에 근거해 5·16 쿠데타의 주역들은 미국과 우의를 쌓아온 사람들이 아니었다고 주장한다. 미국이 쿠데타 주역들 아닌 다른 사람들과 돈독한 관계를 맺었기 때문에 쿠데타 주역들이 오히려 거사를 결의했을지 모른다는 주장을 맥도널드는 폈다. 도널드 스턴 맥도널드, 『한미관계 20년사(1945~1965년) : 해방에서 자립까지』, 한국역사연구회 1950년대 반역(서울: 한울, 2001), 59쪽. 다른 쿠데타 세력을 미국이 부추길까봐 박정희 세력이 선수를 쳤다는 가정도 가능한 것이다. 쿠데타 자체의 발생원인과 전개과정은 한용원, 「5·16쿠데타의 발생과 전개과정」, 한배호 (편), 『한국현대정치론』 II (서울: 오름, 1996), 45~76쪽에 나와 있다.

9) 이상우, 「5·16의 배경과 급조된 '혁명이념'」, 『박정희 18년: 그 권력의 내막』 (서울: 동아일보사, 1986), 38쪽.

10) "Telegram From the Commander in Chief, U.S. Forces Korea (Magruder) to the Joint Chiefs of Staff", Seoul, May 16, 1961, 5:45 p.m., FRUS, 1961~1963, Vol. XXII, pp. 450~451; "Green to Secretary of State", May 16, 1961, pp.1~2, in 795B.02/5-1661, RG 59, Entry: Central Decimal File, 1960~1963, Box 2186. 매그루더는 거사 직후인 새벽 4시 장도영으로부터 쿠데타 소식을 접했다고 한다.

한국시간으로 16일 오후 5시(미국 시간으로 새벽 3시) 백악관은 이
매그루더와 그린의 성명을 놓고 긴급대책 회의를 열었다. 백악관과
미 합참, CIA(Central Intelligence Agency)의 고위 관계자들이
참석한 이 회의의 결론은 문맥상 "양자의 성명이 한국내부 문제에 깊
이 개입하지 않는 선에서 최선"이라는 것이었다. 그러나 이 외교적
수사의 진정한 의미는 양자의 성명이 적절치 못했다는 것을 우회적
으로 표현하고 있었다. 오히려 "매그루더와 그린이 더 이상 한국문제
에 대해 개입하지 말라"는 것이 이 회의의 실질적인 결정이었다. 렘
니처(Lemnitzer) 합참의장은 이 회의 결과를 매그루더에게 통보한
16일 오전 4시(미국시간) 합참발 전문에서 "주한미군 사령관으로서
공산주의 침략에 관한 한국의 방위 임무 이외에 어떠한 더 이상의
성명을 내는 것은 피할 것"을 경고했다.12) 한배호 교수가 그린 대사
대리와 가진 인터뷰에 의하면 쿠데타가 일어난 후 36시간 동안 국무
부는 구체적인 훈령을 내리지 않았으며 며칠 뒤에 온 전문은 자신의
처사를 지지하지만 마지못해 하는 내용의 것이었다.13) 실제로 볼즈
(Chester Bowles) 국무장관 대리가 16일 그린에게 보낸 전문에서
"앞으로 상황이 분명해질 때까지 어떤 행동도 되도록 자제해야 할 것
이"라는 경고성 훈령만 보냈을 뿐이었다.14) 5월 18일(미국 시간)

---

11) 한국군사혁명사편찬위원회 편, 『5·16군사혁명의 전모』(서울: 문광사, 1964),
   281쪽. 17일에는 이 성명이 미국정부의 일반적 우려를 표명한 것이라고 변명
   했다. 또한 16일 새벽 유엔군에 청색경계경보를 내렸음에도 불구하고 미 국무
   부는 17일 주한미군이 한국의 군사혁명에 "어떤 형식으로도 관련되지 않았고
   앞으로도 관련되지 않을 것"이라 말했다.

12) "Telegram From the Chairman of the Joint Chiefs of Staff(Lemnitzer) to the Commander
   in Chief, U.S. Forces Korea(Magruder)", Washington, May 16, 1961, 11:20 a.m., *FRUS,
   1961~1963*, Volume XXII, pp.451~452.

13) 한배호, 「한미군사동맹의 정치: 그 이상과 현실」, 구영록 외, 『한국과 미국: 과
   거, 현재, 미래』(서울: 박영사, 1983), 172쪽.

14) 정용욱, 「해제」, 한국정신문화연구원 현대사연구소 편, 『5·16과 박정희정부의

박정희와 '한강의 기적'-1차5개년계획과 무역입국

대통령에게 보낸 공문서에서 국무부는 매그루더와 그린의 성명에 대해 "한국에 있는 우리 정부기구들은 미국 정부가 쿠데타 세력과 전혀 관련이 없음을 명백히 할 필요를 느꼈기" 때문에 성명을 발표한 것이라고 해명했다.15) 또한 주한미대사관은 쿠데타 뒤에 미국이 있다는 소문을 불식시키려는 의도에서 정당히 승인된 정부(duly government)를 지지한다는 의도에서 성명(5월 16일자 양인의 성명)을 내렸을 뿐이라는 해명을 5월 20일 직후에 미 국방부에 보냈다(5월 23일 수신).16) 국무부 정책기획위원회 의장은 후일(1961년 9월 21일) 그린-매그루더의 성명이 너무 시기상조였다고 평가하고 각급 대사관에 정권이 교체되는 긴급 사태 발생 시 국무부와 상의 없이 이러한 성명을 내지 말라고 지시할 것을 건의했다.17) 워싱턴의 당국자들은 쿠데타 초기에 이렇게 방관하는 태도를 보였는데 이는 쿠데타에 대한 묵인으로 해석될 여지가 있었던 정책이었다.

그린의 5·16 성명에 대한 회고에 의하면 그가 매그루더에게 미국이 쿠데타와 관련이 없으며 이를 지지하지 않는다는 내용의 성명을 발표하자고 제안했을 때 매그루더는 쿠데타와 관련 없다는 것은

성립』(성남: 한국정신문화연구원, 1999), 27쪽.

15) 중앙일보 현대사연구팀, 『발굴자료로 쓴 한국현대사』(서울: 중앙일보사, 1996), 385쪽.

16) *WEEKA* 20 (May 1961), p.2, in 795b.00(W)/5-2061, RG 59, Entry: Central Decimal File, 1960~1963, Box 2185. 또한 장도영의 공개적 방미 요구에 대해 이는 Junta 뒤에 미국이 있다고 대중에게 믿게 하려는 심사이므로 설사 나중에 약속을 정할지라도 지금은 시간이 없다고 해야 한다고 주한미대사관은 주장했다. *WEEKA* 21 (May 1961), p.3, in 795b.00(W)/5-2961, RG 59, Entry: Central Decimal File, 1960~1963, Box 2185.

17) "Telegram from Chairman of Policy Planning Council of the Department of State to Assistant Secretary of State", Sep. 21, 1961, RG 59, The Records of the Policy Planning Staff, 1957~1961, Box 1, US National Archives; 홍석률, 「5·16 쿠데타의 원인과 한미관계」, 『역사학보』 제168집, 2000년 12월, 75쪽.

좋으나 지지·반대의 성명은 할 수 없다고 말했다고 한다. 그러나 매그루더의 참모들은 현지 사령관과 대사관이 장면 정권의 지지를 명확히 하지 않을 경우 미국이 쿠데타를 사주했다는 의혹을 받게 될 위험이 크다는 것을 지적했고 결국 매그루더는 그린의 장면 정부지지 성명 발표에 동의했다는 것이다.18)

쿠데타 당일 장면은 두 차례에 걸쳐 그린과의 전화를 통해 자신이 안전하게 있으며 매그루더와 그린의 성명에 감사를 표하고 유엔군 사령관이 상황을 맡아 처리해달라(take charge)고 말했다.19) 다음 날인 17일 아침 피신 중의 장면은 중개인(mediator)을 통해 편지를 그린에게 전달했다. 편지의 내용은 미국의 정책이 자신의 정부를 지지하는 것이 확실하냐는 것과 쿠데타 세력이 매그루더와 그린이 발표한 성명서의 내용을 실천하지 않을 때 미국은 어떠한 조치를 취할 것인지 묻는 것이었다. 그린은 중개인에게 구두로 "상황을 회복하기 위한 지원과 힘은 반드시 한국인으로부터 나와야" 하며 장면이 장도영과 윤보선을 접촉할 것을 권유했다. 그린이 중개인과 이야기를 마치려고 할 때 장면은 직접 그에게 전화를 걸어 왔다. 장면은 떨리고 당황스러운 목소리로 자신이 그린과 매그루더를 직접 만나봐야 하느냐고 질문했다. 그린은 현재 상황에서는 중개인을 통해 접촉하는 것이 좋겠다고 하면서 매그루더와 접촉해 보라고 말했다. 그린은 장면과의 통화에 대해 보고하는 전문 말미에 장면이 권력을 회복하기 위해 조치를 취하는 것이 이미 늦은 것 같다고 부기했다.20)

---

18) 마샬 그린, 「20년만에 공개하는 4·19, 5·16비화: 정용석씨와의 대담」, 『신동아』 1982년 4월, 132쪽.

19) "Green to Secretary of State: Coup D'etat in Republic of Korea", May 16, 1961, 795B.00/5-1661, RG 59, CDF, 1960~1963, Box 2182.

20) "Green to Secretary of State", May 17, 1961, 795B.00/5-1761, RG 59, CDF, 1960~1963, Box 2182.

박정희와 '한강의 기적'-1차5개년계획과 무역입국

따라서 장면과의 연락이 두절되어 쿠데타를 진압할 수 없었다는 미국의 성명은 사실과 다른 책임회피였다.21) 또한 윤보선이 쿠데타를 지지해서 할 수 없었다는 미국의 사후 변명도 자신들의 고도의 정치적인 개입을 호도하기 위한 책임회피였다.

그린과 매그루더는 장면을 끌어내어 만나지 않고 대신 5월 16일 오전 11시 30분경에 민주당 구파 윤보선 대통령과 접촉했다. 윤보선은 신파 장면에 대한 강한 거부감을 가지고 있었으므로 장면을 경쟁자로 인식해 "더 큰 유혈사태를 막자"는 명분을 들어 쿠데타에 대한 무력진압을 거부했다. 윤보선 대통령은 장면 정권의 무능과 부패에 대해 말하면서 갑자기 거국내각의 필요성을 강조했다.22) 그는 쿠데타 세력의 체면을 세워주는 관용정책을 편다면 설득이 가능하며 그들이 군으로 복귀하면 자신이 중심이 되는 민간정부가 수립될 것을 바라고 이렇게 행동한 것이라고 할 수 있다. 윤보선은 5·16이 있기 몇 개월 전에 유원식이 윤보선에게 쿠데타 계획을 제보해 주면서 대통령직을 보장해 줄 테니 거사에 협조할 것을 당부했다는 주장이 유원식에 의해『동아일보』, 1962년 5월 4일자와『정경문화』1983년 9월호 등에 제기되었다.23) 윤보선은 매그루더와 그린을 만나기

---

21) 5월 17일 미 대사관은 윤 대통령의 쿠데타 지지 태도와 함께 "윤보선이 그렇게 나오는 한 미국은 별다른 도리가 없다"는 설명을 혜화동 수녀원에 숨어 있던 장면에게 했으며 따라서 장면은 결국 사임할 수밖에 없었다고 회고했다. 장면 사임의 직접적인 동기는 윤보선의 쿠데타 지지 때문이었다는 일종의 책임 전가적 사후 해명이 미국 측에 의해 제기되어 있다. 장면,『한알의 밀이 죽지 않고는』(서울: 가톨릭출판사, 1967), 90쪽; 정대철,『장면은 왜 수녀원에 숨어 있었나』(서울: 동아일보사, 1997), 217~218쪽. 그러나 윤보선은 회고록을 통해 자신은 쿠데타를 근본적으로 동의한 바 없으나 장 총리와의 연락이 완전히 두절되었고, 유혈사태를 방지하기 위한 만부득이하고 애국충정의 발로였다고 해명했다. 장면,『한알의 밀이 죽지 않고는』, 525쪽.

22) "Green to Secretary of State: Coup D'etat in Republic of Korea", May 16, 1961, 795B.00/5-1661, RG 59, CDF, 1960~1963, Box 2182.

23) 유원식,『혁명은 어디로 갔나』(서울: 인물연구사, 1987), 275쪽, 289쪽, 293~294

전 이미 쿠데타 세력을 만났었다. 쿠데타 세력은 대통령이 사임해서
는 안 된다는 점을 강조했다는 것이다.[24]

당시 국방부 장관으로 쿠데타 직후 가장 먼저 윤보선을 만났던
현석호는 윤보선이 쿠데타를 지지하는 입장을 보여 상당히 놀랐다
고 회고했다.[25] 김재춘은 윤보선을 만난 박정희의 전언을 통해 대
통령의 입장이 쿠데타를 지지하는 입장이었다고 밝혔다.[26]

윤보선은 물론 쿠데타 세력과의 사전 공모설을 부인했으나[27] 윤
보선의 이해할 수 없는 쿠데타군 동원 거부는 이러한 가설의 설득력
을 높여 준다. 윤보선이 유보적인 태도를 취해 결국 미국은 무력으
로 개입하지 않아 쿠데타 세력에게 큰 힘을 주었고 그들 거사 성공
의 일 요인을 제공했다고 할 수 있다. 미국의 해석에 의하면 윤보선

쪽.

24) 박태균, 「5·16쿠데타의 성공요인에 대한 일 연구」, 『5·16과 미국』, 제76회 연구
   발표회, 한국역사연구회, 2001년 3월 24일, 43쪽.
25) 현석호, 「5·16 그날의 장도영과 윤보선」, 『신동아』 1984년 10월.
26) 김재춘, 「5·16 혁명사는 다시 쓰여져야 한다」, 『신동아』 1983년 10월, 224쪽.
27) 윤보선, 「윤보선 전 대통령의 공개장: 유원식 회고록에 할말있다」, 『정경문화』
   1983년 10월, 55~56쪽; 이상우, 「윤보선·유원식 논쟁의 진위」, 『정경문화』
   1983년 11월, 66~82쪽; 『풍운 1: 마지막 미스터리 '올 것이 왔구나'』(서울: 동광
   출판사, 1986), 4쪽. 장도영은 자신이 윤보선을 박정희와 함께 만났을 때 윤보
   선의 태도가 쿠데타 세력에 대해 동정적이지 않은 부정적인 편이었으며 박정
   희를 만나자마자 했다는 '올 것이 왔구나'라는 말도 부정적인 입장에서 나온
   것으로 이해했다. 장도영, 「나는 역사의 죄인이다」, 『신동아』 1984년 9월,
   145~146쪽. 한편 윤보선은 '올 것이 왔구나'가 아니라 '온다는 것이 왔구나'라
   고 말했으며 쿠데타에 대한 반대의지를 분명히 했다고 회고했다. 윤보선, 「윤
   보선 전대통령의 공개장: 유원식 회고록에 할말있다」, 『정경문화』 1983년 10
   월, 54~55쪽. 1961년 이른 봄 토요일 오후 윤보선 대통령은 유원식 대령을 우
   연히 만나 "청와대에 한번 들러라"고 말했다고 한다. 그 후 유원식 측근인 심
   명구가 윤 대통령을 찾아와 쿠데타 거사자금을 마련해 줄 것과 쿠데타에 협조
   해줄 것을 요구했다고 한다. 이에 윤 대통령은 심명구에게 "그런 말을 하려면
   다시는 찾아오지 말라"고 야단을 쳤다고 한다. 이것이 사전 관련설로 증폭되
   었다는 것이다. 김준하, 『대통령과 장군』(서울: 나남, 2002), 210~211쪽.

박정희와 '한강의 기적'-1차5개년계획과 무역입국

은 의회 내와 밖에서 초당적 국민내각(supra-partisan national cabinet)을 만드는 것이 가능하다고 생각했다는 것이다. 윤보선은 물론 새로운 내각을 통해 주도권을 잡을 생각은 전혀 하지 않고 있었다고 회고했으나 이는 결과론적인 사후변명에 불과했을 가능성이 있다.28)

　김종필이 쿠데타 직후 매그루더를 만나 쿠데타 주동자들은 정치적 목적이 전혀 없으며 능력 있는 장성들의 진급 기회를 막고 있는 늙고 부패한 군참모진을 축출했고 국민에게 아무런 혜택을 주지 못하는 무능하고 부패한 정부에 대한 '정화작업'을 단행했다고 설명했다. 그들은 제한된 목적을 달성하고 나면 즉각 병영으로 복귀할 것임을 확실히 했고 약속했다.29) 따라서 미국과 윤보선은 쿠데타 세력의 민정으로의 이양 약속을 믿고 제한적으로 지지했다고 볼 수도 있다.

　5월 18일 오후 2시 장면은 은신처에서 나와 이미 윤보선이 군부궐기를 지지했었다는 것을 알고 있었던 상황에서 스스로 내각 총사퇴를 결의하게 되어30) 군사혁명위원회31)는 정권을 정식으로 이양받은 것이나 다름없었다. 이렇게 집권 세력 내부가 분열하여 한계를 노정하자 미국은 장면 정부를 강력하게 지지할 수도 없었던 것이다. 장면 정부 몰락의 이유 중의 하나가 민주당의 파벌 다툼이라는 사실을 상기시켜주는 대목이다. 미국은 윤보선 대통령이 건재하고 있었

28) 윤보선, 「윤보선 전 대통령의 공개장: 유원식 회고록에 할말있다」, 『정경문화』 1983년 10월, 57~58쪽; 박태균, 「5·16쿠데타의 성공요인에 대한 일 연구」, 『5·16과 미국』, 제76회 연구발표회, 2001년 3월 24일, 42쪽.

29) 존 위컴, 『12·12와 미국의 딜레마: 전 한미연합사령관 위컴 회고록』(서울: 중앙 M&B, 1999), 178~179쪽.

30) 맥도널드, 앞의 책, 328쪽에 따르면 장면은 18일 정오 무렵 자신의 집무실에서 열린 국무회의에 참석했으며 밤샘 토론을 거쳐 결정한 바에 따라 사퇴서에 서명했다는 것이다.

31) 5월 19일 군사혁명위원회는 국가재건최고회의로 명칭을 바꾸었다.

으므로 군사정권을 새로운 정부로 인정하는 명시적 결정을 내릴 필요는 없었다. 미 CIA의 보고서에 의하면 윤보선은 군부가 자신을 지지하여 정권을 이양할 것이라고 기대했으므로 진압군을 동원하지 않았다고 한다.[32] 5월 16일 박정희는 윤보선을 찾아가 "대통령께서는 국가의 원수로서 저희들 혁명위원회의 하는 일을 지도해 주십시오"라고 말했던 것이다.[33] 5월 18일 이후 미 대사관은 장면 내각에 대한 부정적인 견해를 본국으로 타전하였다.[34]

그린 주한 미 대사대리의 회고에 의하면 그린과 매그루더의 5월 16일 오전 10시 18분 장면 정부 지지 성명이 나오기 전 쿠데타 주도세력들은 쿠데타 배후에 미국이 있다는 소문을 퍼뜨렸다고 한다.[35]

5·16 당일 CIA의 한국지부장 실바(Peer de Silva)는 신속하게 박종규 소령 등 쿠데타 핵심세력과 접촉을 시도하는 한편[36] 케네디 대통령에게 한국상황을 보고했다. 1960년 말 이래로 통일운동이 거세게 일어나자 실바는 장면 정권이 한계에 도달했으며 이대로 둔다면 공산화가 될 가능성이 있다고 인식해 장면의 정치고문 도널드 윈터카와 함께 군부쿠데타를 추진했다는 설도 있다. 드 실바는 5

---

32) 「미 CIA 특별보고서」 1963년 10월 11일자, 조갑제, 「내 무덤에 침을 뱉어라: 제15부 제5대대통령 선거, (14) 좌익 전력자들의 소굴」, 『조선일보』 1999년 5월 31일. 박정희가 윤보선에게 정권의 초대장을 발부하지 않을 것임이 확실해지자 그는 대통령직에서 물러났다는 것이다.

33) 김덕형, 「정권장악 숨가쁜 사흘 낮 사흘 밤」, 『월간조선』 1982년 3월.

34) 「박정희, 김종필·매그루더 비밀회담기록」, 『월간조선』 1991년 5월, 313~315쪽.

35) 맥도널드, 앞의 책, 328쪽.

36) Peer de Silva, *Sub-Rosa: The CIA and the Use of Intelligence* (New York: New York Times Books, 1978), pp.175~177; 피어 드 실바, 『서브로자: 미국 CIA 비밀공작부』, 이기홍 (역) (서울: 인문당, 1983), pp.208~216) 미군과 미대사관이 쿠데타군과의 접촉을 피하고 있을 때 실바는 김종필, 박정희와의 적극적으로 접촉해 박정희와 그린 대사대리, 매그루더 장군과의 만남을 중재했다고 회고했다. 그런데 실바는 박정희의 좌익 전력 경력이 단순한 오해였다고 기술했다.

박정희와 '한강의 기적'-1차5개년계획과 무역입국

·16 몇 주 전 군부내의 한국인 첩보원 백운상 대령으로부터 박정희의 쿠데타 계획을 통보 받고 주체세력들의 친미반공의지를 확인하고 곧 그들과 접촉했다는 것이다. 실제로 미 CIA는 4·19 1주년인 1961년 4월 19일 직후 박정희와 이범석 두 그룹의 쿠데타 계획을 포착해 상부에 보고했었다.[37] 그리고 5월 16일과 17일에 연이어 열린 미 국가안전보장회의에서 CIA 국장 알랜 덜레스(Alan Dulles)는 주한 CIA의 책임자 실바의 보고[38]를 토대로 쿠데타 지지를 주장했다는 것이다. 이 회의 결과에 따라 5·16을 자신의 작전권 침해로 규정하고 합참에 진압작전의 추진을 상신한 매그루더 사령관[39]에게 작전 취소를 지시했다는 것이다. 이러한 주장에 근거하면 매그루더 등은 장면을 지지했음에 비해 CIA에서는 비밀공작을 통해 쿠데타를 지지했다고 할 수 있다.[40] 실제로 박정희는 5월

---

37) "Memorandum From Director of Central Intelligence Dulles to President Kennedy", Washington, May 16, 1961, *FRUS, 1961~1963*, Volume XXII, p.456.

38) Peer de Silva, *Sub-Rosa: The CIA and the Use of Intelligence* (New York: New York Times Books, 1978), pp.175~177; 조갑제,『국가안전기획부』(서울: 조선일보사, 1988), 제4장 "한국내 미 CIA" 참조.

39) 김정기,「「케네디」, 5·16진압건의를 묵살: 5·16 당시 미대사관문정관「그레고리 헨더슨」의 회고」,『신동아』1987년 5월, 229쪽. 헨더슨은 케네디가 매그루더의 진압건의를 묵살하게 된 이유는 1961년 4월 16일부터 19일간 미국 CIA가 주도하고 쿠바난민들이 참가한 쿠바침공작전이 실패하게 된 때문이라고 주장했다.

40) 김홍석,「한국 정치 변혁기와 미국의 역할」,『한미관계의 재인식』2, 두리, 1991, 69~70쪽. 그런데 미 하원의 조사팀은 당시 서울에 주재했던 미 CIA 관계자들과의 인터뷰를 통해 CIA의 개입여부를 확인했으나 개입의 증거를 찾을 수 없었다고 결론 내리고 있다. 보고서에는 "당시 여타 대사관 직원과 마찬가지로 CIA의 직원들도 민주당 정부를 지지했으며 쿠데타 주동자들을 혐오했다"는 인상을 받았다고 적고 있다. U.S. House of Representatives, The Subcommittee on International Organizations of the Committee on International Relations, *Investigation of Korean-American Relations, Oct. 31, 1978* (Washington, D. C.: USGPO, 1978), p.20; 미 하원국제관계위원회 국제기구소위원회 편,『프레이저 보고서』, 서울대학교 한·미관계연구회 역(서울: 실천문학사, 1986), 43~44쪽;

17~18일경 강문봉을 데리고 미8군 정보장교 하우스맨(James Hausman)을 찾아가서 군사정부의 입장을 미국 정부에게 이해시킬 것을 부탁했다.41) 김종필의 경우도 5월 19일에 미 정보장교가 찾아와서 매그루더와의 면담을 중재해 주었다고 회고했다.42) 이와 같은 비공식적 접촉은 미국의 한국 군사정부 승인에 결정적인 계기를 제공해 주었다고 할 수 있다. 한편 매그루더는 5월 17일 오전 11시

　　　문창극, 『한미갈등의 해부』(서울: 나남, 1994), 37쪽.

41) 조갑제, 「주한 미군 정보통 하우스맨 증언: 격변기의 한국정치 막후 비화」, 『월간조선』 1990년 7월, 207쪽에는 5월 17일경이라고 나와 있으며 짐 하우스만·정일화, 『한국대통령을 움직인 미군대위: 하우스만 증언』(서울: 한국문원, 1995), 53쪽, 59쪽, 63쪽에 의하면 박정희가 18일에 찾아와 자신은 공산주의자가 아니고 잘 부탁한다고 말했다는 것이다. 하우스맨은 그전부터 박정희를 알고 지냈다. 하우스맨의 인터뷰 기록 초고에 의하면 박정희는 혁명 다음 날 육군본부에서 걸어서 내려오다가 하우스맨을 마주치자 미소를 지으며 손을 흔들었다고 한다. "Jim # 1: Draft of James Hausman's Interview", p.4. 그런데 짐 하우스만·정일화, 『한국대통령을 움직인 미군대위: 하우스만 증언』, 46쪽, 48쪽; 제임스 H. 하우스만, 「하우스만회고록」, 『한국일보』, 1990년 11월 28일~1991년 1월 16일에 의하면 5·16일 아침 육군본부 참모총장(장도영)실 앞 복도에서 박정희를 보았으며 손을 흔들었다는 것이다. 한편 하우스맨은 1961년 3월 1일(실제 쿠데타 45일전)에 한국군부내에 쿠데타 기도가 있음을 상부에 보고했다는 것이다. 짐 하우스만·정일화, 『한국대통령을 움직인 미군대위: 하우스만 증언』, 45쪽. 당시 UPI 보도에 의하면 미국은 적어도 1개월 전에 군사 혁명을 예견하고 있었다고 한다. 한편 미 중앙정보부의 실수로 한국사태에 전혀 어두웠다는 설도 있다. 정량, 『여명: 한국군사혁명비사』(서울: 홍익출판사, 1967), 305쪽; 김승일, 『신의와 배신: 한국군사혁명비사』(서울: 인창서관, 1968), 305쪽. 5·16때 미국은 쿠데타 주동세력과의 사전·사후 접촉을 유지하려 했으나 실패했다고 한다. 따라서 미국은 박정희 장군에게 병영으로 돌아가라는 명령을 내렸으나 먹혀들어가지 않았다. 1979년 12·12때도 미군은 접촉을 유지하려 했고 어느 정도 성공을 거두기는 했지만 전두환 장군에게 병영으로 돌아가라는 명령을 내리라는 지시를 워싱턴으로부터 받았으나 현지 미군은 거부될 것이 뻔하다고 생각해 직접 명령을 내리지 않았다. 조갑제, 『제5공화국: 전두환의 신군부, 정권을 향해 진격하다!』(서울: 월간조선사, 2005), 140쪽.

42) 오효진, 『정상을 가는 사람들: 오효진의 인간탐험』 2, 조선일보사, 1987, 258~261쪽.

박정희와 '한강의 기적'-1차5개년계획과 무역입국

40분(한국 시간) 합참에 보낸 전문에서 쿠데타의 목적은 장면 정부의 전복뿐이며 반미 - 친공의 증거는 없다고 보고했다. 오히려 박정희는 공산주의자 제거 프로그램을 속개했다는 것이다.[43] 매그루더는 자신의 임무는 한국을 외부의 침입으로부터 보호하는 것이라고 전제한 후 현재의 한국군은 외부 침입에 대해 단호하다고 평가했다. 또한 공산주의자들의 내적 전복으로부터 한국을 지키는 것이 자신의 임무인데 비록 과거에 공산주의자였던 인사가 주동자이긴 하지만 이번 거사가 공산주의자들의 사주에 의한 것으로 추정되지 않으므로 공산주의자들의 침투에 의한 것이 아닌 반란을 진압하라고 대한민국 1군에 지시할 생각은 없다고 단호히 말했다.[44] 이 말을 통해 미국은 17일 쿠데타 세력을 사실상 묵시적으로 인정하는 방향으로 선회했음을 알 수 있다.

5월 18일(미국 시간) CIA의 대통령 보고 문건에 의하면 쿠데타의 주도자 박정희 소장이 "1948년 이후에는 북한 공산주의자들과 연루됐다거나 한국의 좌익세력과 연계된 사실이 전혀 알려져 있지 않다."[45]는 점을 분명히 했다.[46] 과거 전력 때문에 미국의 사상적

---

43) "Telegram from Magruder to Leminitzer", May 17, 1961, Country File: Korea, Box 128, NSF, JFK Library에는 박정희가 "과거에는 공산주의에 의해 오염되었다"(tainted in the past with Communism)는 표현이 국무부에 의해 삭제되어 있었는데 최근에 공개된 *FRUS*, 1961~1963, Vol. XXII, p.459에는 다시 복구되어 있다. 위 보고서 보다 전에 기안되었을 것으로 추정되는 또 다른 보고서인 "Telegram from Magruder to Leminitzer", KRA 278, May 17, 1961, Country File: Korea, Box 128, NSF, JFK Library에는 1949년 2월 체포된 박정희가 군사법정에서 공산주의자로 재판을 받았는데 한국전쟁이 발발하자 그의 선고형량에 대한 집행은 유예되었다고 나와 있다. 박정희는 공산주의자들의 명단을 밀고했기 때문에 많은 장교들과 한국 사람들은 그를 반공주의자로 간주한다고 적고 있다.

44) "Telegram from Magruder to Leminitzer", May 17, 1961, *FRUS*, 1961~1963, Vol. XXII, p.460; 맥도널드, 앞의 책, p.327.

45) CIA's Memorandum for President, "Current Situation in South Korea", k 18 May 1961, Country File: Korea, Box 128, NSF, JFK Library.

5·16 직후 박정희 소장 사진

의구심 대상이었던 박정희는 매그루더의 17일자 보고서에 근거한 위 보고서에 의해 사면되고 결국 워싱턴의 당국자들도 쿠데타를 사실상 지지하게 되었다. CIA는 군사쿠데타와 경제개혁의 관련성을 다음과 같이 기술했다. "미국 대사관은 혁명주체세력 내부에 경제문제를 잘 알고 실제적인 경제개혁 프로그램을 수행할 만한 사람들이 없다는 보고를 올리고 있다. 대사관은 아마도 혁명위원회가 당분간은 장면 정부의 경제관료들을 계속 중용할 것이라고 믿고 있다."

장도영과 박정희가 5월 19일 쿠데타 후 첫 기자회견을 갖고 이

---

46) 그렇지만 그레고리 핸더슨 미 대사관 문정관은 1961년 5월 21일 전 국방장관 김정렬과 전 내무장관 이호를 만나 박정희의 좌익전력에 대해 청취했다. 두 전직 장관은 박정희의 좌익전력은 확인해 주었지만 한국전쟁 이후에 박정희가 좌익분자라는 증거는 하나도 없을 만큼 투명하게 처신했다고 평가했다. 이 기록은 주한미대사관을 통해 7월 18일 국무부로 전달되었다. Gregory Henderson, KIM Chong-yol, LEE Ho, "Memorandum of Conversation", May 21, 1961; "Berger to Department of State", July 18, 1961, 795B.551/7-1861, RG 59, CDF, 1960~1963, Box 2188. 한편 최경록 장군은 1961년 7월 7일 맥카나기 전주한미대사를 워싱턴 DC 자택에서 만난 자리에서 1949년 숙군 당시 조직을 밀고한 박정희를 구명한 사람은 장도영과 정일권이었다고 주장했다. Walter P. McConaughy, CHOI Kyung-nok, "Memorandum of Conversation: Post-Coup Political and Military Situation in ROK", July 9, 1961, pp.8~9. RG 59, Bureau of Far Eastern Affairs, Assistant Secretary for Far Eastern Affairs, Subject, Personal Name, and Country Files, 1960~1963, 1961 Subject Files, Box 9. 이 외에도 미국은 여러 자료를 동원해 박정희의 좌익전력을 분석했다. "J. A. Klemstine to McConaughy and Bacon: Biographic Information-Major General PAK Chung Hui", July 6 1961, RG 59, Bureau of Far Eastern Affairs, Assistant Secretary for Far Eastern Affairs, Subject, Personal Name, and Country Files, 1960~1963, 1961 Subject Files, Box 10.

박정희와 '한강의 기적'-1차5개년계획과 무역입국

날 현재 9백 30명의 친공분자를 구속했다고 발표하자 5·16에 의혹을 품고 있던 미국은 국무부 대변인의 공식 성명을 통해 5·16 후 최초로 "한국의 사태는 고무적"이라고 표명했다. 5월 18일 러스크 (Dean Rusk) 장관의 부재로 국무장관 대행이었던 체스터 볼즈 미 국무차관은 쿠데타 지도자가 반공친미적이라고 평가했다.47) 이렇게 5·16에 대한 의혹이 풀리자마자 미국은 곧 군사정권을 승인하는 절차를 취했다.48) 5월 23일 매그루더와 박정희 간의 회담이 이루어져 공산주의 전력에 대한 염려가 불식되는 한 계기를 마련했다.49)

5월 26일 주한유엔군사령관의 지휘권 회복과 쿠데타 참가병력의 원대복귀에 관한 한미공동성명이 있었고50) 그날 케네디는 군정

---

47) 이상우, 『미국이냐 미제냐』(서울: 중원문화사, 1987), 37쪽. 볼즈 차관은 [5월 17일] 상원 외교위원회에 나가 쿠데타 세력이 부패를 척결하고 난 뒤 정부에서 물러나겠다고 한 혁명공약에 감명을 받았다고 증언했다. *The New York Times*, May 18, 1961. 이 증언을 마친 후 기자들에게 "결국 한국민에게 공고한 미래를 약속하는 형태의 정부가 齎來될 것"이라고 낙관적인 논평을 했다. 볼즈는 계속해서 5월 18일 하원 외교위원회에서 미국이 한국의 새로운 군사정부를 승인할 것으로 생각한다고 증언했다. *The New York Times*, May 19, 1961. 이 증언을 마친 후에도 인터뷰를 통해 "대체로 한국의 정권이동은 그 합헌여부를 막론하고 미국에 대해 상극된 정체로의 변동을 의미하지 않는다. 왜냐하면 한국의 군부지도자들은 철저한 반공투사이며 친미주의자들이기 때문이다"라고 말했다는 것이다. 또한 그는 명목상 대통령이 그대로 유임하고 있는 한 새로이 신정권을 승인할 필요가 없다고 말했다. 「박정희, 김종필·매그루더 비밀회담기록」, 『월간조선』 1991년 5월, 315쪽; 『5·16군사혁명의 전모』, 281~282쪽.

48) 미 상원 외교위원장 풀브라이트는 5월 20일의 기자 회견에서 한국의 신정부를 승인하고 지지하여야 한다고 말했다. 『5·16군사혁명의 전모』, 287쪽. 미국은 박정희의 좌익전력에 대해 우려했음에 비해 북한은 관계개선을 기대해 박정희 형 박상희의 친구 황태성을 밀사로 파견했다.

49) EMBTEL 1655, May 24, 1961, Country File: Korea, Box 128, NSF, JFK Library; EMBTEL 1665, May 25, 1961, Country File: Korea, Box 128, NSF, JFK Library. 박정희와 쿠데타 주도 세력들은 미국과의 비공식 접촉을 통해 미국이 예상한 이상으로 자신들의 반공이데올로기를 강조했다는 것이다.

에 메시지를 보내 "미국 정부는 양국 간의 전통적인 우호 관계가 계속될 것과 우리 양국이 한국과 자유세계의 복지와 힘을 증진시키는 데 계속 협조할 것을 확신한다"고 말했다.51)

장면 국무총리 사임 기자회견(1961. 5. 18)

　미 국무부는 장면 총리가 사표를 낸 것에 환영한다는 의사와 한국의 쿠데타가 성공했다는 평가를 5월 18일 언론을 통해 간접적으로 내보냈다.52) 이와 동시에 매그루더 사령관이 6월 20일 퇴역 예정이며 그린 대사대리가 홍콩 총영사로 전보되는 것이 발표되었다. 새 대사인 버거(Samuel A. Berger)가 곧 한국으로 부임하며 새로

---

50) 국가재건최고회의 의장·유엔군 총사령부 사령관, 「공동성명」 1961년 5월 26일, in 「박정희, 김종필·매그루더 비밀회담기록」, 『월간조선』 1991년 5월, 315쪽. 그런데 매그루더의 작전지휘권 회복은 6월 7일의 시점에서도 완전히 회복된 것은 아니었고 '거의 원상복귀'될 정도였다. 『5·16군사혁명의 전모』, 291쪽.
51) 이상우, 「박정희와 미국, 그 갈등의 시말」, 『신동아』 1984년 10월, 233~234쪽; 『5·16군사혁명의 전모』, 288쪽.
52) *The New York Times,* May 18, 1961.

박정희와 '한강의 기적'-1차5개년계획과 무역입국

부임하는 인사들이 새 체제와 우호적인 관계를 가지게 될 것이라는 추가적 발표도 있었다.[53] 특히 소식통을 인용해 미국의 군부와 정치권에서는 장면 정부에 대해 강한 불만이 있었으며 이는 장면 정부가 부패척결과 농촌의 피폐, 실업문제를 해결하는 데 실패했기 때문이라고 설명하고 있다. 5월 19일 미 국무부의 공보관 린컨 화이트(Lincoln White)는 쿠데타가 기정사실이 된 것을 인정하고 조속한 민정 이양을 촉구하는 5·16 후 첫 공식 성명을 발표했다.[54]

버거 주한 미대사로부터 케네디 대통령의 연설문집을 전달받고 있는
박정희 의장(1962. 2. 7)

---

53) 그린의 전보와 버거의 부임에 대해 문책성 인사였다는 추측이 있었는데 그린은 영전된 경우이며 버거의 임명은 이미 5·16 전에 결정된 일이었기에 문책의 뜻은 전혀 없었다는 주장이 있다. 『5·16군사혁명의 전모』, 285쪽.

54) 김정기, 「케네디, 5·16 진압 건의를 묵살」, 『신동아』 1987년 5월. 이는 군사혁명위원회 의장 장도영이 5월 17일에 케네디 대통령에게 보낸 "양심적인 민간인에게 정권을 이양하고 군 본연의 임무로 돌아"갈 것이라는 내용의 서한에 대한 일종의 답장이었다. 『5·16군사혁명의 전모』, 285~286쪽.

딘 러스크 미국무장관

미 NSC 로버트 존슨(Robert H. Johnson)이 1961년 5월 23일자로 백악관의 로스토우에게 보낸 비망록 첨부 보고서에는 "기술직 및 관리직 역량이 부족한 한국에서는 거대한 군부 프로그램 훈련과 민간 프로젝트에 직접 참여하여 발전에 중요한 기여를 할 수 있다"고 나와 있다.55)

5월 25일 러스크 국무장관은 그린 대사대리에게 군사정부를 일단 승인하도록 지시를 내렸으며 5월 28일에는 케네디 대통령이 그린 대사대리 이름으로 김홍일 외무장관에게 혁명공약은 인정하되 그것을 준수하길 바란다는 미국 정부의 입장을 전달하도록 지시했다.56)

5월 31일 CIA는 특별정보보고서를 작성했다. 이 보고서는 "박정희 소장이 주도하는 쿠데타 주체 세력은 한국을 장악할 것이며 한국의 경제와 행정에 새로운 기풍을 불어넣을 것이다. 고질적인 부패를 막는 데도 주력할 것이다"라고 평가해 새 정부에 대한 기대를 드러냈다. 또한 "쿠데타 지도자들은 지금까지 미국이 접촉해 온 한국의 민간인들이나 군고위장성들과 다르며 아주 새롭다."고 평가했다. 한편 현 정부(regime)의 반공국시표명으로 박정희의 현재 공산주의 연계 혐의를 입증할 수 있는 증거는 없지만 그가 고정간첩이거나 또

55) "Appendix to Robert H. Johnson's Memorandum for Mr. Rostow", May 23, 1961, p.3, Country File: Korea, Box 128, NSF, JFK Library.

56) 봉두완, 「백악관상황실의 5·16」, 『월간중앙』 1970년 5월, 152~154쪽.

박정희와 '한강의 기적'-1차5개년계획과 무역입국

다시 변절했을 가능성을 배제할 수는 없다(we cannot rule out the possibility that he is a long-term Communist agent, or that he might redefect)고 평가해 이에 대해 의식하는 미국 정보 당국의 태도를 드러내고 있다. 이 보고서에서도 역시 정부의 억압적 태도와 경제상황의 악화 등에서 기인한 학생과 대중의 반란은 공산주의자들을 이롭게 할 가능성에 대해서도 지적하고 있다.[57] 같은 보고서에서 쿠데타 리더들은 미국의 지도를 상대적으로 덜 받아들일 것(they will be less receptive to US guidance)이라고 예측되었으며, 6월 6일의 보고서에도 군사정부의 성격에 대해 장면 정부에 비해 민족주의적이면서 대미자립적(clearly less amenable to U.S. influence)이라고 비교적 정확하게 평가되었다.[58] 5월 31일 자 보고서에서도 사회주의적이라고 평가되는 부분도 있다.[59] 박정

---

[57] "Short-term Prospects in South Korea", Special National Intelligence Estimate 42-2-61, May 31, 1961, *FRUS*, 1961~1963, Vol. XXII, p.468에는 처음 공개된 Kennedy Library의 문서 p.1에 삭제되어 있던 앞 인용 괄호 안의 내용이 부활되어 있다. 한편 5월 24일 존슨은 보고서에서 박정희를 과격파, 급진파로 보지 않고 김종필 등 영관급이 중심이 된 급진파를 견제할 수 있는 온건파의 한 사람으로 파악했다. Robert H. Johnson, "New SNIE on Korea: Memorandum for Mr. Rostow", May 24, 1961, Country File: Korea, Box 128, NSF, JFK Library. 이러한 인식아래 미국 정부는 점점 박정희를 군사정부의 1인자로 인정하게 되었다. 한편 5·16의 리더들이 터어키, 파키스탄, 버마의 군사쿠데타를 모델로 삼았다는 주장에 대해 미 대사관은 이를 연구할 것을 건의했다. "McConaughy to INR-Hilsman", May 31 1961, RG 59, Bureau of Far Eastern Affairs, Assistant Secretary for Far Eastern Affairs, Subject, Personal Name, and Country Files, 1960~1963, 1961 Geographic Files, Box 5.

[58] Robert H. Johnson, "The Task Force Report on Korea", June 6, 1961, Country File: Korea, Box 127, NSF, JFK Library. 또한 존슨은 로스토우에게 보낸 군사정부의 경제정책에 관한 메모랜덤에서 군사정부의 담당자들은 경제정책에 관한 나름대로의 명확한 비전이 없는 것처럼 보였으며 장면 정권과는 달리 미국과의 긴밀한 관계가 결여되어 있다고 평가했다. Robert H. Johnson, "Memorandum for Mr. Rostow: Korean Task Force Meeting on Thursday", June 22, 1961, Country File: Korea, Box 127, NSF, JFK Library.

희가 대통령 선거에 나서려고 했던 1963년 10월에 내려진 CIA의 평가에 의하면 그는 민족주의자이며 명시적으로는 중립주의를 표방하지만 반미주의의 베일에 가려 있을지도 모른다는 의구심을 가졌던 것이다.60)

특별대책반이 작성한 6월 6일자 보고서에 의하면 미국은 장면 정권하에서 지지부진했던 경제개혁이 지속적으로 추진되기를 기대하고 있었다. 미국은 공산화를 방지하기 위해 한국사회가 안정화되기를 바랐으며 이것이 경제개발계획의 지지로 집약된 것이다. 미국은 한국의 젊은 세대들이 한국사회의 부패에 대해 혐오하고 있으므로 가만히 내버려둔다면 공산주의자들만이 이로울 것이라고 판단해 이를 개혁하기 위해 상당한 정도의 경제계획(serious economic planning)이 필요하다고 생각했다.

위 보고서에서 미국은 장면의 구정권은 그 정치적 의도는 믿을 만 하지만 그 능력이 떨어진다고 평가했는 데 비해 신군사정부는 개혁을 추진하는 능력은 돋보이지만 정치적 의도는 믿지 못하겠다고 평가했다. 이러한 상황을 해결하기 위해 먼저 주한 미국 대사가 한국 정부의 지도자와 회합을 한 후 신뢰할 수 있다는 판단이 들면 한국 정부의 최고 지도자를 워싱턴에 초청하며, 정상회담이 만족스럽다면 [개혁을 위한] 특별 사절단을 파견할 것이 건의되었다.61)

이에 케네디 행정부는 7월 초 자국의 주한 신임 대사 부임을 계기로 혁명정부에 대한 본격적인 지원을 결정했다. 미 국가안보회의의

---

59) CIA, "Special National Intelligence: CIA Estimate-Short-term Prospects in South Korea", May 31, 1961, Country File: Korea, Box 127, NSF, JFK Library; EMBTEL 1681, May 28, 1961, Country File: Korea, Box 128, NSF, JFK Library.

60) CIA, "Background for Elections in South Korea", 11 October, 1963, NSF, Country File: Korea(General), Box 127, JFK Library, p.1.

61) "Memorandum by Robert H. Johnson of the National Security Council Staff: The Task Force Report on Korea", June 6, 1961, *FRUS*, 1961~1963, Vol. XXII, p.470.

박정희와 '한강의 기적'-1차5개년계획과 무역입국

는 6월 13일 제485차 회의에서 특별대책반이 만든 보고서를 토의했다. 회의에서 케네디는 한국의 정치경제 상황이 희망이 없는 지경이라고 말하자 맥카나기 국무부 극동담당 차관보도 불안한 경제와 자원의 부족, 팽창하는 인구 때문에 근본적으로 개선되기는 어려울 것이라고 확인했다. 그러자 대통령 안보담당 특별보좌관보 로스토우는 한국이 보는 바와 같이 그렇게 희망이 없는 것은 아니라고 진단했다. 그 이유로 ① 새롭고 효과적인 경제사회계획과 ② 정부 내에 젊고 공격적이며 능력 있는 인사들의 존재, ③ 일본과의 관계 개선 등 세 가지를 들고 있다.[62] 케네디는 이 중에서 일본과의 관계 개선이 가져다줄 효과에 대해 집중적으로 언급했으며 미국은 자신들의 프로그램과 위치로 한국문제를 바라보아야 한다고 제안했다. 케네디가 무엇이 가장 시급하냐고 묻자 맥카나기와 버거는 부패를 줄이는 것이라고 대답했다. 한편 뎃커 장군(General Decker)은 박정희보다 고위직의 장교에게 군의 실권을 복귀시키라는 요구를 미국이 박정희에게 해야 한다고 주장하자 케네디는 미국이 지금 현재의 실권이 있는 인사와 상대하는 길(to deal with the people in power) 외에 다른 방법은 없다고 일축했다.[63] 여기서 케네디의 현실주의적

---

62) 조이제, 「한국의 근대화」, 조이제·카터 에커트 (편), 『한국근대화, 기적의 과정』(서울: 월간조선사, 2005), 46쪽에 의하면 케네디 행정부의 대다수 각료가 한국의 경제적인 잠재력과 능력에 대해 강한 의심을 표명했지만 로스토우는 케네디를 설득하여 박정희의 신정부와 협력하도록 했다고 한다. 당시 로스토우는 한국 방문을 통해 한국이 도약단계에 필요한 대부분의 필요충분조건을 갖추고 있다고 확신했다고 한다. 그렇지만 이는 로스토우의 결과론적 회고담이므로 사료비판이 필요한 부분이다. 당시 로스토우가 그렇게 적극적이지 않았으며 로스토우의 한국 방문은 2장 각주 55에서 보는 바와 같이 존슨 행정부때인 1965년에 이루어졌다.

63) "General Lyman Lemnitzer[Chairman of Joint Chiefs of Staff]'s handwritten note of the June 13 NSC meeting", National Defense University, Lemnitzer Paper, L-215-71, FRUS, 1961~1963, Vol. XXII, p.479; "Howard L. Burris[Vice President Johnson's military aide]'s Notes of the 485th Meeting of the National Security Council", June 13,

인 인식을 간파할 수 있다.

　1961년 6월 13일 NSC 회의의 결과로 NSC Action No. 2430이 작성되었다. 이 보고서에서는 전적으로 미국의 원조에 매달려 죽어 가는 한국경제를 회복시키도록 지원하는 데 미국의 영향력을 활용할 것을 결의했으며 군사정부가 안정되고 자유로운 정부로 발전적인 해체를 이룩하기를 희망한다는 공적 입장을 천명했다. 미국은 경제원조를 지렛대로 민정 이양의 조기실현을 달성하고자 한 것이다.[64] 미 대사는 대의정부와 입헌적 자유를 회복시키겠다는 국가재건최고회의 지도자들의 약속을 준수하도록 조장시켜야 한다는 것이다. 만일 국가재건최고회의가 대의정부와 헌법에 보장된 자유를 복구할 것을 약속한다면 주한 미 대사는 최고회의의 지도자들을 점진적으로 승인한다는 것이다. 또한 한국군에 대한 유엔군사령관의 작전지휘권을 인정하며, 재정적 경제적 개혁을 함으로써 대사를 만족시킨다면 버거 대사가 1961년도 분 나머지 2천8백만 달러의 군사원조를 지원하고 경제개발5개년계획을 미국이 적극 돕겠다는 확약을 할 수 있도록 권한을 위임했다. 특히 향후 몇 개월간 진전이 있다고 판단되면 경제개발5개년계획의 이행을 위한 자원을 지원하겠다는 의지도 피력하고 있다. 보다 장기적으로 미국은 한국이 약속을 계속 준수한다면 경제발전을 위해 지원을 강화할 것이며 5개년계획을 준비하기 위해 전문가를 파견하고 또 재원도 마련할 것을 한국 측에 언약해도 좋다는 것이었다.

　이 보고서에 의하면 한국 정부의 최고 책임자를 워싱턴에 비공식

1961, Johnson Library, Vice Presidential Security File, National Security Council (III), *FRUS*, 1961~1963, Vol. XXII, pp.480~481.

64) *The New York Times*, June 13, 1961; Gregory Henderson, *Korea: The Politics of Vortex* (Cambridge: Harvard University Press, 1968), p.186; Presidential Task Force on Korea, "Report to the NSC", June 5, 1961, NSF, Box 127에도 원조가 미국의 개혁 달성이라는 목적을 실현하는 지렛대로 작용할 수 있다고 분석했다.

방문토록 추천할 수 있는 권한이 대사에게 부여되었다. "한국 정부가 안정을 이룩하고 협조적이어서 장기경제계획을 지원하는 것이 정당하다고 국무장관이 결정을 하면 주한미대사가 추천한 적절한 시점에 최고위층(the highest stature)의 특사(Special Envoy; 경제고문단 대동)를 한국에 파견한다"는 것이다. 그런데 미국 정부가 주장한 한국 정부가 추구할 경제적 목표치는 다음과 같이 구체적이었다. 그것은 ① 추락하는 경제성장률을 역전시킬 것이며 제1차경제개발계획에서는 특정한 목표치를 설정할 것. ② 35%로 추정되는 실업률을 하향시킬 것. ③ 농가평균실질소득을 증가시킬 것. ④ 수입과 수출을 균형 시킬 것이었다.65)

버거 대사는 6월 24일 임지로 부임했다. 박정희와의 첫 만남에서 버거는 민정복귀와 경제개혁의 두 가지 약속을 이행하면 박정희를 지지하겠다는 조건을 붙여 관계를 맺었다.66) 결국 박정희 군사정권은 미국의 압력에 의해 경제개발5개년계획을 적극적으로 추진할 수밖에 없었던 것이다.67)

---

65) "Walter P. McConaughy to Members of the Task Force on Korea: Summary and Revision of Recommendations of Task Force Report on Korea", June 13, 1961, RG 59, Entry 3069: Legal Affairs East Asia Branch, Subject and Country Files, 1941~1962, Box 2, p.4; "Record of National Security Council Action No. 2430", June 13, 1961, *FRUS*, 1961~1963, Vol. XXII, pp.482~484.

66) 金鍾驩, 「맥도널드 현대사 증언」, 『월간조선』 1992년 9월, 358쪽.

67) 1961년 7월 미국 정부는 서울 USOM 부처장을 박정희의 계획 및 경제정책의 고문으로 임명했다. 『프레이저 보고서』, 250쪽; 김정현, 「1960년대 근대화노선의 도입과 확산」, 한국역사연구회 현대사연구반 편, 『한국현대사』(서울: 풀빛, 1991), 55쪽. AID 감독관 번스타인(Joel Bernstein; 1964년 USOM 처장[director; 책임자]으로 한국 부임)은 박정희와 자주 만났는데 그는 대통령에게 경제학을 "개인지도했다"(tutored)는 것이다. 『프레이저 보고서』, 252쪽.

박정희 의장이 케네디 미국 대통령과 환담하고 있다.(1961. 11. 13)

　　1961년 11월 4일 러스크 국무장관이 방한해 박정희 최고의장의 방미에 대하여 협의했다. 결국 박 의장의 방미가 11월 13일로 예정 되었다. 박정희는 천병규 재무장관, 송정범 경제기획원 부원장 등 공식 수행원 13명과 정소영 등의 비공식 수행원, 이병철 삼성물산 사장을 단장으로 하는 민간경제사절단 25명68)을 대동하고 11월 11일 방미 길에 올랐다. 그는 한국시각으로 14일 워싱턴에 도착해 "미국의 원조는 한 푼도 낭비되지 않을 것이라는 점을 맹세하고자 한 다"고 말해 방미의 가장 큰 목적이 외자 조달 및 원조에 있음을 시사

68) 이병철 사장은 미국의 기업인들에게 "앞으로 10년 동안은 20억 달러가 필요하 다. 그 가운데 13억 달러는 외자로 조달해야 한다"고 설명했으며 미국 기업인 들은 "임해 지역에 특별 공업지역을 설치해야 투자를 논의할 수 있다"고 조언 했다. 비료공장 건설을 숙원으로 했던 이병철과 정유공장건설을 추진해 왔던 극동해운의 남궁련은 이미 울산을 점찍어 놓고 있었다고 한다. 조갑제, 「근대 화 혁명가 박정희의 생애: 제12부 경제개발계획, (14) 중공정책」, 『조선일보』 1999년 2월 3일.

했다. 박정희와 케네디는 회담 후 공동성명에서 양국의 우의를 재확인했다. 박 의장은 혁명의 불가피성을 역설하고 사회개혁과 경제안정, 반공태세의 강화 및 사회악과 부패제거에 한국 정부가 취한 적극적인 조치들을 강조했다. 케네디 대통령은 박 의장이 설명한 5개년계획 초안(Korea's draft Five Year Economic Development Plan)에 큰 관심을 표명했다. 이와 관련해 케네디는 공동성명을 통해 "가능한 모든 경제 원조와 협조를 계속 제공할 것임을 박 의장에게 확약하였다."69) 특히 케네디는 박 의장이 1963년 여름에 민정이양을 단행하겠다는 1961년 8월 12일의 약속을 재확인하자 크게만족했다. 박 의장은 미국 정부로부터 자신의 체제에 대한 지속적인지원과 경제개발계획에 대한 미국의 협조를 얻어냈으며 대신 미국은민정 이양의 확약을 받았던 것이다.70) 방미의 성과에 대해 한국 정

---

69) 「한미공동성명」, 공보부 편, 『국가재건회고회의 박정희의장방미-방일특집』 (서울: 공보부, 1961년 11월 25일), 80쪽; Kennedy and Park, "The Joint Communique", November 14, 1961, RG 59, Bureau of Far Eastern Affairs, Assistant Secretary for Far Eastern Affairs, Subject, Personal Name, and Country Files, 1960~1963, 1961 Subject Files, Box 10. 이에 대해 미 국무부는 분석하기를, 케네디는 경제개발계획에 '지대한 관심을 표명'했을 뿐 지지를 명시적으로 표명하지는 않았으며 단지 장기계획에 의거한 경제발전을 지원한다는 원론적인 얘기만 했을 뿐이라고 평가했다. 이는 계획 자체가 성장률 7.1% 등에서 보는 바와 같이 너무 야심적이라 비현실적이라는 평가에 뒷받침된 성명이라는 것이다. "Macdonald to Harriman and Yager: Topics Which May Arise during Your Stop at Seoul", February 27, 1962, pp.1~2, RG 59, Bureau of Far Eastern Affairs, Assistant Secretary for Far Eastern Affairs, Subject, Personal Name, and Country Files, 1960~1963, Box 12.

70) *The New York Times*, November 14~15, 1961; 『제3공화국 외교10년도감』([대한민국외무부], 1969), 43쪽. 1961년 11월 14일의 이임 인사차 정상 모임에 로스토우도 참석했다. Gen. Chung Hee PARK, John F. Kennedy, Walt Rostow, et. al., "Memorandum of Conversation: U.S.-Korean Relations", November 14, 1961, RG 59, Bureau of Far Eastern Affairs, Assistant Secretary for Far Eastern Affairs, Subject, Personal Name, and Country Files, 1960~1963, 1961 Subject Files, Box 9.

부는 "명년부터 시작될 5개년경제개발계획에 관하여 미국의 원칙적 지지를 받고 적극적인 협조의 확약을 얻어 경제적 자립을 지향하는 한국경제부흥의 기틀을 마련"했다고 자평했다.[71]

미국은 정권교체기에 여러 방법을 동원해 군부를 포함한 한국의 정계 인사들을 견제했으며 은근한 경로로 깊고 다양한 형태의 조심스러운 개입을 했는데 이는 일본을 지키기 위한 것이었다. 미군은 군사적으로 유약했던 장면을 강력한 리더쉽을 가진 군부지도자로 대치하려는 생각을 가지고 있었으며[72] 따라서 결과적으로는 군부쿠데타를 무력으로 진압하지 않아 불개입을 가장한 고도의 정치적 개입작전을 구사했다고 할 수 있다. 이러한 정치적 개입은 피상적으로는 소극적으로 보이지만 본질적으로는 적극적인 개입이었다.

미국은 한국의 공산화 방지를 자신들의 안전보장에 직결된 문제 (안보적 이익)로 보아 가장 중요하게 생각하여 민주적 정권을 무너뜨린 권위주의적 군부쿠데타를 결과적으로는 지지했지만 자본주의·민주주의의 본보기(show window)로 만들려는 미국 정부의 공식적인 목표도 공개적으로는 외면할 수 없어[73] 처음부터 지지하지

---

71) 공보부 편, 『국가재건회고회의 박정희의장방미 – 방일특집』(서울: 공보부, 1961년 11월 25일), 12쪽.

72) 「제53차 Country Team 회의 비망록」, Dec. 27, 1960, RG 319, Entry: KMAG in War and Peace, The Records of the Chief of Military History, Records of the Historical Service Division: Publications, Manuscripts, and Supporting Records, 1943~1977, Box 2, US National Archives; 홍석률, 「5·16 쿠데타의 원인과 한미관계」, 『역사학보』 제168집, 2000년 12월, 70쪽. 또한 홍 교수는 5·16 직전 장면 정권에 비판적인 공격을 했던 합참의장 렘니처(Lyman Lemnitzer)가 5월 8일부터 10일까지 한국을 공식 방문한 것도 무엇인가 있지 않을까 의심해 볼 만하다 주장했다. 『동아일보』 1961년 5월 8일; 『민족일보』 1961년 5월 8일. 홍 교수는 미군이 직접 쿠데타를 승인하거나 사주하지는 않았을지라도 장면 정권을 비판적으로 바라보아 쿠데타에 직간접적인 영향을 미쳤다고 주장한다.

73) 미국 의회 내에는 군사쿠데타에 부정적인 의원들이 많아 원조법안의 통과를 위해서라도 미국 정부는 그들의 눈치를 보아야 했다. 한배호, 「군부권위주의

는 않았으며 이후 유신 정권의 출범 등으로 더욱 권위주의화하는 박정희를 견제하려 했다.

2 경제개발계획 추진의 이념적 배경: 민족주의

박정희는 1961년 민주당 정권이 제출한 추가경정예산안을 예로 들어 정부예산 중에서 미국원조가 차지하는 비중이 52%나 되기 때문에 한국에 대한 미국의 발언권이 52%나 된다고 분석하면서 미국의 원조가 없으면 우리 정부는 당장에 문을 닫아야 한다는 자조적인 언급을 했다.74) 박정희는 민주당 정권의 성격과 대미의존을 대단히

정권의 형성과 변화」, 한배호 편, 『한국현대정치론 II: 제3공화국의 형성, 정치과정, 정책』(서울: 오름, 1996), 36쪽.

74) 박정희, 『국가와 혁명과 나』(서울: 향문사, 1963), 35~36쪽; 『국가와 혁명과 나: 해설판』(서울: 고려서적, 1965), 24~25쪽. 또한 그는 1961년 8월 15일 광복절 제16주년 기념사에서 "서구민주주의제도를 이식해서 그 형태만을 모방해" 왔는데 이것이 우리의 풍토와 생리에 맞지 않는다는 식으로 그간의 역사를 비판적으로 인식했다. 박정희, 「광복절 제16주년 기념사」 1961년 8월 15일, 박정희, 『박정희장군담화문집』(서울: 대통령비서실, 1965), 40쪽; 박정희, 「빈곤과 혼란과 위협에서의 탈출: 광복절 제16주년 기념사」, 1961년 8월 15일, 『박정희 대통령 선집』 3, 지문각, 1969, 119쪽. 조갑제는 「'근대화 혁명가' 박정희의 생애: 내 무덤에 침을 뱉어라!」, 『조선일보』 1998년 12월 11일을 통해 광복절 기념사가 서구적 민주주의에 대한 박정희의 공식 비판으로서는 최초의 것이라고 주장했다. 그런데 박정희는 1961년 6월 16일 국가재건최고회의를 통해 간행한 『指導者道: 革命過程에 處하여』라는 팜플렛 15쪽에서 해방 후 자유민주사상을 받아들인 우리의 상황을 설명한 후 "우리의 민주주의는 장구한 시일을 두고 자각과 자율과 자유정신이 뿌리를 깊이 박고 피어난 것이 아니라 다른 나라로부터 돌연히 받아들인 것이었기 때문에 자율정신과 자각과 책임감이 따르지 못하였다"라고 평가했다. 같은 팜플렛 17쪽에서 서구식 민주주의를 한국에 적용

부정적으로 보고 있었다. 그는 자신이 쿠데타를 일으키지 않을 수밖에 없었던 이유 중에서 민주당 정권의 주체성 상실을 들고 있다. 그의 설명에 따르면 민주당 정권은 "친일과 미국 일변도주의로 우리의 주체의식을 상실케 한 배타정권"이라는 것이다.[75] 분명 그는 민족주의적 자립경제를 지향하는 계획을 수립하기를 원했다. 이러한 자립경제에의 염원은 2차대전 종전과 더불어 신생한 여러 독립국의 공통적인 염원이니 경제적 독립이 뒤따르지 않고는 정치적 독립이란 없다는 인식에 기반을 두고 있었다.[76] 「혁명공약」에는 "절망과 기아선상에

하려면 민족의 고질을 치유해야 하는데 이것은 오랜 시일과 노력이 필요한 과업이라고 주장해 가까운 장래에는 자유민주주의의 확립이 어려울 것이라고 판단했으므로 이것이 구정치인들에 의한 서구민주주의의 무분별한 이식을 비판한 최초의 것이라고 할 수 있다. "Macdonald to McConaughy and Bacon: "Leadership" Essay of General Pak Chong-hui(Leadership in the Cause of Revolution)", July 18, 1961, p.1, RG 59, Bureau of Far Eastern Affairs, Assistant Secretary for Far Eastern Affairs, Subject, Personal Name, and Country Files, 1960~1963, 1961 Geographic Files, Box 5. 그런데 박정희는 이 책(20~30쪽 될까 말까한『指導者의 道』)이 대필되었음을 인정했고 이 책이 불만족스럽다고 논평했다. 박상길, 앞의 책, 113쪽. 박정희는 그 후 민정 이양의 과정에서 윤보선식의 자유민주주의를 비판하면서 자신의 자유민주주의는 윤보선의 그것과 본질적으로 다름이 없다할지라도 근본적으로 그 자세와 조건이 다른데 자신의 자유민주주의는 건전한 민족주의의 바탕 위에 존재한다고 주장했다. 그는 자주와 자립의 민족의식을 가진 연후에야 올바른 민주주의를 가질 수 있다고 말했다. 윤보선의 민주주의는 민족적 이념을 망각한 민주주의라는 것이다. 나아가 윤보선식 민주주의는 알맹이가 없는 껍데기 민주주의요, 사대주의적'바탕 위에 있는 가식적 민주주의라고 비난했다. 박정희, 「자주와 자립의 민족 의식: 중앙방송을 통한 정견 발표」 1963년 9월 23일, 『박정희 대통령 선집』 3, 지문각, 1969, 348쪽; 박정희, 「헐뜯고 모략할 때가 아니다: 서울 중·고 교정에서 행한 대통령 선거 연설」, 1963년 9월 28일, 『박정희 대통령 선집』 3, 지문각, 1969, 359쪽. 친미적 야당을 외세에 아부한 사대주의라고 비판한 것에 대해 미국은 노골적인 반미운동이라고 인식했다. Donald MacDonald, *U.S.-Korean Relations from Liberation to Self-Reliance: The Twenty-Year Record* (Boulder, CO: Westview, 1992). 미국은 반미·자주·민족주의노선을 일맥상통하는 것으로 인식했다.

75) 박정희,『국가와 혁명과 나』(서울: 향문사, 1963), 73쪽; 송인상,『부흥과 성장』(서울: 21세기북스, 1994), 78쪽.

허덕이는 민생고를 시급히 해결하고 국가자주경제재건에 총력을 경주한다"고 제시된 바 있으며 이러한 공약을 실천하기 위해 6월 12일에 발표한 「혁명정부의 기본경제정책」에서 "자유로운 경제활동을 토대로 하는 동시에 경제적 후진성의 극복과 국민경제의 균형적 발전을 도모하기 위한 정부의 강력한 계획성을 가미하는 경제체제를 확립한다"고 명시했다. 이것은 국민의 자유로운 경제활동과 민간부문의 자발적인 경제활동을 적극 자극하되 국민경제의 자립적 성장을 목표로 정부가 이를 강력히 이끌어 나가기 위한 경제계획을 수립할 것을 의미했다.77) 이러한 자주적 계획안의 이념적 기반은 바로 민족주의라고 할 수 있다.78) 군사정부는 장면 정부에서 거세게 일었던 민족주의적 요구 중에서 혁신세력의 남북교류 움직임에 대해서는 탄압했지만 한미경제협정반대운동79)에서 보였던 對美自主의 움직임에 대해

---

76) 국가재건최고회의 한국군사혁명사편찬위원회 편, 『한국군사혁명사』 제1집, 상, 국가재건최고회의 한국군사혁명사편찬위원회, 1963, 920쪽.

77) 위의 책, 922~923쪽. 당시 아직 수출지상주의적인 구호가 등장하지 않았는데 이에 대해서는 후술하고자 한다.

78) 『사상계』사(대표 장준하)는 1961년 6월의 「권두언: 5·16혁명과 민족의 진로」, 34쪽에서 민주당의 오만과 독선이 문제라고 지적하면서 국정의 문란, 고질화된 부패, 비상사태에 빠진 사회적 기강 등 누란의 위기를 극복하고 민족적 활로를 타개하기 위해 최후 수단으로 일어난 것이 5·16 군사혁명이라고 평가했다. "4·19 혁명이 입헌정치와 자유를 쟁취하기 위한 민주주의혁명이었다면 5·16 혁명은 부패와 무능과 무질서와 공산주의의 책동을 타파하고 국가의 진로를 바로잡으려는 민족주의적 군사혁명"이라는 긍정적인 평가를 내려 5·16 군사쿠데타에 거는 기대를 표명했다. 콜(1964년 7월 20일 USOM의 주임이코노미스트가 됨)과 라이만은 군사정부가 매우 민족주의적이었다고 평가했다. David C. Cole and Princeton N. Lyman, *Korean Development: The Interplay of Politics and Economics* (Cambridge, Mass.: Harvard University Press, 1971), p.37.

79) 이는 1961년 2월 8일 '대한민국정부와미합중국정부간의경제기술원조협정'이라는 명칭을 가지고 각서 형식으로 체결되었는데 일명 '新經援協定'이라고 칭해진다. 그간 '대한민국과미합중국간의원조협정'(1948년 12월 10일 서울에서 서명), '경제조정에관한협정'(1952년 5월 24일 부산에서 대한민국과 통합사령

서는 어느 정도 공감대를 형성하고 있었다는 평가가 있다.[80]

또 하나 경제개발의 배후 이념으로 제시할 수 있는 것은 박정희가 주장한 "의회제도의 뒷받침이 될 수 있는 경제적 발전"의 추구이다.[81] 박정희는 자립경제 기반 없이는 형식상 민주주의가 혼란과 파멸의 길만을 약속한다고 주장했다.[82] 이는 경제적 기반을 정치적 민주주의의 토대로 보는 일종의 유물론적 인식이라고 할 수 있다. '경제가 자유민주주의의 기초'[83]라는 일종의 토대론적 인식은 士農

부의 자격으로서의 미국간에 체결; 마이어협정; 교환각서 및 의사록이 첨부됨), '경제재건과재정안정계획을위한합동경제위원회의협약'(1953년 12월 14일 서울에서 유엔군사령부초대경제조정관 우드와 대한민국국무총리 백두진 사이에 체결; 백-우드협정), '한국에대한군사및경제원조에관한합의의사록'(1954년 11월 17일 서울에서 대한민국외무부장관과 주한미대사간에 서명; 부록A에 경제원조액을 당초 책정했던 1억 달러에서 2억 8천만 불로 할당하면서 효과적인 경제계획을 위한 조치를 규정함. 임철규, 「유솜」, 『신동아』 1965년 5월, 165쪽.) 등이 있었는데 경제조정에관한협정 제3조 제13항을 제외하고는 모두 신경원협정으로 대체되었다. 「대한민국정부와미합중국정부간의경제기술원조협정」, 법제처 편, 『대한민국현행법령집』 제49권: 제45편 조약 (3): 양자협약, 한국법제연구원, 1990, 3321~3325쪽. 이 협정이 준비될 때 한국인들은 한국정부의 예산을 미국이 심의 통제하려 한다고 생각해 반대운동을 전개했다. 대한민국정부와미합중국정부간의경제기술원조협정 제3항에는 원조에 관한 관련된 정보를 미 합중국에 제공한다는 규정이 있는데 이것이 한국경제에 대한 감독권 강화를 표현한 것이라고 해석되었던 것이다. 그런데 한국경제의 통태에 대한 정보제공 의무는 이전 협정에도 존재했다. 조동필·부완혁, 「자립이냐? 예속이냐?: 한·미경제협정을 비판한다」, 『사상계』 1961년 3월, 201쪽.

80) 木宮正史, 앞의 글, 42쪽. 대미자주가 한편으로는 對日의존적이었다고 할 수 있다.

81) 박정희, 「우호적인 이해와 협조가 계속되기를: 외교 협회에서의 연설, 방미연설」 1961년 11월 17일, 『박정희 대통령 선집』 3, 지문각, 1969, 179쪽.

82) 박정희, 「자립 정신과 자조의 노력: 국민에게 보내는 연두사」, 1962년 1월 1일, 『박정희 대통령 선집』 3, 지문각, 1969, 194쪽.

83) 박정희, 「민족사회의 재건」, 『우리 민족의 나갈 길』(서울: 동아출판사, 1961), 32쪽; 신범식 편, 『조국의 근대화: 박정희대통령의 정치노선, 저서와 연설을 중심으로』(서울: 동아출판사, 1965), 34쪽. 그런데 케네디 대통령은 "장기계획에 의거한 한국경제발전의 성공적 완성이 민주주의의 기초를 확립하고 한국의 강

박정희와 '한강의 기적'-1차5개년계획과 무역입국

工商 식의 유교적 윤리를 중시했던 이승만에게는 찾아 볼 수 없었고 장면의 '경제제1주의'에서 그 맹아를 볼 수 있었으며 박정희의 '조국 근대화'에서 본격적으로 집약된 것이다.[84] 이런 맥락에서 박정희의 경제개발을 향한 이념은 대미자주를 지향하는 민족주의라고 할 수 있다.

3 │ 제1차경제개발5개년계획의 의의

실시된 종합 경제개발계획으로 최초의 것은 1962년부터 1966년간의 제1차경제개발5개년계획이었다. 이 계획이 공포되기 전부터 언론은 이 계획이 "아시아적 후진성과 정체성을 근본적으로 벗어나 빈곤의 일소를 목표로 하는 방대한 것이라고 짐작할 수가 있다."고 했다.[85] '모든 사회 ─ 경제적 악순환을 시정하는 자립경제 달성을 위한 기반구축'을 기본 목표로 했던 제1차경제개발5개년계획은 1950년대 한국경제의 구조적 문제점을 청산하는 데 기여했고 1960년대 한국경제의 구조적 특징과 성장잠재력을 배태케 하여 오늘의 경제성장을 가능케 한 첫발이었다는 데 그 의의가 있다

력한 반공태세를 유지하는 데 필수불가결의 요소라는 것을 인정"했다. 「한미 공동성명」, 공보부 편, 『국가재건회고회의 박정희의장방미 · 방일특집』(서울: 공보부, 1961년 11월 25일), 79쪽. 이 구절에서 경제발전을 민주주의의 기초인 동시에 반공을 위한 수단으로 간주하는 미국의 인식을 알 수 있다.

84) 무역을 중시했던 박정희는 商工農士라고 주장했으며 박충훈은 工商農士라고 말했다. 박충훈, 『貳堂回顧錄』(서울: 박영사, 1988), 85쪽.

85) 「한 · 미수뇌공동성명을 보고: 특히 혁명반년을 맞은 정부의 지표를 다짐한 의의는 크다」, 『민국일보』, 1961년 11월 16일; 공보부 편, 『국가재건회고회의 박정희의장방미 ─ 방일특집』(서울: 공보부, 1961년 11월 25일), 109쪽.

고 할 수 있다. 계획작성에 필요한 시간적 여유가 충분하지 못했던 1차계획은 일관성이나 타당성, 그리고 최적성 등의 계획평가 기준으로 볼 때 그렇게 잘된 계획은 아니었다. 계획을 다루었던 역사적 경험도 부족했기 때문에 거시지표에 대한 큰 구도를 설정하는 정도의 조잡한 계획이었으며 단순한 계량적 목표에 치중한 덜 성숙된 것이었다.[86] 시행 첫해부터 커다란 시련에 봉착했으며 1962년 11월부터 1963년에 걸쳐 수정되어 1964년 2월에는 수정된 안이 확정되었다. 1966년 계획이 종료되었을 때 실적치(8.5%[87]; 수정치는 7.9%)가 목표치(원안 7.1%에서 수정안 5%로 하향조정됨)를 크게 상회하자, 높은 목표치 때문에 그 실현이 불가능할 것이라는 비관론을 개진했었던 많은 국내외 계획전문가들은 놀라움을 금치 못했다. 계획에 참여했던 인사나 일반국민들도 한국경제의 장래에 대한 희망과 경제계획의 수립과 이의 실천능력에 관해 자신감을 갖게 되었다.[88]

---

86) 이형구, 「1962년 경제개발 5개년 계획 발표: 목표 성장률 7.1%를 초과달성」, 조선일보사 편, 『한국인의 성적표』(서울: 조선일보사, 1995), 115쪽. 대한민국정부, 『제1차경제개발5개년계획: <1962~1966>』(서울: 대한민국정부, 1962년 1월)을 자세히 보면 구체적인 계획보다 유난히 附表가 많이 나와 '數表의 나열'에 불과한 측면이 있었다.

87) 제1차경제개발5개년계획평가교수단 편, 『제1차경제개발5개년계획 평가보고서』(서울: 기획조정실, 1967), 서문.

88) 송병락, 『한국경제론』(서울: 박영사, 1981), 274~275쪽. 그런데 이는 대일청구권 자금의 유입, 월남파병을 위시한 국제진출 등 국제시장의 호조건과 저임금과 유휴노동력의 활동 등에서 상당부분 기인한 것이다. 외부적 여건에 의해 예기치 못한 성과를 거둔 것이라고 볼 수 있다. 2차계획부터는 체계적으로 수립되었다.

박정희와 '한강의 기적'−1차5개년계획과 무역입국

경제기획원 기획통제관이 경제개발5개년계획에 대해 기자회견을 하고 있다.
(1962. 1. 26)

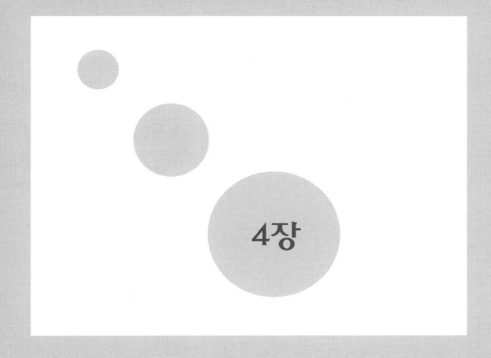

4장

박정희의 제1차경제개발5개년계획
입안과 추진

1 | 건설부안

　위와 같이 군사정부는 출범하면서부터 경제개발에 대한 공약을 했다. 이 공약의 실천담당부서를 만드는 것이 시급했는데 1961년 5월 26일 이승만－장면 정권하의 부흥부는 건설부[1]로 개편되었고 부흥부 산하의 산업개발위원회는 건설부 종합기획국에 흡수되었다. 건설부는 5·16전부터 산업개발위원회에서 입안되기 시작했던[2] 5개년계획안에 준거해 5월 하순 제1차5개년경제개발계획(시안)을 발표했다. 건설부안의 성장률 목표치는 5.6%였다. 이 안에 차수가 표기되었는데 이는 장기적 특성을 보이는 것이다. 성장률 5.6%는 이 안이 이후 안들에 비해 안정을 지향하고 있다는 사실을 함축하고 있다.

　자유당 정권의 경제개발3개년계획안 冒頭의 언급과 같이 건설부

---

1) 5·16 직후 부흥부 장관으로 임명된 박기석 대령은 조사과장 정재석에게 부흥부의 확대개편방안을 만들라고 지시했으며 정재석은 박정희에게 1) 경제기획원으로 하거나 2) 1안이 당장 시행할 수 없으므로 당장은 개발부로 확대개편하자고 건의했다. 이에 박정희는 2안을 받아들이면서 그 명칭을 건설부로 바꾸었다. 「정재석의 회고」, 조갑제, 「근대화 혁명가 박정희의 생애: 내 무덤에 침을 뱉어라!, 제12부 경제개발계획, 5) 정재석의 브리핑」, 『조선일보』 1999년 1월 21일.

2) 국가재건최고회의 한국군사혁명사편찬위원회 편, 『한국군사혁명사』 제1집(상), 국가재건최고회의 한국군사혁명사편찬위원회, 1963, 919쪽.

가 작성한 「제1차5개년경제개발계획(시안)」3)의 첫머리 '계획의 의의' 첫 절에서도 "종합적인 개발계획을 수립하고 이를 실천함은 특히 근자 후진국에 있어서는 세계적인 관례가 되고 있다"고 강조했던 것이다.4) 첫머리의 입안 배경면에서 일치되는 조류가 인용되고 있는 것이다.

이 안에는 미국 울프 박사의 권고에 의해서 불균형성장론과 요소공격식접근방법5) 등이 채용되어 있어 접근법 면에서 민주당안과 동일한 것으로 판명된다. 김진현의 조사에 의하면 2공화국 부흥부가 군사정부에서 건설부가 되었듯이 민주당 정부의 부흥부안이 건설부안으로 표지만 바꾸어 졌다는 것이다.6) 또한 자유당 시절부터 자문했던 미 오리건대학교 경제자문단의 의견도 참조했다.7) 미국의 요구를 상당 부분 반영했던 안으로 평가된다. 즉 경제적 안정을 중요시한 정책을 채용했던 것이다. 그렇지만 다른 한편으로는 농어촌을 개발하고 생산력, 소득을 증대시킴으로써 실업을 해소함과 함께 국내시장을 확대시키려는 자립적 성장의 방향성도 지니고 있었다.8)

---

3) 대한민국건설부, 「제1차5개년경제개발계획 (시안)」, 1961년 5월.

4) 김진현·지동욱, 앞의 글, 100쪽.

5) 대한민국건설부, 「제1차5개년경제개발계획 (시안)」, 1961년 5월, 80~88쪽.

6) 김진현·지동욱, 앞의 글, 108쪽. 자유당 정부의 경제개발3개년계획 수립과 계획안 작성시에 부흥부 차관과 장관을 역임한 신현확의 증언에 의하면, 5·16 군사정변이 발생한지 3개월 만에 정부가 5개년계획을 발표할 수 있었던 것은 당시 자유당 정부가 2년에 걸쳐 미리 마련한 3개년계획안과 장면 정부의 5개년계획 등의 사전준비 작업이 있었기 때문에 가능했다는 것이다. 『제1차 한국현대사학술토론회』(성남: 한국정신문화연구원, 1991), 109~129쪽. 그렇지만 건설부안의 성장률(5.6%)은 민주당안(5~6.1%)은 다르다. 따라서 민주당안을 표지만 바꿔치기했다는 표현은 과장이다.

7) The Oregon Advisory Group in Korea, *A Report on the University of Oregon Advisory Mission to the Korean Economic Development Council: 1959~1961* (Eugene, Oregon: University of Oregon, 1961).

8) 木宮正史, 앞의 글, 47쪽.

박정희와 '한강의 기적'-1차5개년계획과 무역입국

USOM은 이 안에 대해 자유당의 3개년계획보다는 상당히 괜찮은 것으로 평가하면서도 개선될 점이 아직도 많이 있다고 논평했다.9)

2 | 최고회의안

　5·16부터 6월 사이에 산업개발위원회의 김종대 위원장 대리는 박정희와 이주일에게 민주당 정권에서 만든 경제개발계획(위의 건설부안일 것으로 추정됨)에 대해 보고했다. 이에 대해 박정희는 "계획이 무어 그래. 강원도의 개발을 어떻게 하고 공장을 몇 개 세우고 하는 식으로 해야지"라며 핀잔을 주었다고 한다.10) 그런데 유원식의 회고에 따르면 박정희에게 개발5개년계획을 만들겠다고 예산을 달라고 하자 박정희는 "경제개발5개년계획이란 무엇을 하는 것이오"라고 물었다는 것이다.11) 이는 유원식의 '모든 것을 내가 결정했다'는 과장에 입각한 증언이므로 100% 신뢰할 수는 없지만 박정희가 처음부터 경제개발5개년계획을 확신감을 가지고 추진한 것은 아니고 참모들의 의견을 참조해 추진했을 가능성이 있다는 추정을 하게 만드는 대목이다.

　결국 최고회의 유원식 최고위원(대령. 1961년 8월 10일 준장 진급12)) 책임하에 새로운 구체적 안이 만들어졌는데 유원식 대령은

---

9) "Moyer to William J. Sheppard, Regional Director, Office of Far Eastern Operations, International Cooperation Adminstration", June 16, 1961, p.3, RG 59, Bureau of Far Eastern Affairs, Assistant Secretary for Far Eastern Affairs, Subject, Personal Name, and Country Files, 1960~1963, 1961 Geographic Files, Box 5.

10) 김진현·지동욱, 앞의 글, 109쪽.

11) 유원식, 『혁명은 어디로 갔나』, 322쪽.

군인들 중에서 비교적 경제적 지식이 있었던 인물이었다. 유원식의 회고록에 의하면 쿠데타 전부터 박정희에게 한국의 경제정책에 관한 견해를 피력했으며 박정희에게 "자유주의 경제체제 테두리 안에서 계획경제를 하겠다고 하시오"라고 진언했다는 것이다.[13]

그러나 유 대령의 지식은 논리적 기반을 결여하고 있었으므로 계획의 이론적 근거는 최고회의 의장 자문위원이었던 민간 경제학자 박희범 서울상대 교수가 제공했다. 그의 이론은 '내포적 공업화 전략'[14]이었는데 보다 구체적으로는 '자립경제를 지향하는 자주적 공업화 전략'이었다. 박희범식 내포적 공업화 전략은 외향적이며 개방적인 수출지향적산업화전략과는 대비되는 개념이다. 또한 박희범식 내포적(내향적) 공업화 전략은 당장 필요한 소비재를 중심으로 산업화를 달성하려는 1950년대식 수입대체산업화전략[15]과는 달리 제

---

12) 1961년 5월 19일 국가재건최고회의 출범 직후인 20일 각 부문별로 14개 분과위원이 임명되었는데 유원식은 상공분과위원이었다. 재무분과도 있었음. 각 분과 별로 분과위원이 하나뿐이었으므로 상공분과위원장이라고 할 수도 있겠지만 6월 12일 14개 분과와 운영기획분과(5월 27일 설치)가 합쳐져 재정경제위원회 등 7개 분과로 흡수 통합되었다. 이에 유원식은 재경위원회의 위원장은 아니었고 수석재경위원이 되었다. 『5·16군사혁명의 전모』, 360쪽, 362쪽; 『한국군사혁명사』 제1권(상), 329~330쪽.

13) 유원식, 「박정희장군과 유원식: 최고회의 진시황 유원식 회고록」, 『정경문화』 1983년 9월, 132쪽; 유원식, 『혁명은 어디로 갔나: 5·16비록』(서울: 인물연구사, 1987), 255쪽, 291쪽. 정소영은 유원식이 혁명주체 세력 내에서 독립적인 권력기반을 가지고 있었다고 주장하지만 김종필이 갖고 있었던 바와 같은 그러한 세력은 없었으며 박정희의 개인적인 지지와 김종필의 간접적인 지지에 의거해 발탁되었던 경우라고 할 수 있다. 木宮正史, 앞의 글, 149쪽.

14) 박희범, 『한국경제성장론』(서울: 고려대학교 아세아문제연구소, 1968), 72~73쪽; 「로스토우 사관의 비판적 고찰」, 『정경연구』 1966년 3월; 「로스토우의 발전단계론적 진단」, 『세대』 1966년 9월; 「우리경제는 기로에 있다」, 『청맥』 1965년 5월; 「민주주의의 토대로서의 경제」, 『사상계』 1962년 1월, 「후진국에 있어서의 경제계획」, 『사상계』 1961년 3월.

15) 그런데 '수입대체'라는 용어의 개념정의에 여러 논쟁점이 있는 것이 사실이다. 일반적으로 수입대체산업화는 내포적 방식의 전략으로 이해되며 수출지향적

박정희와 '한강의 기적'-1차5개년계획과 무역입국

산업화는 외향적(외연적) 방식으로 이해된다. 홍원탁, 「수출주도형 성장과 개방」, 조순 외, 『한국경제의 이론과 현실』(서울: 서울대학교 출판부, 1967), 212쪽. 그런데 박희범 교수는 내포적 발전방식을 독자적으로 정의내리면서 수입대체산업화를 내포적 방식에서 배제하고 있다. 한편 이대근 교수는 『한국경제의 구조와 전개』(서울: 창작사, 1987), 172쪽에서 내포적 개발방식은 주체적으로 토지개혁을 실시하여 농촌의 전근대성을 타파하고 농업생산력 수준을 높여, 그것을 통해 투자재원의 주된 부분을 조달하여 농업, 광업 및 주요 기간산업의 개발에 역점을 두는 방식이라고 정의했다. 이대근식 개념규정에 의하면 외향적 방식은 투자재원의 주종을 외국자본에 의존해 국내농업 보다는 국내채취산업의 개발이나 수입대체공업화에 개발의 역점을 두는 방식이라는 것이다. 따라서 박희범과 이대근의 용례에 따르면 수입대체가 내포적 방식과 배치된다. 박희범 교수가 당시 정책결정에 참여했으므로 그의 개념 규정을 참조할 필요는 있지만 그의 이론은 앞서 전제한 일반적인 용례와는 다르다. 한편 정윤형 교수는 「개방체제로의 이행과 1960년대 경제개발의 성격」, 박현채 외, 『한국사회의 재인식』 1, 한울, 1985, 87~88쪽에서 내포적 발전론을 종속적 경제구조를 극복하려는 자립화론이라고 정의했다. 박희범의 내포적 규정에 의하면 내포적 개발방식에 외자 유치가 요구되는 기초적 생산재 공업 건설 전략이 주축을 이루고 있으므로 '외자 유치에 의한 외향적 개발'도 내포적 방식에 포괄될 수 있다. 외자 도입이 수출만을 위한 수출지상주의적 도입이 아니고 자립경제를 지향한다면 내포적 범주에 해당된다는 것이다. 박희범식의 내포적 방식은 정윤형식의 용례와 유사하게 자립적 내지는 자주적 방식이라는 식으로 등식화할 수 있을 것이다. 따라서 '박희범식의 내포적 방식'은 '자립적 방식'으로 바꾸어 사용할 것이며 혼동을 초래할 수 있는 내포적 방식이라는 표현은 될 수 있으면 쓰지 않을 것이다. 그런데 1980년대식 개념의 양분법(dichotomy)을 비판적으로 보는 흐름이 등장했다. 특히 1960년대 초반의 경우는 1950년대식 수입대체산업화가 계속 유지되고 있었으며 1965년에 와서야 수출지향으로 방향을 잡게 되는데 그나마 드라마틱한 전환은 없었으며 1960년대 후반에 들어서도 수입대체적인 산업화가 계속 진행된 경우도 있었다[실제로 1차계획의 원안인 대한민국정부, 『제1차경제개발5개년계획: <1962~1966>』(서울: 대한민국정부, 1962년 1월), 32쪽 '수출' 항목에는 "계획기간 중 증대하는 수입수요를 최대한 자력으로 조달하기 위하여"라는 표현이 나와 수입대체적 성격을 내포하고 있음을 알 수 있다. 배한경 교수는 1차계획을 '수입대체공업화계획'으로 파악하며 2차계획을 '경공업수출화계획'으로 보았다. 배한경, 「경제개발계획과 자립경제확립 (총설)」, 전국경제인연합회 편, 『한국경제정책40년사』(서울: 전국경제인연합회, 1986), 28쪽. 또한 후술하는 바와 같이 2차계획도 수입대체에 중점 목표가 설정되어 있었다]. 따라서 1960년대의 정책은 1950년대 수입대체산업화정책과 연장선상에서 고찰될 수 있다. 하나의 정책이 집행되어 결과철 제강 등 금속공업과 기관차 조선 공작기계, 자동차 기계공업 그리고 기초화학공업 등의 토대를 마련하는 데 중점을 두었었다. 내포적 공업화 전략은 기초적 생산재 공업을 우선 건설하려는 전략이다. 박희범 교수는 내포적 공업화를 위해서 국가의 시장에 대한 적극적인 개입이 필요하며 많은 자금이 소요된다고 예측했다. 대미자주노선을 추구하려는 일부 혁명주체 장교들은 박희범 교수의 자력갱생 노선에 힘을 부여했으며 적어도 1962년 7월 통화개혁의 실패(후술함) 전까지는 계속 추진되었다. 이들의 노선은 민족자본의 동원이었는데 이를 위한 통화개혁과 민족자본에 의한 국영 정유공장 건설 추

가 산출되기 위해서는 여러 해가 경과되어야 하므로 수출드라이브는 몇 해 지나서 본격적으로 가동되었다고 할 수 있다. 이렇듯 산업화의 방향전환은 시행착오를 거쳐 서서히 바뀌는 과정으로 볼 수 있다. 또한 수입대체산업화의 경우 말 그대로 내포적 방향이라고 할 수 있는 경공업─소비재 수입대체산업화 외에 수출을 위한 외향적 수입대체('수출지향을 위한 수입대체')나 '중공업수입대체'의 경우도 있을 수 있다. 또한 경공업의 경우 수입대체적인 성격도 있지만 가공무역을 통한 수출지향적 경공업도 있을 수 있으며 1960년대 후반~1970년대 수출의 중요한 부분을 차지했다. 5·16 직후 최고회의(유원식 중심)는 중공업(예를 들면 제철)을 먼저 건설해 수입대체를 하자는 전략을 선호했으며, 이에 반해 상공부(정래혁 장관─박충훈 차관)는 우선 비교우위가 있는 경공업을 육성해 가공무역 중심의 수출산업을 지향해야 한다는 주장을 해 관철시켰다는 평가가 있다. 이근미, 「한국 현대사의 결정적 순간 9: 수출주도냐 수입대체냐, 국운을 좌우한 위대한 선택」, 『월간조선』 1996년 3월, 538쪽. 한편 수출을 위한 원료가 빈약하므로 이를 수입하지 않고 대체하기 위해 수입대체산업화가 이루어진 부분도 있었다. '수출지향을 위한 수입대체'의 경우 기존의 내포적 수입대체에 포괄되지 않는 새로운 개념이므로 수입대체를 내포적이냐 외향적이냐로 양분법적 개념에 분류하는 것은 어렵다. 따라서 '내포적 수입대체'라는 표현은 사용하지 않을 것이며 단지 '수입대체'라고만 사용하고자 한다. 수입대체산업에 대한 경험적 연구는 다음의 것이 있다. 차병권·정병휴·황병준·홍성유, 「한국수입대체산업에 관한 연구」, 1967. USOM의 지원으로 이루어진 이 연구의 1쪽에서 연구자들은 수입대체산업의 육성과 보호가 긴급한 과제라고 지적했다. Seong Ho Park, "Export Expansion and Import Substitution in the Economic Development in Korea", ph D dissertation, The American University, 1969.

진 등으로 구체화되었다.16) 그런데 박희범 교수는 금속공업과 기계공업을 확립하기 위한 당초의 장기적 목표가 시간이 지나면서 매판자본가들의 목전 이윤채산에 영합된 위정자들의 단견으로 소비재 및 약품의 가공중심으로 전환되었다고 사후적으로 비판했다.17)

---

16) 박희범 교수는 혁명정부가 5개년경제개발계획을 발표한 직후 「민주주의의 토대로서의 경제」, 『사상계』 1962년 1월, 100쪽에서 "이 계획의 기본목표는 첫째로 산업구조의 현대화와 경제자립을 위한 사회간접자본 및 기초공업의 건설에 있다"고 평하여 자립화 지향의 움직임을 높게 평가했다. 조갑제, 「'근대화혁명가' 박정희의 생애: 제12부 경제개발계획, (17) 정유공장 계획안」, 『조선일보』 1999년 2월 8일; 조갑제, 「'근대화혁명가' 박정희의 생애: 제12부 경제개발계획, (18) 혁명가와 기업인」, 『조선일보』 1999년 2월 9일.

17) 박희범, 『한국경제성장론』, 73쪽. 박희범식 도식에 의하면 한국의 산업화는 수입대체산업화(1950년대) → 박희범식 내포적(자립적)공업화(1962~1964) → 수출지향적산업화(1964년 중반 이후)의 방향으로 나아갔다고 할 수 있다. 이에 대해 대다수의 경제학자들은 1960년대의 초반의 발전전략이 수입대체면에서는 1950년대의 것과 일맥상통한다고 주장한다. 1차계획 기간 중 주로 이루어진 시멘트, 정유 및 비료공업 등 국가의 기간산업부분에 대한 수입대체가 그 대표적인 예이다. 정창영, 「정부의 경제적 역할」, 조순 외, 『한국경제의 이론과 현실』(서울: 서울대학교 출판부, 1987), 192쪽. 이런 맥락에서도 1차계획 기간 중인 1960년대 초반의 경우 수입대체가 주종을 이루는 시기라고 규정하는 데 어려움이 없다. 김대환 교수는 1963년 '제1차경제개발5개년계획 수정안'이 나옴으로 해서 수입대체로부터 수출지향으로 전략이 이동했다고 주장했다. 1차계획의 원안이 장면 정권하의 계획을 거의 그대로 이어받은 데 비해 수정안은 큰 변화를 보이고 있었다는 것이다. 이렇게 본다면 1963년을 한국 경제발전의 분수령으로 간주하는 기존의 견해[Edward S. Mason, Mahn Je Kim, Dwight H. Perkins, Kwang Suk Kim, and David C. Cole, et. al., *The Economic and Social Modernization of the Republic of Korea, Studies in the Modernization The Republic of Korea: 1945~1975*(Cambridge, Mass.: Harvard University Press, 1980); 『한국경제-사회의 근대화』(서울: 한국개발연구원, 1981)]는 여전히 유효하다는 것이다. 실제로 바로 이때부터 고도성장과 수출주도의 기조가 갖추어졌다고 볼 수 있다는 것이다. 김대환, 「논평: 장하원의 1960년대 한국의 개발전략과 산업정책의 형성」, 1998년 11월. 그런데 위의 『한국경제-사회의 근대화』, 150~153쪽과 476쪽에는 수입대체지향형에서 수출지향형으로 전환하는 기본적 정책변동은 1964~1967년간에 실시되었다고 적고 있다(위의 책 151쪽에서는 수출지향형으로 완전히 전환된 연도를 정확히 획정하는 것은 매우 어렵다고 기술했다). 또한 후

최고회의안은 최고회의 재정경제위원회 내의 종합경제재건기획
위원회(위원장 유원식)라는 기구에 의해 작성되었다.[18] 당시 1차5
개년계획의 밑그림을 그리는 일은 20, 30대의 젊은 인재(유능한 경
제학자, 실무가 및 기업가[19])들의 손에 맡겨졌는데 산업은행 조사
부의 김성범(37세), 재무부 사세국 토지조사 과장 정소영(29세; 워
싱턴대[University of Washington] 경제학 박사[20]), 부흥부 산
업개발위원회 보좌위원(과장급)을 역임했던 백용찬(32세; 1, 2 공
화국의 경제개발계획 입안) 3인이 1961년 5월 20일을 전후한 시기
에 최고회의 사무실에서 기초하기 시작했으며[21] 7월 12일 마지막

술하는 바와 같이 이 연구에서는 수출지향의 성격이 수정안에는 별로 없으며
이의 실행과정인 1964년 중반경에 비로소 여러 시행착오를 거쳐 수출주도의
방향이 보다 더 구체적으로 추진되었다는 의견을 제시하고자 한다. 따라서 위
의 박희범식 도식은 수입대체산업화(1950년대~1964년) → 수출지향적산업화
(1964년 중반 이후)의 방향으로 점진적으로 나아갔다고 수정할 수 있고, 드라
마틱하면서도 과격한 방향전환은 없으며 박정권 초기는 일종의 과도기였다
고 할 수 있다. 또한 수출지향적산업화는 1960년대의 경공업 중심의 것과 1970
년대(1973년 '중화학공업 선언' 이후)의 중화학공업 중심의 것으로 나눌 수 있
다. 그런데 이러한 경공업에서 중공업으로의 전환도 점진적으로 나아갔는데
1960년대 말의 경우 중화학공업에 대한 자원의 배분이 경공업보다 상대적으
로 높아지기 시작했다. 「김낙년교수와의 전화 인터뷰」 1998년 12월 7일.

18) 유원식, 『혁명은 어디로 갔나: 5·16비록』(서울: 인물연구사, 1987), 321쪽; 박희
범, 앞의 책, 81쪽; 木宮正史, 앞의 글, 40~41쪽; 한배호, 『한국정치변동론』(서
울: 법문사, 1994), 174쪽. 조갑제 기자는 이를 국가재건최고회의 종합경제기획
위원회라고 주장한다. 조갑제, 「'근대화혁명가' 박정희의 생애: 제12부 경제개
발계획, (4) 종합경제재건계획」, 『조선일보』 1999년 1월 20일. 그런데 『5·16군
사혁명의 전모』, 363쪽; 『한국군사혁명사』 제1집, 상의 330~331쪽에 주요 특별
위원회가 열거되어 있는데 종합경제심사특별위원회, 수산개발특별위원회, 수
출진흥긴급대책위원회 등은 있으나 종합경제재건기획위원회는 없다. 따라서
이 위원회는 몇 달 후에 해체되었거나, 유원식이 혁명전선에서 조기 이탈했으
므로 사후에 삭제된 것이 아닌가 한다.

19) 국가재건최고회의 종합경제재건기획위원회 편, 『종합경제재건계획(안)해설(자
단기4295년~지단기4299년)』(서울: 동위원회, 1961년 7월 31일), 머리말.

20) David Hunter Satterwhite, op. cit., p.403.

박정희와 '한강의 기적'-1차5개년계획과 무역입국

작업 단계에서 박희범 교수가 참여했다.[22] 젊은 3인과 박희범 교수가 상임위원이었으며 권혁범(권혁로[23]) 중령과 이경식, 정일혼(鄭一揮; 정일휘[24]) 등이 보좌관이었고 작업반원은 50명 정도였다.[25] 박정희 당시 최고회의 부의장(1961년 7월 2일 의장에 취임)은 80일 내로 계획을 작성하라고 지시했으며 작업팀은 60여 일 만에 완성했다.[26] 7월 21일 최고회의의 제안설명 자리에서 박희범 교수가 기초적인 개념을 설명했다.[27]

---

21) 중앙일보 특별취재팀, 『실록 박정희』(중앙M&B, 1998), 123~125쪽. 김정렴과 오원철은 그 기초 시점이나 주도인물에 대해 다른 설명을 내리고 있으나 이들은 직접 기초한 인사는 아니므로 그 증언의 신빙도면에서 검증해 볼 여지가 많이 있는 것이 사실이다. 김정렴, 『아 박정희』(서울: 중앙M&B, 1997); 오원철, 『한국형 경제건설』 1~3, 기아경제연구소, 1995~1997.

22) 이종연, 「박대통령의 '그랜드 디자인」, 『정경문화』 1986년 1월, 189쪽에 의하면 7월 초에 이승구, 「비화: 제1차 5개년 계획 산고」, 『월간경향』 1987년 2월, 224쪽에 의하면 6월 말경에 박희범 교수가 가세했다고 한다. 그의 임무는 실무진 3인(정소영, 백용찬, 김성범)의 작업을 자문하고 마지막 보고서 작성을 마무리하는 것이었다.

23) 국가재건최고회의 종합경제재건기획위원회 편, 『종합경제재건계획(안)해설(자단기4295년~지단기4299년)』(서울: 동위원회, 1961년 7월 31일)의 종합경제재건기획위원회 보좌관 명단에는 權赫魯로 표기되어 있다.

24) 국가재건최고회의 종합경제재건기획위원회 편, 『종합경제재건계획(안)해설(자단기4295년~지단기4299년)』(서울: 동위원회, 1961년 7월 31일)의 종합경제재건기획위원회 보좌관 명단에는 鄭一揮로 표기되어 있다.

25) 정헌주, 앞의 글, 274쪽; 조갑제, 「'근대화혁명가' 박정희의 생애: 제12부 경제개발계획 (4) 종합경제재건계획」, 『조선일보』 1999년 1월 20일.

26) 착수한 지 얼마 안 되어 계획을 완성해야 하는 조급성 때문에 당시의 참여자들의 말을 빌리면 순전히 군정 2년간의 스케줄을 합리화하기 위한 것이었다고 한다. 이 때 이미 8월 15일에 2년 뒤 군정을 민정으로 이양한다는 계획을 공표할 예정이었고 이 2년의 군정기간을 합리화하기 위한 명목을 1차5개년계획이 본궤도에 올라갈 시기로 잡은 데 있다는 것이다. 김진현·지동욱, 앞의 글, 109쪽.

27) 김진현·지동욱, 앞의 글, 110쪽; 중앙일보 특별취재팀, 『실록 박정희』(서울: 중앙M&B, 1998), 126쪽. 이 브리핑인지는 확인할 수 없으나 이종연, 「박대통령의 '그랜드 디자인」, 『정경문화』 1986년 1월, 190쪽에는 1961년 8월 12일에 박희범

1962년 3월 21일 제9차 최고회의에서 보고하는 유원식 위원

종합경제재건기획위원회는 혁명 당시 한국경제의 상황을 다음과
같이 기술하고 있다.

1. 날이 갈수록 실업자는 증가하고
2. 시장 구매력을 형성할 소득의 증가를 유치하지 못했으며
3. 다만 원조물자를 배경으로 한 도매 및 소매업의 발전과 신분에 넘치는 사
   치생활을 배경으로 하는 써어비스업의 왕성으로 제3차산업의 불균형적 발
   전을 시현하였으며
4. 또한 제3차 산업의 교역조건이 유리하게 변화하므로서 소득불균등은 점차
   로 尤甚하여 그나마도 부족한 구매력의 많은 부분이 외래 소비성사치품
   으로 지향하는 망국적 정체요인을 형성하기에 이른 것입니다.[28]

이 안은 건설부안과 한국은행의 장기종합경제개발계획, 최고회
의 기획위원회의 장기개발계획을 참고로 해서 작성되었는데[29] 건설

교수가 간단한 용어를 설명했다고 적혀 있다.
28) 국가재건최고회의 종합경제재건기획위원회, 『종합경제재건계획(안)해설, 自단
기 4296년~至단기 4299년』(서울: 동위원회, 1961), 3쪽.

박정희와 '한강의 기적'–1차5개년계획과 무역입국

부안의 골격을 전혀 무시할 수는 없었다. 5·16 군사쿠데타의 독자성을 강조하기 위해 건설부안을 참고로 하면서도 독자적인 경제계획을 만들려고 했다는 것이 최고회의안의 의미라고 할 수 있다.[30] 국내산업의 자립적 발전을 지향한다든가 자립경제의 기반을 마련한다는 머리말의 표방[31]에서 이 계획이 출발부터 자립화를 지향하고 있음을 알 수 있다. "수출을 늘이는 동시에 수입대체재산업을 육성하여 국제수지를 개선함으로써 자립경제의 기반을 마련하는데 그 궁극의 목표를 두"었다는 구절도 자주적 노선을 지향한 것으로 판단된다.[32] 유원식은 "무력으로 정권을 잡은 군인들은 자존심을 충족시키고 싶어했다. 군복을 입고 있지만 우리도 머리가 있고 근대적인 경제계획을 세울 수 있는 지적수준을 가지고 있다는 사실을 국내외로부터 평가받고 싶어했다"고 고백했다.[33] 그런데 이 안은 건설부안보다 정부의 역할이 강조되어 있으며 보다 야심적이었다. 성장률의 경우 건

---

29) 국가재건최고회의 종합경제재건기획위원회 편, 『종합경제재건계획(안)해설(자단기4295년~지단기4299년)』(서울: 동위원회, 1961년 7월 31일), 머리말; 국가재건최고회의 종합경제재건기획위원회, 『종합경제재건계획(안)』(서울: 동위원회, 1961년 7월 31일), 머리말. 한편 전철환 교수는 한국은행안이 경제기획원안으로 연결되었다고 주장한다. 전철환, 「경제개발5개년계획」, 동아일보사 편, 『현대한국을 뒤흔든 60대사건』(서울: 동아일보사, 1988), 128쪽.

30) 당시 이 안을 작성했던 인사들은 자유당안과 민주당안을 검토했으나 별로 이용할 가치가 없다고 판단하고 새 계획을 짜기로 했다고 회고했다. 이승구, 「비화: 제1차 5개년 계획 산고」, 『월간경향』 1987년 2월, 224쪽.

31) 국가재건최고회의 종합경제재건기획위원회 편, 『종합경제재건계획(안)해설(자단기4295년~지단기4299년)』(서울: 동위원회, 1961년 7월 31일), 머리말.

32) 국가재건최고회의 종합경제재건기획위원회 편, 『종합경제재건계획(안)해설(자단기4295년~지단기4299년)』(서울: 동위원회, 1961년 7월 31일), 5쪽. 위의 책, 6쪽에는 국제수지 개선 차원에서의 수출증대도 언급되고 있다. 국제수지개선차원의 수출은 확정된 1차계획의 중점과도 일맥상통하는 것이다. 한편 위의 책, 27쪽에는 "우리의 총력을 수출증대에 기우리지 않으면 아니 된다"는 표현도 사용되었는데 이는 군인 특유의 추진력이 표현된 것으로 추정된다.

33) 이승구, 「비화: 제1차 5개년 계획 산고」, 『월간경향』 1987년 2월, 226~227쪽.

설부안이 5.6%인데 비해 7.1%로 책정하고 있는 것[34]이 그 단적인 예이다. 이전의 안에 비해 안정보다 성장을 지향하고 있는 면을 성장률을 통해 알 수 있다. 불균형성장론을 지향하고 있다.[35] 따라서 박정희 정부의 경제개발계획이 장면 정권의 그것을 거의 복사해서 시행되었다는 기존의 견해가 사실과 완전 부합되는 것이 아님을 확인할 수 있다. 복사했던 것은 건설부안이었지 실제 실행된 최고회의 안·경제기획원안은 건설부안을 토대로 대폭 수정한 것이었다. 설사 복사했다하더라도 그것을 추진 못 한 장면과 추진했던 박정희와는 리더쉽면에서 차이가 있다고 할 것이다.[36] 만들어진 안은 실행

---

34) 국가재건최고회의 종합경제재건기획위원회 편, 『종합경제재건계획(안)해설(자단기4295년~지단기4299년)』(서울: 동위원회, 1961년 7월 31일), 5쪽. 이 점에 대해 유원식은 북한의 성장률을 의식한 것이었다고 주장했는 데 비해 백용찬은 일본 10年所得倍增計劃의 7.16%를 기준으로 했다고 회고했다. 김종필도 중앙일보와의 인터뷰에서 백용찬의 견해와 비슷한 설명을 했다. 김진현·지동욱, 앞의 글, 110쪽; 중앙일보 특별취재팀, 『실록 박정희』(서울: 중앙 M&B, 1998), 125~126쪽. 그런데 실제로 10년간 복리의 성장률을 토대로 소득을 배가하려면 약 7.175%의 성장률이 필요하다. 7.16%의 성장률로 10년간 발전하게 되면 GNP는 1.995배가 된다. 한편 공식문헌인 대한민국정부, 『제1차경제개발5개년계획』(서울: 대한민국정부, 1962년 1월), 14쪽에는 "연평균 성장률 7.1%는 과거 7개년 동안의 연평균 성장률 4.7% 보다는 상당히 높은 수준으로 되어 있는데 이것은 과거의 정치적 부패로 말미암은 자본의 낭비와 예상되는 가용외부자원의 증가를 고려한 때문"이라고 서술되어 있다. 위 문헌의 15쪽에서 대한민국정부는 미국이 "한국의 경제적 자립과 방위력의 강화를 도움기(sic) 위하여" 적어도 현재수준이상의 경제 및 군사원조를 제공할 것이라고 예측했다.

35) 한국산업은행기획조사부, 『경제개발5개년계획 해설』(조사월보제75호별책, 1962), 14쪽; 조갑제, 「'근대화혁명가' 박정희의 생애: 제12부 경제개발계획, (4) 종합경제재건계획」, 『조선일보』 1999년 1월 20일.

36) 허동현은 『장면: 건국·외교·민주의 선구자』(서울: 분도출판사, 1999), 186~187쪽에서 장면의 5·16 이후 육필 노트(경제기획원 구상 등이 명기됨)을 인용하면서 박정희 정부가 제2공화국으로부터 경제개발 구상을 훔쳤다고 주장했다. 그렇지만 이는 장면이 '짧은' 기간 업적을 홍보하기 위해 적은 사후 합리화일 뿐 공식문서는 아니다. 한편 임원혁 연구위원은 "경제개발계획과 기획원 설립 구상이 2공화국에서 준비돼 있었다고 해도 박 전대통령처럼 뚝심 있고

박정희와 '한강의 기적'-1차5개년계획과 무역입국

못 한 우유부단성과 두 달 만에 졸속이었지만 안을 만들어 추진한 추진력과는 차이가 있는 것이다. 또한 설계도가 같다 하더라도 집이 항상 똑같이 지어지는 않는다는 어느 평자의 지적이 흥미로운 부분이다. 똑같은 외적 환경이 주어졌다고 하더라도 효과적으로 강력하게 추진했던 박정희의 방식과 여러 사회세력의 눈을 의식하면서 점진적·민주적으로 추진하여 했던 장면의 방식은 달랐을 것이며 그 결과면에서 차이가 있었을 것이라고 가정할 수 있다. 아무리 훌륭한 정책이라고 해도 실행되지 않았다면 별다른 의미가 부여될 수 없는 것이다. 따라서 기존의 '편승론'적 입장은 비판될 수 있다. 박정희 개발의 성과가 1950년대 한국, 혹은 1960년대 인도의 그것과 큰 차이가 없었다면 누구나 경제개발을 할 수 있었다는 가설의 타당성이 인정될 수 있으나 현실은 그렇지 않았던 것이다.

---

3 │ 경제기획원안

1961년 7월 22일 최고회의는 경제계획을 일원적으로 취급하기 위해 경제기획원을 신설[37]함과 동시에 종합경제재건계획을 공표했

일관되게 추진할 수 있었을지는 의문"이라고 말했다. 5·16 쿠데타 이전 민주당은 신·구파가 대립하고 있었기 때문에 박정희 정권만큼 국력을 경제개발에 집중하기 어려웠을 것이란 분석이다. 임 위원은 "박 전대통령은 쿠데타로 집권한 데 따른 정통성 부족을 경제적 성과로 메우기 위해 경제개발에 매진함으로써 강한 추진력을 발휘했다"며 "(개발독재에 따른 갖가지 부작용에도 불구하고) '공6 과4'로 칠 수 있을 것"이라고 덧붙였다. 따라서 그는 박정희의 리더십을 긍정적으로 인정하는 입장이다. 김영배, 「[경제] '경제는 잘했다'의 오해와 진실: 공과 과를 가늠하기 힘든 '압축성장' 시대 … 성장 뒷면의 부작용을 무시하는 단선적인 견해는 위험」, 『한겨레 21』 546호, 2005년 2월 15일, 85쪽.

다.38) 이 안을 기초로 국민 일반의 건의와 비평을 참작해 현실적으로 실행할 수 있는 구체적인 실행 방안 마련에 착수했다.39) 박정희 최고회의 의장은 김유택 당시 경제기획원장에게 최고회의의 안을 참

37) 경제기획원은 당시 산업개발위원회가 속해 있던 건설부를 모체로 하여 재무부의 예산국, 내무부의 통계국 등 여러 현존기관을 새로운 원으로 흡수함으로써 발족되었다. 건설부는 폐지되었으며 나중에 신설된 건설부는 전혀 다른 부서이다. 경제기획원은 건설부의 종합기획국과 물동계획국을 계승했고 재무부에 소속되었던 예산국과 내무부 소속의 통계국을 흡수했으며, 외청으로 국토건설청을 두었다. 또한 1961년 10월 2일에 다시 물동계획국 소속 경제협력과를 모체로 외자도입국이 신설되었고 물동계획국은 조정국으로 개편되었다. 뿐만 아니라 1962년 6월 18일 다시 5개년계획수립을 자문하기 위해 초빙했던 아더 리틀사 보고서의 건의에 입각해 기획국을 종합기획국, 1차산업국, 2차산업국, 3차산업국으로 대폭 확장 강화했고 외자도입국과 조정국을 합해 경제협력국으로 그리고 조정국의 1과로 있었던 기술관리과를 기술관리국으로 승격 확장했다. 정재석, 「EPB신설에 얽힌 사료 한토막」, 『經友』 창간호(1987년 1월); 송정범, 「경제기획원 탄생전후」, 『經友』 창간호(1987년 1월); 조갑제, 「'근대화 혁명가' 박정희의 생애」, 『조선일보』 1999년 1월 22일; 경제기획원, 『개발연대의 경제정책: 경제기획원20년사』(서울: 경제기획원, 1982), 7쪽; 국가재건최고회의 한국군사혁명사편찬위원회 편, 『한국군사혁명사』 제1집(상), 국가재건최고회의 한국군사혁명사편찬위원회, 1963, 919쪽. 초대 원장 김유택, 1961년 7월 22일~1962년 3월 2일; 2대 송요찬, 1962년 3월 2일~6월 18일; 3대 김현철, 1962년 6월 18일~7월 10일; 4대 김유택, 1962년 7월 10일~1963년 2월 8일; 5대 유창순, 1963년 2월 8일~4월 12일; 6대 원용석 1963년 4월 12일~1963년 12월. 이후부터는 부총리 겸 장관으로 격상됨.

38) 장면 정권 때 내각 사무처장이었던 정헌주의 회고에 의하면 '종합경제계획안'은 7월 3일에 발표되었다고 한다. 정헌주, 앞의 글, 274쪽. 한편 김진현의 조사에 의하면 종합경제재건계획은 7월 23일 최고회의를 통과했다고 한다. 김진현·지동욱, 앞의 글, 109쪽. 한편 「제1차경제개발5개년계획」 1961년 7월 22일, 『한국경제정책 반세기 정책자료집』(서울: 경제기획원, 1982)한국개발연구원, 1995, 203쪽에는 7월 22일로 되어 있다. 이승구는 이 안의 이름을 '종합경제재건안'으로 표기했다. 이승구, 앞의 글, 225쪽. 정확한 명칭은 1961년 7월 국가재건최고회의종합경제재건기획위원회가 발간한 『종합경제재건계획(안)』에서 확인될 수 있다.

39) 국가재건최고회의 한국군사혁명사편찬위원회 편, 『한국군사혁명사』 제1집(상), 국가재건최고회의 한국군사혁명사편찬위원회, 1963, 922쪽; 한배호, 『한국정치변동론』, 172쪽.

박정희와 '한강의 기적'-1차5개년계획과 무역입국

고로 제1차경제개발5개년계획을 수립하라는 지시를 내렸다고 한다.40) 최고회의안을 기초로 각계의 의견을 종합검토하기 위해 계획 작성에 참여한 사람들과 학자, 전문가, 그리고 실무자들로 구성된 위원회가 7월부터 9월까지 심의했다.41)

정부는 정부대로 경제기획원이 중심이 되어 최고회의안을 기반으로 약 2개월여의 작업 끝에 9월 중순에 실행 계획안을 완성했다. 각종 통계자료나 경험 있는 계획전문가가 부족하였으므로 민주당 안에 기반한 최고회의안을 토대로 세부계획을 수립하는 데 만족할 수밖에 없었다.42) 당시 경제개발을 총괄하는 기구를 만드는 데 간여했던43) 경제기획원 초대 부원장 송정범(부흥부 기획국장 역임)은 네이산 보고서를 비롯해 말레이시아와 인도의 5개년 계획을 참조했으며 세계은행(International Bank for Reconstruction and Development; IBRD)에서 비교연구된 개발기구에 대한 자료, 미르달(Myrdal) 교수의 『경제이론과 저개발지역』이란 책 등을 참조했었다고 회고했다.44)

---

40) 조갑제, 「'근대화혁명가' 박정희의 생애: 제12부 경제개발계획, (7) 1차 5개년 계획안의 확정」, 『조선일보』 1999년 1월 25일.

41) 이영휘, 「경제개발5개년 계획의 수립과정에 관한 연구: 배경 및 행정부 절차를 중심으로 한 사례연구」, 서울대학교 행정대학원 석사학위논문, 1962, 100쪽.

42) 민주당안과 군사정부의 안 사이에 상당한 수정이 있었다는 견해[변형윤, 『한국경제연구』(서울: 유풍출판사, 1986), 43쪽]와 일부였다는 견해[이대근, 『한국경제의 구조와 전개』(서울: 창작사, 1987), 171쪽]가 있다. 정헌주를 비롯한 민주당의 개혁 옹호론자들은 군사정부가 민주당 정부의 계획안을 거의 그대로 도용했다고 주장한다. 이에 대하여는 다음의 기사를 참조할 수 있다. 정헌주, 앞의 글, 274쪽, 277쪽; 김진현 · 지동욱, 108쪽.

43) 송정범은 당시 부흥부를 모체로 하고 재무부의 기능을 일부 흡수하는 경제기획원의 설립을 구상했다. 이승구, 「비화: 제1차 5개년 계획 산고」, 『월간경향』 1987년 2월, 223~224쪽.

44) 중앙일보 특별취재팀, 『실록 박정희』(서울: 중앙M&B, 1998), 128쪽; 조갑제, 「'근대화 혁명가' 박정희의 생애」, 『조선일보』 1999년 1월 22일.

박정희 의장과 송요찬 내각수반이 경제기획원에서 업무 보고를 받고 있다.(1962. 1. 5)

새로이 조직된 중앙경제위원회에 1961년 9월 15일부터 부의해 심의를 끝마쳤으며 각의의 조정과 최고회의의 심의(11월 20일[45]))를 거쳐 1962년 1월 13일에 시작되는 제1차5개년계획을 1961년 12월 말에 완성했고[46] 1962년 1월 5일에 발표했다.[47] 국가가 민간부문인 시장에 적극적으로 개입해 국가주도적 경제개발을 추진하려 했던 것이다(따라서 1960년대 전반기 대외부문의 개방화는 신고전파(Neo-classic school)의 견해처럼 단순한 시장 자유화라기보다는 '정부개입의 강화를 통한 개방화'였다고 평가할 수 있다[48])). 『제

---

45) 김진현・지동욱, 앞의 글, 110쪽.

46) 국가재건최고회의 한국군사혁명사편찬위원회 편, 『한국군사혁명사』제1집(상), 국가재건최고회의 한국군사혁명사편찬위원회, 1963, 922쪽; 이한빈, 『사회변동과 행정』(서울: 박영사, 1968), 219~220쪽.

47) 조갑제, 「'근대화혁명가' 박정희의 생애: 제12부 경제개발계획, (8) 지도받는 자본주의 체제」, 『조선일보』 1999년 1월 26일.

박정희와 '한강의 기적'−1차5개년계획과 무역입국

1차경제개발5개년계획』의 원본 "계획의 방침" 항목 16쪽에 "경제의 체제는 되도록 민간인의 자유와 창의를 존중하는 자유기업의 원칙을 토대로 하되 기간부분과 그 밖의 중요부문에 대하여서는 정부가 직접적으로 관여하거나 또는 간접적으로 유도정책을 쓰는 「지도받는 자본주의체제」로 한다"는 부분이 나온다. 정부는 이렇게 시장에 대한 적극적 개입을 통해 권위주의하의 발전전략인 '개발독재' 모델을 형성했다고 할 수 있다.

확정된 안에 의하면 경제성장률의 목표치는 7.1%였는데 각 연도별로 살펴보면 1962년의 5.7%에서부터 1963년의 6.4%, 1964년의 7.3%, 1965년의 7.8%, 1966년의 8.3%로 계속 상승시킨다는 야심적인 계획이었다.49) 민주당 정부의 계획에서 제시된 목표치는 5%~6%대였던 점에서 획기적인 것이었다고 할 수 있다. 최고회의안의 성장률이 7.1%였던 데 대하여 당시 이병철 삼성물산 사장이 회장으로 있던 한국경제인협회(전경련의 전신)에서는 성장률이 최소한 10%가 되어야 한다고 주장했음에 비해 학계에서는 "외국에서도 7%의 성장의 예가 없다"면서 "돈도 없이 어떻게 7.1%의 성장을 바라는가"라며 탁상공론이라고 비판했다. 이러한 양론에 직면해 송정범은 IBRD 산하 경제개발연구원에 있으면서 배운 '실업자 구제를 위한 최소치'를 기준으로 삼았다고 회고했다. 그는 기준치를 먼저 정한 뒤 수출정책을 고려해 연평균 성장치를 책정했으며 그 결과 최고회의의 7.1%와 맞아떨어졌다고 주장했다.50)

---

48) 김낙년, 「1960년대 한국의 경제성장과 정부의 역할」, 『경제사학』 제27호, 1999년 12월, 125쪽.

49) 국가재건최고회의 한국군사혁명사편찬위원회 편, 앞의 책, 928쪽.

50) 조갑제, 「'근대화혁명가' 박정희의 생애: 제12부 경제개발계획, (7) 1차 5개년 계획안의 확정」, 『조선일보』 1999년 1월 25일. 송정범은 자신이 손수 성장률을 계산했다고 부기했다. 그런데 당시 수출정책이라는 것은 별것이 없었으므로 송정범의 회고는 자신의 역할을 과장한 것이라고 할 수 있다. 성장률에 관한 한 경

총괄적으로 보면 성장률 등에서 알 수 있듯이 경제기획원의 안은 최고회의안을 대체로 답습한 것이라고 할 수 있으며 자유당 정부안과 민주당 정부안들과 같이 최고 지도자의 방미 시 미국의 원조와 차관을 얻어내기 위한 성격도 부분적으로는 가지고 있었다. 이 안은 최고회의안과 같이 대체적으로 자주적 공업화를 지향한 것이었다. 계획의 기본목표는 자립경제의 달성을 위한 기반을 구축하는 데에 두었던 것이다.[51] 그런데 경제기획원의 안을 작성하는 과정에서 최고회의의 실무자 우윤희는 수출의 적극적인 확대를 주장했다고 한다. 그는 기준 연도(1962년)의 3,300만 달러 수출을 1966년까지 1억 3,800만 달러로 늘릴 것을 강력하게 주장했다.[52] 경제기획원 안은 자립적 방안을 지향했다지만 우윤희와 같은 수출지향적 주장도 제기되고 있으며 그러한 방향이 어느 정도 수용되어 있으므로 1964년 2월 제1차경제개발계획 수정안 확정으로 인해 수출지향 방향성의 싹이 보이는 것이 180도 방향전환이라고만 볼 수는 없는 측면이 있다. 물론 제1차계획의 원안에 1965년부터 본격적으로 방향을 잡았던(후술함) 수출드라이브정책이 나온 것은 아니었다. 1차계획의 원안에는 단지 '수출증대를 주축으로 하는 국제수지의 개선'[53] (국제수지의 개선은 자유당 정부의 1960년 3개년 계획의 5대 목적 중 2

제개발원의 안이 최고회의의 것을 답습한 것이었다는 평가가 지배적이다.

51) 이외에 사회경제적 악순환 시정도 기본 목표 중의 하나였다. 대한민국정부, 『제1차경제개발5개년계획: <1962~1966>』(서울: 대한민국정부, 1962년 1월), 15쪽. '자립적' 기본목표 설정이 1982년~1985년간의 제5차계획에서부터는 없어졌다. 경제기획원, 『개발연대의 경제정책: 경제기획원 20년사』(서울: 경제기획원, 1982); 전국경제인연합회, 『한국경제정책 40년사』(한국경제인연합회, 1986), 28쪽.

52) 우윤희, 「주관과 수동기로 장기계획을」, 『經友』창간호, 1987년 1월.

53) 대한민국정부, 『제1차경제개발5개년계획: <1962~1966>』(서울: 대한민국정부, 1962년 1월), 16쪽; 제1차경제개발5개년계획평가교수단 편, 『제1차경제개발5개년계획 중간평가』(서울: 기획조정실, 1965), 3쪽.

번째 것임)이 6대 '계획의 중점' 중 5번째 것으로 언급될 뿐 수출지
상주의적인 표현은 전혀 없었다.[54] 제1차경제개발5개년계획이 수
지의 균형을 맞추기 위해 수출증진과 수입감소를 강조하기는 했지만
농산물 및 광물의 수출에 중점을 두었다. 이 계획에서 공산품 수출
에 의한 경제성장 전략은 크게 강조되지 않았다. 오히려 농업 부문
이 한국 경제의 근간이 될 전략부문으로 설정되었다. 이 부분은 한
국경제의 비교우위가 공업이 아닌 농업에 있다는 네이산계획과 일치
하고 있는 것이다.[55]

---

54) 물론 수출지상주의를 추구했던 1965년 하반기에 편찬된 책에서도 "획기적인
수출증대는 제1차경제개발5개년계획의 기본목표인 자립경제체제의 기반 구
축을 위해 고무적인 사실이며 만성적으로 수입이 수출을 훨씬 초과하고 있는
국제수지의 「갭」을 최소한도로 줄여감으로써 앞으로 국제수지의 개선을 통한
경제적 자립과 번영에로의 달림길 위에 한 디딤돌이 되고 있을 것이다"라고
서술되어 있다. 『자립과 번영으로 가는 길: 제3공화국수립2주년에 즈음하여
국민에게 보내는 백서』(서울: 기획조정실, 1965년 12월), 124쪽. 즉 수출은 기본
적으로 그 자체가 목적이 아닌 국제수지를 개선하기 위해 마련된 방안이었다.
그런데 전술한 바와 같이 박정희가 1979년 시해될 때까지 국제수지가 흑자가
된 해는 한번도 없었으며 오히려 외채망국론을 결과한 상태에서 그의 수출드
라이브는 막을 내렸다. 이런 맥락에서 보면 박정희의 국제수지 흑자 전환 정
책은 실패로 귀결된 것이라고도 할 수 있으나 이는 단기적인 평가이며 그 이
후의 시기인 전두환 정부 말기와 노태우 정부 초기 몇 년간(1986~1989) 국제
수지가 흑자로 전환된 것은 줄기찬 수출입국의 결과물(물론 3저호황 등 외부
적 호조건 때문이라고도 할 수 있지만)이라고 할 수 있으므로 보다 장기적으
로 평가한다면 그렇게 부정적인 것만은 아니다. 또한 경제규모를 크게 만들고
세계1류국가들과 경쟁할 수 있게 만든 것은 수출드라이브의 덕이라고 할 수
있다. 1969년에 정부에서 간행된 보고서에 의하면 1980년 전후에 자립화를 달
성할 수 있을 것이라고 예언했다. 남덕우·이창열, 「경제자립화와 국제수지」,
『한국경제발전의 이론과 현실』, III: 자립-공업화편(서울: 내각기획조정실,
1969), 81쪽. 여기서 자립화라는 것은 국제수지 흑자를 지칭하는 것으로 박정
희의 수출드라이브가 지향하는 바였다. 이러한 예언은 예상보다 조금 늦어진
1980년대 중반에 달성되었다고 할 수 있다.
55) 서재진, 『한국의 자본가 계급』(서울: 나남, 1991), 81쪽. 1963년 초반에까지도
'중농정책'은 시정방침의 하나로 유지되었다. 박정희, 「1963년도 시정방침 연
설」, 1963년 1월 5일, 『국가재건최고회의의장대통령권한대행 박정희장군담화

박희범 교수가 계획안이 작성된 이후 평가한 5개년경제개발계획의 목표는 다음과 같다. 첫째 산업구조의 현대화와 경제자립을 위한 사회간접자본 및 기초공업의 건설, 둘째 공업화 과정의 진행에 따라 점증하게 될 식량 및 공업원료에 대한 수요를 충족시키기 위한 농업 및 광업의 진흥, 셋째 외자조달과 국제수지의 호전을 위한 수산업, 광업 및 제조업에의 중점적인 투자 배정이 그것이다.[56]

　　지금까지 언급했던 계획안들은 다음 〈도표 1〉과 같이 단순화시켜 정리할 수 있다.[57]

집』(서울: 대통령비서실, 1965), 365쪽. 초기의 '고리채정리법', '농산물가격안정법' 등의 시행이 그 예인데, 제1차경제개발5개년계획 후기에 공업중심의 정책으로 변환된 후 1차계획의 마지막 연도인 1966년에는 1차산업만이 계획에 미달하게 되었다. 山本剛土, 「1~2차 경제개발계획과 고도성장의 문제점」, 김성환 외, 『1960년대』(서울: 거름, 1984), 277~278쪽.

56) 박희범, 「민주주의의 토대로서의 경제」, 『사상계』 1962년 1월, 100쪽. 또한 그는 사회적 불안과 정치적 부패의 소인을 조성하는 기존의 기업가층을 비판하면서 새로운 중산층과 자치농민의 육성을 주장했다.

57) 성장의 기본모형 항목의 경우는 경제기획원 편, 『한국의 경제개발모형과 지역경제』(개발계획총서 제5권, 서울: 경제기획원, 1967), 9~10쪽에 나와 있다.

박정희와 '한강의 기적'-1차5개년계획과 무역입국

〈도표 1〉 각 경제개발계획의 비교

		次數의 單一複數 여부	안의 이름(계획기간)/계획의 중―단기성	입안기관	성장률	특징
자유당안		單數―複數 (2차)의 중간	7개년계획(1960~66)의 전반계획으로서의 경제개발3개년계획/중기계획	부흥부 산업개발위원회	5.2%	– 원조를 더 많이 얻기 위한 계획 – 독자적으로 만든 최초의 계획
민주당안		복수	경제개발1차5개년계획 (1961~65)/중기계획	부흥부 산업개발위원회	5~6.1%	
군정안	건설부안	복수	제1차5개년경제개발계획 (1962~66)/장기계획을 가정	건설부	5.6%	민주당안의 거의 복사판이라는 견해가 있음 (그러나 총론 부분에서도 자유경제체제가 지도받는 자본주의체제로 바뀌는 등 상이점도 있음)
	최고회의안	복수	종합경제재건계획(1962~66)/장기계획을 가정	최고회의 종합경제재건기획위원회	7.1%	– 실행된 1차5개년계획의 골간이 된 의욕적 계획 – 안정보다 성장강조
	경제기획원안	복수	제1차경제개발5개년계획 (1962~66)/장기계획의 1차계획	경제기획원	7.1%	최고회의안 답습

		성장전략	기본모형	성안완료 시점	실시여부
자유당안		다부문균형식성장모델 (균형성장이론)	콜름(Colm) 방식*	1959년 12월 31일	4·19로 미실시
민주당안		요소공격식 불균형성장론 (전략부문중점투자이론)	해롯드·도마(Harrod & Domar) 체계**	1961년 4월말~5월	5·16으로 미실시
군정안	건설부안	불균형성장론	해롯드·도마(Harrod & Domar)체계	1961년 5월 하순	최고회의안에 부분적으로 계승
	최고회의안	불균형성장론	해롯드·도마(Harrod & Domar)체계	1961년 7월 21일	경제기획원안으로 계승
	경제기획원안	불균형성장론	해롯드·도마(Harrod & Domar)체계	1961년 9월 15일	실시

* 취업인구와 1인당 생산액 토대로 GNP를 추정함. 노동력이 자본에 비해 상대적으로 부족해 노동력 부족이 성장의 최대제약요건이라고 생각함. 우리나라처럼 노동력이 자본보다 풍부했던 사례에는 적합하지 않음.
** 성장제약 요건으로 투자(저축)와 국제수지를 상정한 시스템으로 우리 실정에 좀 더 적합함.

5장

1차계획을 둘러싼 한·미 갈등과 수정안 마련

1 미국의 한국에서의 목표: 공산화 방지를 위한 경제안정

　미국이 한반도에 개입하기 시작한 1945년 이래 그들의 최우선적인 대한정책 목표가 '공산화 방지'에 있었다고 할 수 있다. 특히 1949년 중국이 공산화되자 한국이 "제2의 중국이 되지 말아야 한다"는 인식이 정책결정자들 사이에 공통된 인식이 되었다. 그런데 1960년대 초반의 상황에서 북한의 대남 직접침략 가능성이 전혀 배제될 수는 없지만 이것보다 한국의 경제정체와 그에 따른 정치−사회적 불안이 한국을 공산화시킬 가능성이 한층 더 크다고 인식했다. 따라서 한국의 경제발전을 통한 경제안정이 최선의 안전보장정책이라고 미국은 판단했다.[1]

　그런데 미국은 한국경제 자립(박희범 식 내포적 경제발전)을 정면으로 반대한 것이 아니라 성장률의 과대설정과 같은 현실성 없는 계획을 반대했던 것이다.[2] 급작스러운 변혁이 아닌 장기적인 계획

---

1) Presidential Task Force on Korea, "Report to the NSC", June 5, 1961, NSF, Box 127, JFK Library; "Memorandum for Bundy and Rostow: Relative Priority of Military vs. Reconstruction Focus in Korea" NSF, Box 127, JFK Library. 존 포스터 덜레스 국무장관은 한국을 '민주주의 쇼윈도우'로 만들 것이라고 장담했던 적이 있다. 한국군사혁명사편찬위원회 편, 『5·16군사혁명의 전모』(서울: 문광사, 1964), 281쪽.

2) "Revised Progress Report on Follow up Actions Responsive to Recommendations of Korea Task Force Report", August 13, 1961, NSF, Country File: Korea(General), Box

에 의거해 서서히 성장하는 것이 경제안정에 도움이 된다는 것이다. 따라서 미국은 7.1%라는 수치에 대해 반대했으며 이를 달성하기 위한 외자를 비롯한 자금동원 능력에 회의적인 시선을 보냈던 것이다. 미 국무부의 당국자는 미국의 원조와 한국인들의 내핍을 통해 농업발전과 기반산업의 발전을 추구한다면 경제적 자립과 생산수준을 향상시킬 수 있다고 보았다. 자립과 생활수준의 향상이 바로 미국이 권고하는 장기적 경제발전계획의 목표였다.3) 미국은 전력과 같은 사회간접 자본의 건설에 중점을 두되, 나머지 불필요한 신규투자는 될 수 있는 한 억제해야 한다는 방안을 추천했다.4) 또한 외자도입이 필요하긴 하지만 외국원조에만 안이하게 의존하지 말고 가능한 내자동원에 관한 노력을 해야 한다는 것이었다.5) 이는 전술한 내핍의 이

127, JFK Library, p.3. 이 문건에 의하면 한국 정부가 마련한 경제개발계획은 너무 조급하게 만들었으며 비현실적이라는 것이다.

3) George C. McGhee, "Memorandum for Dr. Walt W. Rostow: The Task Force Report on Korea, and the Question of Goals", June 9, 1961, NSF, Country File: Korea(General), Box 127, JFK Library, p.1. 또한 다음 문서에서도 "자립적인 경제의 진보를 미국은 후원할 필요가 있다"고 나와 있으므로 자립적 발전을 미국이 적극적으로 반대했던 것은 아닌 것으로 사료된다. Presidential Task Force on Korea, "Report to the NSC", June 5, 1961, NSF, Country File: Korea(General), Box 127, JFK Library, p.4.

4) 기미야 교수는 대규모 신규투자를 반대하는 것이 바로 박희범식 내포적 공업화를 반대하는 증거라고 주장했다. 木宮正史, 앞의 글, 86쪽. 기미야 교수는 박희범식 내포적 공업화의 논리는 강조하고 있다. (이하 내포적 공업화는 박희범식 내포적 공업화와 같은 말임) 그런데 내포적 공업화를 추구하려 할 때 대규모 신규투자가 꼭 필요한 것은 아니다. 소규모의 투자만 가능하다면 급진적인 내포적 공업화는 불가능할 지라도 점진적이면서 내포적 공업화는 가능할 것이다. 또한 기미야 교수는 시장메카니즘에 대한 의존을 강조한 미국의 입장도 정부에 의한 시장의 개입을 중시하는 내포적 공업화론자들의 주장과는 배치된다고 주장했는데(木宮正史, 앞의 글, 87쪽.) 이는 타당한 지적으로 판단된다. 외향적인 수출지향적 산업화는 민간기업의 주도권을 보장하고 외국자본을 적극적으로 도입하는 개방체제를 지향하는 것으로서 내포적 공업화와는 반대되는 개념이라고 할 수 있기 때문에 그러하다.

박정희와 '한강의 기적'-1차5개년계획과 무역입국

넘이라고 할 수 있다. 보다 구체적으로 로스토우는 박정희의 방미 시 가진 회담에서 한국에 가장 필요한 것은 농부의 생산성을 높이는 것이며 전력을 공급하는 것이 그 다음 과제라고 주장했다.6)

이에 비해 한국 정부의 당국자들은 안정보다 성장을 선호했던 것이다. 원조의 측면에서 보면 미국은 원조의 효용을 극대화하면서 재정안정을 꾀하는 것을 최우선시했음에 비해 한국은 원조의 증액을 통한 생산증가와 성장추구를 최우선시했던 것이다.7)

2 | 최초의 자생적 경제발전안과 미국의 견제

조급하게 작성된 1차경제개발계획은 많은 시행착오를 겪으면서 추진되었다. 이전의 발전안은 미국의 원조를 더 많이 얻어내기 위한 것이었든가 이를 효과적으로 사용하기 위한 것이었으며 미국 전문가들의 자문아래 만들어진 것이었다. 한국 군사정부의 당국자들은 경제개발 계획수립 과정에서 민간 미국인들의 전문적인 자문은 받았지만8) 장면 정부와는 반대로 미국 정부 당국자와 협의하지 않았다.9) 물론 박정희의 방미 시에 로스토우 등과 만나 '한국경제관련 한미회

---

5) 木宮正史, 앞의 글, 81쪽.

6) Chung Hee Park, Walt Rostow, et. al., "Memorandum of Conversation: ROKG Economic Planning", November 16, 1961, NSF, Country File: Korea(General), Box 127, JFK Library, p.2.

7) 임철규, 「유솜」, 『신동아』 1965년 5월, 153쪽.

8) 박정희, 「우호적인 이해와 협조가 계속되기를: 외교 협회에서의 연설, 방미연설」, 1961년 11월 17일, 『박정희 대통령 선집』 3, 지문각, 1969, 177쪽.

9) 한배호, 『한국정치변동론』, 172쪽.

의'가 열리기는 했지만 말이다.10) 그런데 제1차경제개발5개년안에 원조확보의 요소가 없는 것은 아니었지만 주체적 성격이 더 강했다. 이 안은 비록 졸속으로 만들어졌지만 최초로 한국인들의 손에 의해서만 만들어진 것이었다. 따라서 미국은 이 안에 대해 냉담했는데, 미국의 냉담한 반응에도 불구하고 한국 정부는 정유, 철강, 화학공업 등의 기초 공업과 비료, 시멘트, 화학섬유 등의 공장을 일거에 건설할 사업계획(총 23개 부문 2백 20개 사업)을 작성하고 외자도입을 계획했음은 확실히 대담한 일이었고 미국으로서는 과거의 차원과 다른 도전을 받은 셈이었다. 미국은 계획사업의 투자기준을 가용자원의 한계를 고려해 더 엄격히 선정할 필요가 있다고 생각했다. 미국은 막대한 신규투자가 재정적자와 통화량의 팽창을 초래함으로써 경제적 안정을 저해시킨다고 인식했다. 미국은 재정의 긴축화, 안정화를 최우선 과제로 설정해야 한다고 종용했으며 중점사업의 면에서도 전력, 에너지 등 사회간접자본의 투자에 대해서는 적극적으로 장려하면서도 기간산업의 건설에 대해서는 정유, 비료 이외에는 될 수 있는 대로 억제하려 했다.11) 특히 미국은 막대한 외자를 동원해야 하는 제철사업에 대해서 시기상조라는 부정적인 인식을 가졌으며 결국 원조당국의 차관을 승인하지 않아 무산시켰으며12) 울산공업지구

---

10) Chung Hee Park, Walt Rostow, et. al., "Memorandum of Conversation: ROKG Economic Planning", November 16, 1961, NSF, Country File: Korea(General), Box 127, JFK Library, p.2; 류상영, 「한국의 경제개발과 1960년대 한미관계」, 『한국정치학회보』 제36집 3호, 2002년 가을, 234쪽.

11) 木宮正史, 앞의 글, 152쪽. 정유의 경우는 미국 걸프(Gulf)가 합작사업을 적극적으로 추진했으며 비료 공장의 경우 한국내 수요가 있어서 1950년대부터 USOM이 적극적으로 추진해 왔던 사업이기 때문에 반대하지 않았다.

12) 木宮正史, 앞의 글, 131쪽, 136쪽. 1965년 이후 박정희는 대일 청구된 자금을 끌어들여 제철사업을 계속 추진했다. 류상영, 「한국의 국가자본주의와 국가·기업의 관계」, 한홍수 편, 『한국정치동태론』(서울: 오름, 1996), 598쪽. 그런데 1차 계획수정안(후술)의 민간 투자액(교통부 소관 30억 6천만 원 제외)을 경공업과

(1962년 2월 3일 기공)와 같은 대규모 공업단지의 건설에 대해서도 시기상조라고 반대했다.13) 미국은 제1차계획의 원안 수정을 종용해 민족주의적이며 자립적 성장 전략을 다음과 같이 변경하는 데 일정한 역할을 했다. 이러한 설명을 통해 1차경제개발계획의 원안이 미국의 안이 아니라는 사실이 반증될 수 있을 것이다. 한 연구에 의하면 계획 당시의 투자재원 조달은 내자 72.2%, 외자 27.8%의 구성을 보였다는 것이다.14)

미국은 입안이 끝난 직후부터 계획 변경을 권고했으며 결국 대폭적인 수정보완을 유도했다. 미 의회는 쿠데타 초기의 한미경제관계가 대결적이었다고 기술했다.15) 사실 한국전쟁 후 5·16까지의 모든 주요경제정책은 원조자금과 직접 관련이 안 되는 정책까지를 포함해 한국 정부와 주한미원조당국16)이 공동으로 결정했다. 이승만 정부 때부터 장면 정부까지 미국은 막대한 경제원조와 대규모 군대 주둔에 걸맞게 한국의 경제에 개입했었던 것이다. 자유당·민주당 정부하의 한국 정부 담당자와 주한미원조당국의 관계자들은 한·미

중공업으로 구분하면 95% 대 5%가 된다는 오원철의 평가가 있다. 결국 경공업 중심주의가 채택되었다는 것이다. 오원철, 『한국형 경제건설』 1~3, 기아경제연구소, 1995~1997; 이근미, 앞의 글, 541쪽.

13) 당시 킬렌이 반대했다고 한다. 조갑제, 「'근대화 혁명가' 박정희의 생애: 제12부 경제개발계획, (12) 울산공업센터 기공」, 『조선일보』 1999년 2월 1일.

14) 이대근, 『한국경제의 구조와 전개』(서울: 창작사, 1987), 172쪽.

15) U.S. House of Representatives, The Subcommittee on International Organizations of the Committee on International Relations, *Investigation of Korean-American Relations, Oct. 31, 1978* (Washington, D. C.: USGPO, 1978); 미하원국제관계위원회 국제기구소위원회 편, 『프레이저 보고서』, 서울대학교 한·미관계연구회 역(서울: 실천문학사, 1986), 250쪽.

16) 1961년 2~9월 이전에는 유엔군사령부경제조정관실[OEC; Office of Economic Coordinator]이며 그 이후에는 USOM(1961년 2월의 신경원협정의 5항에 특별사절단을 둔다는 구절이 있으며 정식으로는 1961년 9월 4일 공포된 FAA에 근거)이었다. 임철규, 「유솜」, 『신동아』 1965년 5월, 155쪽, 161쪽.

합동경제위원회(Combined Economic Board; 약칭 CEB[17]))를 통해 정기적으로 회합하여 경제정책문제에 관해 토의하고 결정했다. 1950년대와 1961년 5·16 전의 전후 부흥기에 채택된 경제정책이 과연 자주적이었는가에는 의문의 여지가 있는 것이 사실이다.[18] 따라서 미국은 미국 정부와 상의하지 않은 채 경제정책을 결정하는 군사정부의 태도에 당혹해 했으며 갈등이 증폭되었다.

한배호 교수는 미국의 반대가 원조를 통해 민정 이양을 달성하겠다는 포석이었다고 분석했다.[19] 경제개발계획의 발표 직후 미국은 미국의 증원을 획득하기 위한 '쇼핑 리스트'라고 혹평했다.[20] 민족주의와 자립경제의 기틀 확립을 목적으로 작성된 경제개발계획 초안에 대해 1961년 8월 초 군사정부로부터 설명을 들은 당시 유솜 소장 모이어(Raymond T. Moyer)는 "모든 요소에 대한 충분한 사전 검토 없이 너무 성급하게 만들어진 계획이라 실망스러운 결과를 초래할 것"이라고 비판적인 반응을 보였다.[21] 경제개발에 대한 종합계획을 세운 것이라기보다는 '공장 건설 일람표'를 만든 것에 불과하다는 비평이었다. 또한 제철, 정유, 조선, 시멘트, 비료 생산을 위한 공장 건설의 재원 등은 고려하지 않고 의욕만 앞세워 실현 불가능한 계획을 짰다고 비판했다. 세계은행도 "연평균 7% 성장은 선진국에

---

17) CEB는 1952년의 마이어협정과 1953년의 백·우드협정에 근거해 창설되었다.

18) 김광석·M. 로머, 『성장과 구조전환』(서울: 한국개발연구원, 1979), 55쪽.

19) 한배호, 『한국정치변동론』, 175쪽.

20) 한국 정책결정자도 이 점을 인정했다. 송정범, 「해방후한국경제사」, 16,『금융』1984년 2월; 이종연, 「경제비화: 박 대통령의 그랜드 디자인」,『정경문화』1986년 1월. 당시 최고회의 재경위원회 제3분과위원인 주원의 회고에 의함. 한국정부는 미국의 증원에 따라 생산을 증가시킴으로써 성장을 달성한다는 입장이었음에 비해 미국은 원조를 효율적으로 사용하게 함으로써 재정적 안정을 달성시켜야 한다는 입장이었다. 木宮正史, 앞의 글, 99쪽.

21) *The Korea Times*, August 24, 1961.

도 유례가 없다"며 회의적인 반응을 보였다. 박 의장은 1961년 11월의 방미에서 케네디 대통령에게 원조를 요청했지만 미 국무부 산하 AID의 해밀턴(Hamilton) 처장은 역시 7.1%의 성장률을 문제 삼으면서 "이들 공장을 모두 지으려면 약 20억 달러가 필요한데 한국같이 가난한 나라에 누가 투자하겠느냐"며 회의적인 반응을 보였다.22) 미국은 성장률을 5%로 낮추라고 권고했다.23) 한국문제특별대책반은 아직 최고회의의 7.1%안(1961년 7월)이 나오기 전이었던 1961년 6월 5일의 시점에서 한국의 연평균 경제성장률을 5% 정도로 계획해야 한다고 이미 안을 만들었던 것이다.24) 미국은 '불안한 성장'보다 '안정'을 원했던 것이다. 또한 10월 26일 버거 대사가 국무부에 보낸 전문에 의하면 박정희의 방미 시 한국의 다년개발 노력(multi-year development effort)을 지지하면서 개발 우선순위에 대한 토의를 진행시킬 것을 권유했다.25) 미국은 1962년 2월의 보고서에서 계획을 전면적으로 가다듬을 때까지 자원경영, 전력,

---

22) 중앙일보 특별취재팀, 『실록 박정희』(서울: 중앙M&B, 1998), 128~129쪽; 조갑제, 「'근대화혁명가' 박정희의 생애: 제12부 경제개발계획 (7) 1차 5개년 계획안의 확정」, 『조선일보』 1999년 1월 25일.

23) 이승구, 앞의 글, 229쪽; 송정범, 「해방후한국경제사」, 16, 『금융』 1984년 2월; 한배호, 『한국정치변동론』, 176쪽. 한국정부는 5% 정도는 정치경제적 불안정을 야기시킬 우려가 있기 때문에 7% 목표는 최소한의 수치라고 반론했다고 한다.

24) Presidential Task Force on Korea, "Draft NSC Action: Task Force Report on Korea", June 5, 1961, NSF, Country File: Korea(General), Box 127, JFK Library, p.1. 6월 9일 국무부의 맥기는 1957년의 8.6%에서 1960년의 2.3%로 추락한 성장률을 제1차 5개년계획 기간 중에는 5%~5.5%를 목표해야 한다고 주장했는데 이는 울프 보고서의 21쪽에 근거한 것이라는 설명이다. George C. McGhee, "Memorandum for Dr. Walt W. Rostow: The Task Force Report on Korea, and the Question of Goals", June 9, 1961, NSF, Country File: Korea(General), Box 127, JFK Library, p.2.

25) Berger to Secretary of State, "Joint Embassy/USOM Message", EMBTEL 631, October 26, 1961, NSF, Country File: Korea(General), Box 127, JFK Library, section two of two, p.1.

광업, 농촌개발, 교통 등의 기본적인 프로젝트만을 지원할 것을 논의했다.26)

울산공업지구설정 및 기공식 장면.
이 공사는 총공사비 2억달러(원화 1,197억환)가 소요됐다.(1962. 2. 3)

미국은 박정희의 방미 시인 1961년 11월 한국의 5개년계획을 수정하기 위해 아더 리틀사(Arthur D. Little, Inc.: ADL)와 계약을 맺음으로써 계획에 대한 평가작업을 해 주겠다고 약속했다.27)

---

26) "Macdonald to Harriman and Yager: Topics Which May Arise during Your Stop at Seoul", February 27, 1962, p.2, RG 59, Bureau of Far Eastern Affairs, Assistant Secretary for Far Eastern Affairs, Subject, Personal Name, and Country Files, 1960~1963, Box 12.

27) 『동아일보』 1961년 11월 17일; Arthur D. Little, Inc., *Report of an Arthur D. Little Inc.: Reconnaissance Survey of Economic Development Planning in Korea* (Seoul: USOM/Korea, 1962).

박정희와 '한강의 기적'-1차5개년계획과 무역입국

박정희는 방미 중 11억 달러의 특별원조를 요청하자 미국은 경제계획의 타당성에 대한 정밀검토를 조건으로 재정지원에 대한 긍정적인 입장을 표명했으며 이때부터 경제계획의 수정은 그 조짐을 보이기 시작했다고 할 수 있다.[28] 이미 1961년 6월 5일 안에서 한국문제 특별대책반은 한국 정부가 5개년계획을 작성할 때 미국의 전문가가 도와주도록 대기시킬 것이라고 언급했다.[29] 이에 리틀사는 1961년 12월 6일부터 1962년 3월 5일까지 한국에서 조사활동을 수행했다.[30] 리틀사는 예비조사보고서를 통해 7.1%의 경제성장률은 자의

28) 유호열, 「군사정부의 경제정책: 1961~1963」, 한배호 편, 『한국현대정치론 II: 제3공화국의 형성, 정치과정, 정책』(서울: 오름, 1996), 96쪽.

29) Presidential Task Force on Korea, "Report to the National Security Council", June 5, 1961, NSF, Country File: Korea(General), Box 127, JFK Library, p.7. 일찍이 장도영은 1961년 6월 12일 국무장관에게 사신을 보내 랜드사가 한국의 장기경제발전계획을 만드는 데 도움을 달라고 요청했다. "McConaughy to Johnson", July 5 1961, RG 59, Bureau of Far Eastern Affairs, Assistant Secretary for Far Eastern Affairs, Subject, Personal Name, and Country Files, 1960~1963, 1961 Geographic Files, Box 5. 이에 국무부는 8월 랜드사, 리틀사와 각각 접촉했다. "Peterson to Koren: Advisory Team for ROK Five-Year Plan", Aug 15 1961, p.1, RG 59, Bureau of Far Eastern Affairs, Assistant Secretary for Far Eastern Affairs, Subject, Personal Name, and Country Files, 1960~1963, 1961 Geographic Files, Box 5. 킬렌(James S. Killen; 1961~1964년간 AID 감독관이며 USOM 처장[책임자] 역임)의 9월 20일자 자문에 따라 ICA는 랜드사와 아더 리틀 사와 접촉했다. "Working Level Korean Task Force Meeting, October 4, 1961", September 29, 1961, p.1, RG 59 Entry 3069, Legal Affairs East Asia Branch, Subject and Country Files, 1941~1962, Box 2; "Summary of Pending Recommendations of Presidential Task Force on Korea as of August 15, 1961", p.1, RG 59 Entry 3069, Legal Affairs East Asia Branch, Subject and Country Files, 1941~1962, Box 2. 그런데 랜드사는 그 직을 수행하기를 거절했으므로 리틀사가 선정되었다. "Proceedings of Meeting of Working Level Task Force on Korea", October 4, 1961, p.1, RG 59, Bureau of Far Eastern Affairs, Assistant Secretary for Far Eastern Affairs, Subject, Personal Name, and Country Files, 1960~1963, 1961 Geographic Files, Box 5.

30) 리틀사는 1962년 3월 잠정보고서초안을 통해 계획이 너무 야심적인 목표를 가지고 있기는 하지만 초기의 목표는 상당히 조심스럽기 때문에 다행이라고 지적했다. "E. Gallagher to Paterson and Bacon: Draft Interim Report of Arthur D. Little

적이라고 평가하면서 계획 자체가 불충분하다고 평가했다. 이에 미국의 당국자는 계획 자체를 지지할 수 없으며 이 계획이 수정되어야 한다고 한국인들에게 충고해야 한다고 건의했다. 수정을 위해 미 국무부가 직접 도와주던지 아니면 AID를 통해서, 혹은 리틀사의 건의대로 경제개발자문단(Economic Planning Advisory Group)을 구성해야 할 것이라고 부기했다.[31]

세계은행도 송정범 경제기획원 부원장의 1961년 11월경 설득에 외자지원 언질은 해 주면서도 2차계획의 입안에서부터는 IBRD가 적극 개입해야 한다는 조건을 붙였다고 한다.[32] 1962년 1월 미 국제개발처(AID)의 장 파울러 해밀턴(Jean Hamilton)이 내한해 박정희 의장, 김유택 경제기획원장 등 고위관리들과 한미고위경제회담이 이루어진 것을 비롯해 3월에는 해리만 미 극동문제담당 국무차관보가 내한했고, 5월에는 AID 세이머 자노(Seymour J. Janow) 극동담당 부처장이 내한해 국제경제협력에 관한 제반 문제를 협의했다. 또한 군사쿠데타에 따라 중단된 한·미 합동경제위원회를 대체·계승하는 한·미 합동경제협력위원회(Joint U. S.-Korean Economic Cooperation Committee; 약칭 ECC)가 1963년 7월 19일 신설되었다. 위 두 기구는 미국의 재정안정계획 강권(후술함)에 따라 설립된 것이었다.[33] 합동경제위원회가 쿠데타 이후로 2년

Company", March 23, 1962, p.1, RG 59, Bureau of Far Eastern Affairs, Assistant Secretary for Far Eastern Affairs, Subject, Personal Name, and Country Files, 1960~1963, Box 12.

31) "E. Gallagher to Paterson and Yager: Arthur D. Little Company Report-Reconnaissance Survey of Economic Development Planning in Korea", July 29, 1962, pp.1~2, RG 59, Bureau of Far Eastern Affairs, Assistant Secretary for Far Eastern Affairs, Subject, Personal Name, and Country Files, 1960~1963, Box 12.

32) 조갑제, 「'근대화혁명가' 박정희의 생애: 제12부 경제개발계획, (8) 지도받는 자본주의 체제」, 『조선일보』 1999년 1월 26일.

33) CEB는 1952년의 마이어협정과 1953년의 백·우드협정('경제재건과재정안정계

동안 정례적으로는 열리지 않은 것은 물론 자주 열리지 않았던 사례34)에서 이 기간동안 한미 간의 경제정책면에서의 갈등상을 짐작할 수 있다. 1963년 이후 미국의 한국경제정책 수립·집행 과정 개입 수준은 자유당 시기와 같거나 오히려 상회한 적도 있었다. 제1차 5개년계획의 후반기 동안 미국은 자국의 경제학자들을 동원해 개방경제의 채택을 기조로 하는 파격적인 정책을 채택하도록 권고했다.35) 이들 정책 모두가 다 성공한 것은 아니었으나,36) 당시 활발한 정책 논의는 경제정책에 대한 국민의 이해를 제고하고 한국 정부가 국민의 신임을 얻게 하는 데 상당한 역할을 한 것으로 평가할 수도 있다.37)

획을위한합동경제위원회의협약')에 의거해서 설립되었다.『동아일보』1963년 7월 20일; 木宮正史, 앞의 글, 147쪽; 김정현,「1960년대 근대화노선의 도입과 확산」, 한국역사연구회 현대사연구반 편,『한국현대사』(서울: 풀빛, 1991), 55쪽. ECC에 재정안정소위와 투자공동심의위, 수출촉진위 등이 설치되었다고 한다. 임철규,「유솜」,『신동아』1965년 5월, 170쪽.

34)『5·16군사혁명의 전모』, 290~291쪽에 의하면 1961년 6월 14일 혁명 후 최초로 열렸다는 것이다. 그런데 유솜 소장인 Raymond T. Moyer의 The Korea Times, 1961년 8월 24일자에 보도된 고별기자회견사와 유호열,「군사정부의 경제정책: 1961~1963」, 95쪽에 의하면 1961년 8월 8일에 이르러서야 군사정부와 미국 경제 당국자 간에 처음으로 공식적인 접촉을 재개했으며 이 때 한미양국은 CEB 산하의 모든 상임위원회를 폐지하는 데 합의함으로써 한국 정부가 자신의 경제정책을 주도할 수 있는 길을 마련했다고 평가되었다.

35) 재정안정계획의 부활(1963), 세제의 개혁(1965), 물가기구존중을 이론적 배경으로 하는 환율의 현실화(1964), 이자율의 인상(1965) 등이 그 구체적 내용이다. 특히 2차계획의 경우는 입안 단계에서부터 USOM과 미국에서 파견된 경제고문관이 간여했다. 전택수,「1960년대 한미경제관계: 미국의 시각을 중심으로」,『한국현대사의 재조명』II, 한국정신문화연구원 현대사연구소, 1998, 104쪽.

36) 임종철,「한국의 경제발전에 미친 미국경제 사절단의 보고 및 충고」,『아세아연구』제10집 2호, 1967년 6월, 215~224쪽.

37) 조순,「한·미 경제관계의 전개와 전망」, 한국정신문화연구원·The Wilson Center 공편,『한·미 수교 1세기의 회고와 전망』(성남: 한국정신문화연구원, 1983), 328쪽.

한·미합동경제협력위원회 제1차회의(1963. 7. 30)

　　이렇게 미국이 1차경제개발계획에 대해 비판적인 인식을 가지고
있었음에도 불구하고 한국은 6억 8천만 달러에 달하는 외자 확보를
위해 서독에 첫 제스추어를 썼는데 이것은 분명히 미국의 비위를 더
욱 건드렸다. 물론 서독의 경우 장면 정권 때부터 민간차관 도입이
추진되었으며 1961년 3월 18일 한·독기술원조협정이 체결되었으
며 대한석공(석탄공사)에 1천 5백만 달러(독일화폐로 6천만 마르
크)의 차관을 주는 형식으로 시설 용량 10만 KW의 화력발전소를
강원도 영월에 건설한다는 계획이 성사되었다. 이는 최초의 민간자
본 도입이었는데 물론 5·16 후에 제공된 액수에 비하면 적은 양이
기는 했다. 1961년 12월 13일 우리나라와 독일 간에 경제협력 및
기술협력에 관한 의정서를 맺고 이에 의거하여 독일은 7천500만 마
르크(1천 875만 달러)의 재정차관을 제공했다. 또한 독일수출업자
와 일반적 상업 베이스에 의하여 추진된 상업차관으로서도 5천488

박정희와 '한강의 기적'-1차5개년계획과 무역입국

만 마르크가 도입되었다. 결국 1964년 박정희 대통령의 방독 이전까지 서독으로부터의 차관 도입 확정액은 2억 382만 8천 마르크(5천95만 7천 달러 상당)에 이르렀다.[38]

---

38) 『鵬程七萬里: 朴正熙大統領訪獨記』(서울: 동아출판사, 1965), 22쪽; 백운길, 「독일자본도입의 경위와 의의」, 『사상계』 1961년 7월, 136쪽. 5·16 직후 상공부 장관이었던 정래혁은 1961년 11월 13일 서독에 가서 장기차관과 민간투자를 합쳐 1억 5천만 마르크(약 3천7백5십만 미 달러)를 얻어 왔는데 이는 질식상태에 있는 한국경제에 숨통을 텄다. 또한 정래혁은 결국 미국도 자극을 받아 원조와 투자가 이어지게 되었다는 상반된 평가를 했다. 이근미, 「한국 현대사의 결정적 순간 9: 수출주도냐 수입대체냐, 국운을 좌우한 위대한 선택」, 『월간조선』 1996년 3월, 536쪽. 한편 이정림을 단장으로 하는 구주지역교섭단은 1961년 11월에 방독해 쿠루프, 지멘스 등 대기업을 상대로 차관교섭을 벌였으며 그 뒤 여섯 달 이내에 금성사, 한일시멘트, 쌍용시멘트 등이 2,500만 달러 규모의 차관을 들여왔다고 한다. 조갑제, 「'근대화 혁명가' 박정희의 생애」, 『조선일보』 1999년 2월 3일. 이에 박정희는 1961년 11월 경 주한서독대사를 불러 주연을 베풀면서 미국의 방해로 서독과 더욱 긴밀한 경제관계를 맺지 못하게 된 것에 대해 미안한 마음을 전달했다고 하는데 여기에서 박정희가 서독과 교섭할 때 미국을 의식했으며 미국 또한 한·서독관계를 곱지 않은 시선으로 바라보았음을 확인할 수 있다. 박정희의 입장에서도 미국과의 관계 개선이 더욱 긴요했다. 천병규, 『천마 초원에 놀다』, 201~202쪽; 조갑제, 「근대화 혁명가 박정희의 생애」, 『조선일보』 1999년 1월 27일. 또한 박정희는 1964년 12월 6일부터 15일까지 訪獨해 1천3백50만 달러의 재정차관과 2천6백25만 달러의 상업차관을 얻어 왔다. 이 때의 소감을 기록한 글은 다음에 있다. 박정희, 「訪獨所感」, 공보부 편, 『박정희대통령방독록』(서울: 공보부, 1964), 179~189쪽. 박정희는 독일에 대해 상당히 호감을 가지고 있었는데 일제시대 교육에서 연유한 것이 아닌가 한다. 백종국 교수에 의하면 박정희의 강력한 실용주의가 성공의 원동력이 되었는데 이는 독일에서 시작하여 일본을 거쳐 도입된 리스트(Friedrich List)적인 민족공동체 유기체적인 사상이 그 역사적 준거로서 작용했다는 것이다(이 부분을 확증할 증거는 백종국 교수도 없는 듯 하다). 명치유신기의 산업정책이 독일의 산업화 모델을 본받았다는 것은 검증된 사실이며 일본군부의 교육을 받은 박정희는 명치유신 모델의 정신적 요소를 받아들였을 뿐(박정희, 『국가와 혁명과 나』(서울: 향문사, 1963), 167~172쪽)만 아니라 일본 공부에 열심이었다. 백종국, 「국제정치경제의 변동과 동아시아 모델」, 박광주 편, 『신자유주의와 아시아의 경제위기와 한국』(부산: 부산대학교 출판부, 1998), 78~80쪽. 이런 맥락에서 박대통령의 근대화 정책은 대부분 일본을 모방한 것이었으며 자연스럽게 그 원천인 독일을 모방한 것으로 귀결된다. 이동원, 『대통령을 그리며』(서울: 고려

또한 5개년계획 수행의 제1秘寶라고 할 수 있는 제2차 통화개혁
(1962년 6월 9일 밤 10시 공표, 10일 0시 발효[39])이 미국의 압력

독일 본 공항에 박정희 대통령을 출영한 독일 뤼브케 대통령(우)과 에르하
르트 수상(좌), 게르슈텐마이어 하원의장(좌에서 두 번째) 등(1964. 12. 7).

원, 1992), 64쪽. 1931년 만주사변 이후 일본의 만주경험이 일본의 전시체제인
'1940년체제'로 직결되었으며 2차대전 패전 후 일본의 고도경제성장으로 연결
되었다고 한다. 만주에서는 1937년 1월 관동군 사령부에 의해 '만주산업개발5
개년계획 綱要'가 결정되었다. 이 계획에 따라 만철을 주축으로 기존의 자금동
원기구를 이용하려 했지만 어려움을 겪고 난 후 닛산(日産)이라는 기업의 만주
이주에서 자금 활로를 모색했다. 이런 만주에서의 산업화와 계획 등에서 박정
희가 모델을 얻었을 가능성이 있다는 주장도 있다. 고바야시 히데오,『만철: 일
본제국의 싱크탱크』, 임성모 역(서울: 산처럼, 2004), 6~7쪽, 15~16쪽, 151쪽.
한편 박정희는 일제시대의 반미적 교육과 친일·친추축국(독일)적인 사고가 그
이후까지도 영향을 미쳐 다소의 반미적 태도를 간헐적으로 표출했던 것으로
판단된다. 이러한 반미적 태도는 1964년 후반 이후 자립적 발전전략에서 대외
개방전략으로 선회하자 자주 표출되지는 않았다.
39) 최고회의는 10환을 1원으로 하는 통화개혁 단행을 결정하고 긴급통화조치법
을 의결 공포했다. 제1차통화개혁은 1953년 2월 15일에 단행되었으며 이전인
1950년 9월에도 긴급통화조치가 있었다.

박정희와 '한강의 기적'-1차5개년계획과 무역입국

박정희 대통령 베를린공대 시찰(1964. 12. 11)

으로 실패한 것은 독자적인 한국 경제개혁의 한계를 보인 것이라고
할 수 있다. 박정희는 1961년 여름 경제개발을 위한 재원마련을 위
해 유원식의 발의40)로 통화개혁을 추진했으며 미국 측에 사전 통보
하자는 천병규 재무장관의 건의에 대해 "미국 측에 알리면 그들의 반
대로 수포로 돌아갈 가능성이 높다"고 주장했다.41) 그 구체적 내용

---

40) 유원식, 『혁명은 어디로 갔나』, 330쪽. 한편 이상우, 『비록 박정희 시대』 1, 중
    원, 1984, 208~209쪽에 의하면 퇴장 자금을 끌어내자는 통화개혁의 아이디어
    는 박희범 교수의 것이었으며 퇴장 자금은 없음이 판명되자 교수들의 현실과
    괴리된 생각에 대한 군인들의 비판이 일었다고 한다.
41) 조갑제, 「'근대화 혁명가' 박정희의 생애: 제12부 경제개발계획, (9) 괴상 아이
    젠버그의 등장」, 『조선일보』 1999년 1월 27일. 제2차통화개혁이 입안될 당시에
    는 1962년 3월 말 단행을 목표로 하였음. 조갑제, 「'근대화 혁명가' 박정희의
    생애: 제12부 경제개발계획, (10) 통화개혁 발상」, 『조선일보』 1999년 1월 28일.
    박희범 교수의 통화개혁안이 현실성이 없다고 판단한 박정희 의장 등은 박희
    범 교수를 통화개혁을 입안하는 비밀 모임에서 제외시켰으며 천병규 재무장

은 자금 동결을 통한 산업자금화와 이를 위한 산업개발공사 설립이
었다. 박정희는 통화개혁에 즈음한 담화에서 "부정부패 등 음성적으
로 축적된 자금이 상당히 온존해 있으나 이는 산업자금화나 장기저
축으로 되어 있지 않다"면서 "누증된 통화량은 언제든지 투기화 할
위험성을 내포하고 있어 악성 인플레의 요인이 되고 있다."고 했다.
박정희는 이어서 "음성자금과 과잉구매력을 진정한 장기 저축으로
유도하여 이를 투자재원으로 활용하는 동시에 인플레를 방지하는 조
치가 불가피했다."고 말했다. 즉 화폐개혁 때 노출되는 음성자금을
장기저축 형식으로 붙들어 둔 뒤 이를 투자재원으로 동원하는 것이
바로 그 목적이었다.42) 한편 미 버거 대사는 통화개혁 실시 48시간
전인 6월 8일43)에 통고받았을 뿐이다. 한미간에 사전 협의가 없었

관은 대신 김정렴 장관을 추천해 유원식에 의해 발탁되었다는 것이다. 천병규,
『천마 초원에 놀다: 동백천병규고희자전』(서울: 동백천병규고희자전간행위원
회, 1988), 208~210쪽; 김정렴, 『한국경제정책30년사』, 94쪽. 한편 금융전문가
김정렴은 통화개혁과 같은 비상수단에 의지해 산업자금을 조달하기보다는 전
통적인 재정금융수단을 쓰는 것이 합당하다고 판단해 통화개혁에 반대했지만
계속 입안에 참여했으며 미국과의 협조가 필수적임도 역설했다. 김정렴은
1953년 긴급통화금융조치(1차통화개혁)를 할 때 미국 원조당국과의 사전협의
를 통해 원조물자를 원활하게 도입한 것이 성공원인이었다고 설명하면서 한
국이 자주독립국가이지만 미국으로부터 무상원조를 받고 있는 이상 미국 원
조당국과의 긴밀한 협조에 의해 원조물자의 사전 비축과 사후의 원활한 도입
이 통화개혁 성공의 필수 전제임을 강조했다. 이러한 미국과의 협조 주장에
대해 유원식은 염려하지 말고 자신에게 맡기라고 말했다. 김정렴, 『한국경제
정책30년사』, 86쪽; 조갑제, 「'근대화 혁명가' 박정희의 생애: 제12부 경제개발
계획, (22) 김정렴의 반론」, 『조선일보』 1999년 2월 18일.

42) 조갑제, 「'근대화 혁명가' 박정희의 생애: 제12부 경제개발계획, (23) 화폐개혁
충격」, 『조선일보』 1999년 2월 19일.

43) 미국 대사관의 1962년 6월 8일자 전문(EMBTEL 1237)에 의하면 실시 3일 전에
통보했다는 것이다. 천병규, 『천마 초원에 놀다: 동백천병규고희자전』, 220쪽;
최락동, 「'비밀 누설하면 극형에 처한다': 혁명정부의 진시황 유원식이 털어놓
는 통화개혁의 내막」, 『정경문화』 1983년 5월, 103쪽; 조갑제, 「'근대화 혁명가'
박정희의 생애: 제12부 경제개발계획, (23) 화폐개혁 충격」, 『조선일보』 1999년

박정희와 '한강의 기적'-1차5개년계획과 무역입국

던 것이다. 버거는 통고 받은 바로 그날 "5개년계획에도 지장을 줄 것 같다"는 부정적인 보고를 국무부에 올렸다. 이에 국무부는 통화개혁을 중단시킬 수는 없으니 통화개혁 규모를 축소시키고 동결예금을 빨리 해제시키도록 하라는 지침을 버거 대사에게 내렸다.44) 킬렌 (Killen) USOM 처장은 정래혁 상공장관을 만나 국유화와 통제경제를 포함하는 국가자본주의적 방향으로 나아갈 것을 우려하기 때문에 반대한다고 했다.45) 미국은 거액의 원조를 제공받았던 受援國인 한국이 '멋대로' 행동하는 것에 배신감을 느꼈다고 한다.46)

한·독간 투자보장 협정 서명식(1964. 2. 4)

2월 19일에 의하면 48시간 전에 통보되었다는 것이다.

44) 조갑제, 「'근대화혁명가' 박정희의 생애: 내 무덤에 침을 뱉어라!, 제12부 경제개발계획, (24) 미국의 저지 공작」, 『조선일보』 1999년 2월 22일.

45) 조갑제, 「'근대화혁명가' 박정희의 생애: 내 무덤에 침을 뱉어라!, 제12부 경제개발계획, (24) 미국의 저지 공작」, 『조선일보』 1999년 2월 22일; 木宮正史, 앞의 글, 124쪽.

46) 조갑제, 「'근대화 혁명가' 박정희의 생애: 제12부 경제개발계획, (23) 화폐개혁 충격」, 『조선일보』 1999년 2월 19일.

시중은행의 화폐교환 장면(1962. 6. 10)

6월 10일 0시를 기해 단행된 통화 개혁에 따라 화폐를 교환중인 시민들
(1962. 6. 10)

박정희와 '한강의 기적'-1차5개년계획과 무역입국

통화개혁은 유원식(최고회의 수석재경위원)이 박정희의 후원 아래 직속상관 김동하 최고회의 재경위원장조차도 모르게 발의했다는 설이 있다.47) 유원식은 "하비브(Philip C. Habib) 참사관이 여섯 번이나 요청해 왔지만 거절했다"고 회고했다.48) 유원식은 6월 10일 열린 한·미 대책회의에서 버거의 유감표명에 대해 기밀보호 때문에 사전협의가 없었다고 설명했다. 또한 버거가 6월 16일 제2단계 조치인 긴급금융조치에 대해서는 미국과 사전협의하기를 바란다고 말하자 유원식은 그렇게 하겠다고 응답했다.49)

---

47) 천병규, 『천마 초원에 놀다: 동백천병규고희자전』(서울: 동백천병규고희자전간행위원회, 1988), 206쪽; 조갑제, 「'근대화혁명가' 박정희의 생애: 제12부 경제개발계획, (24) 미국의 저지 공작」, 『조선일보』 1999년 2월 22일. 박정희는 상공위원이던 유원식을 재경위원으로 옮겨주면서 통화개혁 준비작업을 극비리에 하게 했다고 한다. 조갑제, 「'근대화 혁명가' 박정희의 생애: 제12부 경제개발계획, (10) 통화개혁 발상」, 『조선일보』 1999년 1월 28일. 그런데 전술한 바와 같이 상공위원회는 1961년 6월 12일 재경위원회로 흡수되었으므로 위의 설명은 착오이며 상공위원장·재경위원장을 역임했다는 유원식의 주장(유원식, 『혁명은 어디로 갔나』, 320쪽, 398쪽)은 실제로는 상공위원회의 1인뿐인 위원·수석재경위원·종합경제재건기획위원회 위원장을 역임한 그의 誇張이다. 김형욱은 김종필이 증권파동의 후유증을 무마하려는 의도에서 주도했다고 주장했다. 김형욱/박사월, 『김형욱 회고록: 혁명과 우상』, 증보판, Ⅰ(서울: 문화광장, 1987), 219쪽.

48) 유원식, 『혁명은 어디로 갔나: 5·16비록』(서울: 인물연구사, 1987), 336쪽. 결국 버거 대사와 킬렌 USOM 처장이 정식으로 회담을 청해 만났다는 것이다.

49) 김정렴, 『한국경제정책30년사』, 89쪽. 영국에서 신 화폐를 만들었는데 이는 미국 정부에 비밀을 누설시키지 않기 위해서였다. 유원식은 기자들에게 "사전에 미국 대사와 합의했다"고 말했지만 미국 대사관은 합의 사실을 부인하는 담화를 발표했다. 정량, 『여명: 한국군사혁명비사』(서울: 홍익출판사, 1967), 327쪽; 김승일, 『신의와 배신: 한국군사혁명비사』(서울: 인창서관, 1968), 327쪽. 천병규에 의하면 통화개혁 공표 48시간 전 박정희 의장이 버거 대사를 초청한 자리에서 유원식이 "통화개혁을 한다"고 말하자 버거가 상당히 놀라면서도 그것은 잘하는 것이라는 반응을 보였다는 것이다. 이것을 가지고 유원식이 "버거 대사가 통화개혁을 찬성했다"고 신문기자들에게 털어놓았던 것이다. 천병규, 『천마 초원에 놀다』, 221쪽.

그러나 실제로 6월 16일의 긴급금융조치 공포 시에도 미국과의 사전협의가 이루어지지 않았다. 유원식의 독주에 대해 재경위원회 내부에서도 비난이 분출했다.50) 미 대사관 측의 불만이 알려지자 한국 업계에서도 비판적인 여론이 조성되었다.51) 미국은 모든 봉쇄 예금의 계정을 해제하도록 요구하기도 했으며, 무조건 통화개혁을 백지화하지 않으면 경제원조를 중단하겠다는 통보까지 하는 등 과도한 압력을 행사했다.52) 보다 구체적으로 미국은 통화개혁이 한국 기업의 확고한 지지를 못 얻고 있다는 사실에 주목하면서 "미국이 산업개발공사의 설립 자금으로 4천만 달러를 제공할 것이니 봉쇄예금 (동결자금)을 푸는 것이 어떠냐"고 박정희에게 제의했다.53) 6월 21일 미 국무부의 에드워드 라이스(Edward Rice) 차관보는 정일권 주미대사를 불러 강제동결시킨 예금을 풀지 않으면 원조를 끊겠다는 식으로 말했다.54) 유원식은 박정희 의장과 함께 "동결 자금을 절대 풀 수 없다."고 맞섰으나 한 달을 견디지 못했다. 정부예산의 반을 미국 원조자금에 의존하고 있던 한국정부로서는 손을 드는 수밖에 없었다. 유원식은 개혁 실패의 책임을 지고 1962년 7월 10일 최고회의 위원을 사임하면서 군으로 복귀했다(정식 사임 날짜는 7월 20

---

50) 김정렴, 『한국경제정책30년사』, 90쪽.

51) 이병철 삼성 사장은 6월 10일 아침 박정희를 만나 통화개혁 직후 이의 해제를 건의했으며 전면 해제가 어렵다면 기술적으로 서서히 풀어 가는 도리밖에 없겠다고 말했다. 이병철, 『호암자전』(서울: 중앙일보사, 1986), 129~130쪽.

52) 김정렴, 『한국경제정책30년사』, 93쪽, 95쪽.

53) 유원식, 『혁명은 어디로 갔나』, 340쪽. 김정렴의 회고에 의하면 미국은 무조건 통화개혁의 백지화를 요구하면서 응하지 않으면 경제원조를 중단하겠다고 통보했다는 것이다. 김정렴, 『한국경제정책30년사』(서울: 중앙일보사, 1991), 95쪽; 이근미, 앞의 글, 542쪽.

54) 조갑제, 「'근대화 혁명가' 박정희의 생애: 제12부 경제개발계획, (25) 우리 민족의 나아갈 길」, 『조선일보』 1999년 2월 23일.

박정희와 '한강의 기적'-1차5개년계획과 무역입국

일55)). 김정렴은 모든 동결예금의 3분의 1을 자유계정으로 풀고 나머지 3분의 2는 기한 1년의 정기예금 계정으로 전환한다는 특별조치법을 기안하여 7월 13일 공포시켰다.56) 결과적으로 보면 박 의장은 국내 기업과 미국의 압력에 못 이겨 동결자금을 풀고 산업개발공사도 유야무야시켰으므로 화폐단위만 10분의 1로 절하했을 뿐이었다.57) 유원식에 의하면 통화개혁의 실패는 동결자금의 해제58) 때문이며 이는 '배신자' 박정희의 선택에 의한 것이었고 이에 따라 자립경제를 지향하던 기본방향에서 식민지 경제 즉 종속경제로의 방향으로 전환되는 계기가 되었다고 혹평했다. 더 나아가 유원식은 혁명의 시대는 끝나고 반동의 시대로 나아가게 되었다고 평가했다.59)

---

55) 『한국군사혁명사』 제1집(상), 332쪽; 유원식, 『혁명은 어디로 갔나』, 344쪽 참조. 이종연, 「박대통령의 '그랜드 디자인'」, 『정경문화』 1986년 1월, 199쪽에 의하면 유원식은 개혁실패의 책임을 지고 인책 해임된 것이 아니라 "박 의장은 배신자이니 더 이상 함께 일할 수 없다"고 말하면서 자진 사퇴했다는 것이다. 한편 사퇴·해임 일자에 대해 위의 책과 『5·16군사혁명의 전모』, 368쪽에는 유양수 외무국방위원장이 1961년 7월 10일에 사임하고 그 날짜에 김동하가 취임한 것으로 기재되어 있어 마치 김동하가 재경위원장과 외무국방위원장을 겸임하다가 1962년 7월 10일 외무국방위원장만을 담당하게 되고 후임 재경위원장에는 유양수가 취임하는 것으로 설명된다. 그러나 木宮正史, 앞의 글, 149쪽에 인용된 이한빈의 인터뷰에 의하면 유양수와 김동하가 자리만 바꾼 것으로 되어 있다. 따라서 위 『한국군사혁명사』와 『5·16군사혁명의 전모』의 1961년 7월 10일자 사임과 취임항목은 1962년의 오기인 것으로 추정된다. 상식적으로 판단한다하더라도 유양수가 6월 12일에 취임했다가 7월 10일에 사임한 것은 이해가 되지 않는다. 1961년 7월 3일에 장도영 최고회의 의장이 송찬호 문교사회위원장, 박치옥 위원, 김제민 위원 등과 함께 사임한 사건은 있었으나 7월 10일에 별다른 사건은 없었다.

56) 김정렴, 『한국경제정책30년사』, 95쪽.

57) 이종연, 「박대통령의 '그랜드 디자인'」, 『정경문화』 1986년 1월, 199쪽.

58) 최락동, 「'비밀 누설하면 극형에 처한다': 혁명정부의 진시황 유원식이 털어놓는 통화개혁의 내막」, 『정경문화』 1983년 5월, 103쪽.

59) 유원식, 『혁명은 어디로 갔나: 5·16비록』(서울: 인물연구사, 1987), 340쪽.

혁명주체였다가 정권에서 배제당했던 유원식의 정치성이 짙은 평가를 객관적 자료로 간주하기에는 여러 한계가 있지만 참고자료로 간주할 수는 있을 것이다. 통화개혁 실패는 경제계획을 포함한 초기의 경제의욕을 완전 후퇴시켰다.60) 박정희는 통화개혁을 실책이라고 자인하고 이를 만회시킬 결의를 밝혔다.61) 김입삼은 1964년 유원식과의 모임에서 얻은 지식을 토대로 '경제적 고려가 전혀 없었던 정치적 행위'였다고 후일 비판했다.62)

통화개혁 실패의 결과로 자력갱생파이자 '급진파'였던 유원식63)·박희범 등은 밀려나고 대외개방적 공업화를 추구했던 이병철 등 부정축재자 처리 과정에서 살아남은 기업가와 박충훈·김정렴·천병규 등 신진엘리트 관료 그룹에다 미국 경제고문단64) 3자가 연합한 '실용주의자'들의 노선이 힘을 얻기 시작했다.65) 제1차경제개발5개년계획의 발표 때에는 소외되었던 미국과 기업가66)들이 1962년 7월부터 서서히 전면에 등장할 조짐을 보이기 시작했다.

---

60) 김진현·지동욱, 앞의 글, 111~112쪽.

61) 박정희, 「대통령연두교서」, 1964년 1월 10일, 『박정희대통령연설문집』 제1집, 대통령비서실, 1965, 30쪽.

62) 김입삼, 『초근목피에서 선진국으로의 증언』(서울: 한국경제신문, 2003), 142~143쪽.

63) 그는 자립경제의 발판을 마련한다는 신념 아래 수단과 방법을 다하지 않았다고 한다. 유원식, 「박정희장군과 유원식: 최고회의 진시황 유원식 회고록」, 『정경문화』, 1983년 9월, 132쪽.

64) Peer de Silva, *Sub Rosa: The CIA and the Uses of Intelligence* (New York: New York Times Books, 1978), pp.175~177.

65) 조갑제, 「'근대화혁명가' 박정희의 생애: 제12부 경제개발계획, (18) 혁명가와 기업인」, 『조선일보』 1999년 2월 9일. 국영 정유공장의 건설도 1962년 메이저(걸프)를 불러들이는 방향으로 수정되었다.

66) 그렇지만 군사정부는 재벌들이 소유했던 은행을 국유화함으로써 기업에 대한 통제력은 유지하려 했다.

박정희와 '한강의 기적'-1차5개년계획과 무역입국

1962년 7월 대외개방으로의 방향 선회 조짐이 보이기 시작했던 한 한국경제는 1963년 7월 ECC의 창립으로 한·미 간의 원활한 협조체제가 구축되고 결국 수출드라이브의 본격 추진(1964년 후반)을 향한 기초를 마련하게 되었다. 통화개혁 이후로는 민족자본에 의한 기간산업 건설과 수입대체산업화와 같은 발상은 힘을 잃게 되고 외자도입, 보세 가공무역, 수출입국과 같은 대외개방 노선이 대세를 이루었다. 박정희는 외적인 미국의 견제에도 영향받았겠지만 그것만이 정책 전환을 가져온 유일한 요인은 아니었다. 그는 국내 기업가와 관료의 반발도 무시할 수 없었으며 무엇보다도 자신의 주도면밀한[67] 판단에 입각해 자력갱생파를 의도적으로 배제시키는 정치적 선택을 단행해 리더십을 발휘했다.

또한 정부 주도의 경제개발 방식은 군정연장을 연상케 하여 한미 간의 마찰이 일어났다. 따라서 경제개발에 필요한 외자도입이 군정기간에는 순조롭지 못했다. 이 계획은 전기간내의 투자총액의 42%를 미국으로부터의 원조·민간증여에 의존하는 것으로 되어 있었으며 또 다른 42%를 국내저축에서 충당하고 나머지 16%는 정부와 민간기업에 의한 외국으로부터의 차관유치로 충당하는 것으로 되어 있었다.[68] 그러나 이러한 장기개발을 위한 자본동원 능력은 처음부터 벽에 부딪혔으며 특히 미국은 1차계획의 수립과정에서 협의를 받아보지 못했다는 이유와 그 내용이 너무 비현실적이라는 이유 때문에 냉담한 반응을 보였다. 미국은 군사정부를 견제할 수 있는 가장 확실한 수단이 바로 경제원조라는 사실을 잘 알고 있었다.[69] 미국은 원

---

67) 유호열, 「군사정부의 경제정책: 1961~1963」, 104쪽.

68) W. D. Reeve, *The Republic of Korea: A Political and Economic History* (London: Oxford University Press, 1963), pp.164~165.

69) 한배호, 『한국정치변동론』, 172쪽.

조를 무기로 하는 Aid Leverage를 사용해 사업 선택 과정에 구체적으로 개입하여 한국 경제개발계획을 수정시키려 했던 것이다.70)

　군사정부는 경제개발 계획 외에 초기 일련의 정치적·경제적 조치를 취할 때 미국과 사전 협의 없이 추진했다. 예를 들어 계엄령 선포나 군정연장안 등이 그러했다.71) 이 때문에 불편한 관계가 증폭되었으므로 시간이 지날수록 미국과 사전에 협의하는 자세로 변화될 수밖에 없었다.

경제기획원을 시찰, 업무보고를 받고 있는 박정희 의장(1963. 1. 15)

---

70) 木宮正史, 앞의 글, 152쪽.

71) 박동철, 「5·16 정권과 1960년대 자본축적과정」, 홍장표 외, 『한국자본주의분석』(서울: 일빛, 1991), 48쪽.

박정희와 '한강의 기적'-1차5개년계획과 무역입국

한·미 경제협정 조인식(1963. 12. 7)

　　미국 개입의 또 다른 구체적 사례를 들어보면 미국 정부(주한 USOM으로 대표)는 군사정부 측에 쿠데타 이후 중단되었던 재정안정계획의 부활을 1962년 후반기와 1963년 상반기에 강력하게 촉구했다. 재정안정계획은 미국이 권유로 한국의 구정권이 채용했던 것이었다.72) 경제개발계획이 집행되던 초기에 USOM은 당분간 재정안정계획의 집행을 강제하지는 않았다. 미국은 경제적 안정도 중요하지만 성장도 필요하다는 관점에 따라 한국 정부의 재정운용을 일

---

72) 그런데 재정안정계획이 시발될 때는 이승만의 명에 의한 것이었다는 설이 있다. 1956년 말까지 累增的으로 맹위를 떨친 만성 인플레이션을 보다 못한 이승만은 1956년 세모에 김현철 부흥부 장관을 불러 "앞으로는 물가를 3분의 1로 내리라"고 명령했다는 것이다. 이에 김장관 수하의 실무진은 유솜의 브레인과 협의하여 물가억제는 무엇보다 재정안정으로부터 시작된다는 기본원칙 아래 1957년도 예산에서부터 재정안정계획을 적용하려 했다. 임철규, 「유솜」, 『신동아』 1965년 5월, 168쪽.

단 방관하기로 했다. 그러나 한국의 통화개혁이 실패한 후 경제활동의 일시적 정체를 경험함으로써 단기적으로 팽창적 통화정책을 채용할 수밖에 없었다. 따라서 재정적자가 늘어나고 인플레이션의 위험이 커졌다. 이에 따라 미국은 재정안정계획을 부활시킴으로써 한국 정부의 재정운용에 일정한 제약을 가하게 되었다. 당시 USOM의 킬렌 처장은 재정안정계획의 기본원칙이 뜻대로 수행되는 것을 끝까지 확인한 다음 몇 차례나 지체된 자금 사용을 1963년 5월 수락했다.73) 한국 정부는 미국의 원조를 확보하기 위해 재정안정계획을 받아들일 수밖에 없었다. 원용석 기획원장은 당초 예산보다 40억 원이나 대폭 삭제한 실행예산을 세우고 미국과의 절충을 통해 1963년도 재정안정계획수립에 동의했다.74) 대대적인 규모의 재정투자를 필요로 하는 발전전략에서 후퇴하여 통화가치의 안정을 꾀하고 인플레를 억제하는 데 역점을 두는 재정안정계획은 군사정부가 추구했던 자립적 공업화 전략의 포기를 의미하는 것이었다.75) 미국은 원조공여의 조건으로 재정안정계획 시행을 제시하였으므로 재정안정계획의 시행을 거의 강제했다고 할 수 있으며 ECC의 설치에 따라 미국 관리의 영향력은 증대되었다.76) 한국은 식량위기와 외환보유액의 급격한 감소로 인해 저항할 수 없었다.77) 재정안정계획의 부활에

---

73) 임철규, 「유솜」, 『신동아』 1965년 5월, 163쪽.

74) 임철규, 「유솜」, 『신동아』 1965년 5월, 170쪽. 연말통화량 3백85억 원과 외화보유고 1억 1천5백만 달러를 목표로 세운 이 안정계획이 합의되자 USOM은 1천5백만 달러의 증원을 1963년 5월 발표했는데 곧 방출되리라던 이 자금은 11월에 가서 그나마도 정부가 1964년도의 안정계획수립과 환율개정협의에 응한다는 보장아래서 1천만 달러만 방출되었으며 나머지는 이듬해로 넘어갔다.

75) 木宮正史, 앞의 글, 140~142쪽.

76) E. S. 메이슨, 「제3세계와 한국의 근대화」, E. S. 메이슨·김만제·D. H. 퍼킨스·김광석·D. C. 콜 공저, 『한국경제·사회의 근대화』(서울: 한국개발연구원, 1981), 73쪽.

박정희와 '한강의 기적'-1차5개년계획과 무역입국

따라 재정투융자에 의한 대규모 신규투자가 어려워짐에 따라 내적
성장 전략이 좌절될 수밖에 없었던 것이다(따라서 재정안정계획의
부활로 인해 수출지향형공업화로 한 발짝 더 다가서는 계기가 조성
되었다고 할 수 있다[78]). 국내 정치적으로는 1962년 7월 10일 통
화개혁의 실패와 증권파동의 책임을 지고 유원식과 최고회의 재경위
원장 김동하가 물러나면서[79] 경제정책면에서 최고회의의 역할이 낮
아지고 내각·경제관료의 영향력이 상대적으로 높아짐에 따라 미국
과의 협조관계를 재구축한 것이 배경으로 작용했다.[80] 후술하는 바
와 같이 자립경제 추구의 포기와 수출드라이브 정책으로의 전환은
미국이 비토권을 행사한 결과 한국 정부가 다른 대안을 독자적으로
선택해 이루어진 것이다.

---

77) David C. Cole, "Foreign Assistant and Korean Development", David C. Cole & Youngil
Lim & Paul W. Kuznets, *The Korean Economy: Issues of Development* (Berkeley: Center for
Korean Studies, University of California, Berkeley, 1980), p.23.

78) 木宮正史, 앞의 글, 168쪽.

79) 전술한 바와 같이 유원식은 사임했으나 김동하의 경우 유양수 외무국방위원
장과 자리를 바꿨다. 유양수 신임 재경위원장은 경제관료들을 잘 이해해준 인
물이며 경제정책에 관해서도 그들의 의견을 존중했다고 당시의 경제관료들이
높이 평가하고 있다. 이한빈 당시 재무부 차관과 정재석 당시 경제기획원 종
합기획국장의 인터뷰임. 木宮正史, 앞의 글, 149쪽.

80) 콜과 라이만은 군사정부의 보다 더 혁명적·민족주의적인 분자(영관급 중심)
가 민주공화당 쪽으로 가게 됨으로써 비율면에서 상대적으로 늘어난 경제관
료들이 군정초기의 경제정책을 재검토할 기회를 가지게 되었으므로 미국과의
협조가 가능했다고 평가했다. David C. Cole and Princeton N. Lyman, *Korean
Development: The Interplay of Politics and Economics* (Cambridge, Mass.: Harvard University
Press, 1971), pp.86~88; 木宮正史, 앞의 글, 149쪽, 154쪽. 이와 같은 배경하에 진
행된 정책 수정은 민주공화당 창당 과정에서 나타난 김종필계와 반김종필파
사이의 내부 균열과 이들이 갖고 있었던 정책 대립과 어느 정도 연관되어 있
었다. 류상영, 「박정희정권의 산업화전략 선택과 국제정치경제적 맥락」, 『한국
정치학회보』 제30집 1호, 1996, 166쪽.

3 | 수정안 마련과정

　　1961년 5·16으로 새로이 출범한 한국 정부는 경제발전을 정권 유지를 위한 정통성의 하나로 삼으려 했기 때문에 외화와 국내자본을 조달하는 것이 경제정책의 핵심과제가 되었다. 따라서 대일수출을 통한 자금의 확보, 차관도입과 외국인 직접투자의 유치, 그리고 국내 자본의 동원을 위한 금리현실화 등 경제발전의 방향을 전환하는 일련의 정책들이 구상되고 추진되기 시작했다.

　　그런데 경제개발은 계획대로만 되지는 않았다. 1962년의 경제성장 목표치는 5.7%였으나 실제 달성률은 2.8%에 그쳤다. 1962년, 1963년에 계속된 흉작으로 식량사정이 악화되어 곡가파동을 겪어야 했고, 초기의 의욕적인 투자확대로 말미암아 정부 보유 외환이 고갈되는 사태에 이름으로써 1964년에는 이른바 외환파동을 겪게 되었다. 이는 미국의 대한원조를 중심으로 하는 외자도입이 계획대로 이루어지지 않은 데에 일 원인이 있다.[81] 특히 1963년 사업을 한창 추진할 때 자금이 고갈되었는데 9월 말의 달러 보유액은 고작 9,300만 달러에 불과했다. 이러한 경제적 시련은 경제개발 초기에 추진했던 정부 주도의 '경제자립화'(농업육성을 통해 국내시장을 확대하고 중화학공업을 중심으로 수입대체 산업화를 추진[82])를 포기

---

81) 경제개발계획평가교수단 편, 『제1차경제개발5개년계획 1962~1966 평가보고서』(서울: 내각기획조정실, 1967), 26쪽.

82) 그렇다고 1차계획 원안의 전반적인 흐름이 모두 수입대체산업화를 방향으로 하고 있었던 것은 아니었으며 정책이 시행된 결과가 그러한 양상을 보였다고 할 수 있고 이후의 계획과 비교할 때 상대적으로 수입대체의 비중이 높다는 평가를 내릴 수 있다는 것이다. 또한 1962~1964년간은 수입대체에서 수출지향으로 가는 과도기적 양상을 보였다고 할 수 있다.

하고 한일회담을 추진하는 한편, 경제개발에서 민간기업 주도권을 보장하고 개발체제를 지향하면서 외국자본을 적극적으로 도입하는 정책으로의 전환을 불가피하게 했다.

박정희는 1962년 7월 20일의 기자회견에서 5개년계획이 수정될 필요가 없으며 만일 수정될 경우 삭감수정이 아니라 확대 수정해야 한다고 말했다.[83] 그러나 다른 한편으로는 김현철 국무총리나 김유택 경제기획원장을 비롯한 실무진들이 계획 수정의 필요성을 시사하고 있었다. 특히 재정적으로 긴축정책을 함에 따라 5개년계획 성장률의 하향 수정 가능성을 시사했다.[84] 이와 같은 정부 내의 인식 변화에 따라 결국 정부는 1962년 11월 수정·보완작업에 착수했다.[85] 11월 26일 보완작업을 위해 경제기획원에서 최고회의, 내각, 관계실무자들로 구성된 연석회의가 열렸다.[86] 이 작업은 개발계획반, 재정반, 금융반, 국제수지반, 기술진흥반과 이들을 총괄하는 종합부문심의반으로 구성되었다. 종합부문 심의위원 15명 중 반장 김동식 대령을 제외한 나머지 인사들은 모두 경제기획원 등의 경

---

83) 『동아일보』 1962년 7월 20일.

84) 『동아일보』 1962년 7월 11일; 『동아일보』 1962년 7월 16일; 『동아일보』 1962년 7월 18일.

85) 그런데 계획은 언제나 수정·보완될 수 있는 성질이 것이다. 실제로 1967년 실시될 2차경제개발5개년계획도 비록 실시 전이었지만 보완 논의가 진행되었으며 [한국경제인협회 부설 한국경제·기술조사센터 편, 『제2차경제개발5개년계획의 보완방향』(연구총서 제1집, 서울: 한국경제·기술조사센터, 1966년 11월)] 1962년 2월 경제기획원에 의해 작성되었던 『제1차경제개발5개년계획 제1차년도(1962) 시행계획서』도 "긴급통화조치 및 제2회 추가경정예산안 등 제반 여건의 변동이 있었으므로" 1962년 9월 수정판이 나왔다.

86) 경제기획원, 『제1차경제개발5개년계획 보완작업: 종합부문보고서』(서울: 경제기획원, 1962년 12월). 그런데 1962년 11월부터 12월까지 한 달 동안은 원계획의 문제점을 추출하는 작업을 했는데 7.1%의 성장률 목표치를 바꾸는 것에 대해 전혀 고려하지 않는 등 별다른 수정을 가하지 않았다. 木宮正史, 앞의 글, 155쪽.

제관료가 많았는데 이는 전술한 유원식의 사임과 같이 최고회의의 영향력이 점차 약해지고 경제관료의 발언권이 강해지는 추세를 반영하고 있었다. 경제관료의 영향력 증대는 자립적 공업화론의 좌절 결과이며 장차 새로운 경제개발전략 선택할 때 수출드라이브 정책 채택을 보다 원활하게 하는 일 요인이 되었다고 할 수 있다. 최고회의는 1963년 2월 4일 最高會議財經제55호로 제3년차계획을 포함한 5개년계획의 보완작업을 경제기획원에 지시했다.[87] 정부는 2차 연도인 1963년 8월에 원안을 대폭 수정한 보완계획을 본격적으로 작성했다.[88] 박정희는 1963년 12월 제5대 대통령 취임사에서 조국의 근대화 촉성을 '역사적 필연의 과제'로 전제한 후 "민족자립의 지표가 될 경제개발5개년계획의 합리적 추진"을 '중대한 국가적 과제'로 역설해 1차계획의 수정을 암시했다.[89] 수정안은 민정 이양 후인 1964년 1월에 발표되고 2월에 확정했다.[90]

한편 제1차경제개발계획이 계획한 바대로 진행되지 않고 미국이 계속 군정을 비판하자 김종필[91] 중앙정보부장은 1962년 10월 23

---

87) 『제1차경제개발5개년계획 제3년차(1964)계획 (최초)』(서울: 경제기획원, 1963년 8월), 내표지.

88) 수정된 부분이 상당했으며 수정된 안은 경제정책 전반에 걸쳐 큰 영향을 미쳤다는 설도 있고 그 수정의 정도나 의미를 높이 평가하지 않는 견해도 있다.

89) 박정희, 「제5대 대통령 취임식 대통령 취임사」, 1963년 12월 17일, 『박정희대통령연설문집』(서울: 대통령비서실, 1965), 13쪽, 19쪽.

90) 경제기획원, 『제1차경제개발5개년계획보완계획』(서울: 경제기획원, 1964년 2월).

91) 그는 쿠데타 직후의 기자회견에서 계획경제를 지향하겠다고 말했으며 실제로 국가기획위원회, 경제기획위원회 등을 창설했다. 권오기·김종필, 「대담: 5·16군사혁명과 나」, 권오기, 『권오기 정계비화 대담: 현대사주역들이 말하는 정치증언』(서울: 동아일보사, 1986), 29~30쪽; 오효진, 『정상을 가는 사람들: 오효진의 인간탐험』(서울: 조선일보사, 1987), 252쪽. 미국은 쿠데타 직후부터 김종필을 중심으로 한 육사 8기 강경파(온건파는 박정희와 5기 김재춘 등)에 대해 경계했으며 그가 1963년 1월 중앙정보부장의 직책을 이용해 1인 독재적인 비밀

박정희와 '한강의 기적'-1차5개년계획과 무역입국

일 미국을 방문했다. 이 시점까지도 미국은 경제개발5개년계획을 완전히 승인(endorsement)한 것은 아니었다.[92] 그는 7일 동안 러스크 국무장관, 로버트 케네디(Robert Kennedy) 법무장관, 핫지스(Luther H. Hodges) 상무장관, 로스토우 국무부 정책기획위원회 의장, 해밀턴 AID 처장, 번디(McGeorge Bundy) 국무차관보, 테일러(Taylor) 합동본부 의장 등과 일련의 회담을 가졌다. 김부장은 이러한 회담에서 민정 이양 계획과 경제개발계획 및 원조문제 등에 관해 협의했다. 그는 미국 당국자들에게 ① 5·16 혁명은 지난날의 부패와 부정을 씻어내기 위한 혁명이었으므로 앞으로는 혁명이 있을

정당 공화당을 창당하려 하자 미국은 과거 공산주의 전력을 가진 사람들을 모아 놓고 공산당형의 1인 독재 정당을 만들려 한다고 파악했다. 또한 1962년 2월과 5월 사이에 증권시장을 조작해 2천만~3천만 달러에 이르는 한국 역사상 최대의 금융쿠데타를 일으켰다고 평가했다. 결국 버거는 1963년 1월 25일 좀 더 온건한 방향으로 기울려는 박정희와 담판해 김종필을 외유 보내도록 권고했으며 결국 공직에서 물러나게 했다. 이 과정에서 미국은 박정희를 중심으로 한 정국주도를 인정했으며 그를 후원했다. 실제로 러스크 국무장관은 버거 대사에게 보낸 훈령에서 "우리[미국]는 박정희나 박정희가 선택한 인물이 앞으로 수년 간 한국의 지도자가 되는 상황을 받아들일 각오를 해야 하며 박정희는 이 나라가 필요로 하는 지도력을 발휘할 수 있는 유일한 인물"이라고 평가하면서 김종필 부장이 주일대사로 나가는 식으로 정치현장을 떠나는 것이 바람직하다고 주장했다. EMBTEL 503, January 17, 1963; EMBTEL 504, January 18, 1963; EMBTEL 517, January 23, 1963; EMBTEL 529, January 27, 1963; EMBTEL 533, January 28, 1963; EMBTEL 538, January 30, 1963, Country File: Korea, Box 129, NSF, JFK Library; 「구공화당 창당내막: 1963년 주한미대사관 비밀보고서」, 『동아일보』 1989년 10월~12월; 조갑제, 「'근대화 혁명가' 박정희의 생애: 내무덤에 침을 뱉어라!, 제13부 내부균열, (8) 미국의 이간전략, 396」, 『조선일보』 1999년 3월 8일. 미국은 김종필이 1963년 1월 7일 중앙정보부장을 물러난 이후 정당을 창당하려 한다고 분석했다. "AmEmbassy SEOUL to Department of State: Changes in Top Governmental Posts", 9 Jan 1963, 795b.13/1-963, RG 59, CDF 1960~1963, Box 2187.

92) Position Paper, "Visit of Colonel Kim Jong Pil: U.S. Economic Assistance to Korea", October 24, 1962, p.2, RG 59, Bureau of Far Eastern Affairs, Assistant Secretary for Far Eastern Affairs, Subject, Personal Name, and Country Files, 1960~1963, Box 12.

수 없다는 점과 ② 한국의 지도자를 믿어 주어야 한다는 점, ③ 한국은 경제발전과 정치적 발전을 위해 일로 매진하고 있다는 점, ④ 5개년 경제개발 계획은 반드시 성취될 것이라는 점을 강조했다.[93] 김종필은 특히 로스토우와 2번의 회담을 가졌는데 10월 26일의 회담에서는 주로 한국경제발전에 대해 토론했다. 10월 28일의 회담에서 주로 민정 이양 문제가 토론되었다. 김종필은 1963년 8월(선거 예정 시점)과 1966년 8월 사이를 과도기로 설정해 1966년 8월 이후에는 참된 민정을 실천할 것이라고 공언했다. 그는 4년의 과도기에 경제재건의 기초가 확립될 수 있을 것이라고 주장했다.[94]

---

[93] 『제3공화국 외교10년도감』(서울: 대한민국외무부, 1969), 55쪽.

[94] Jong Pil Kim and W. W. Rostow, "Memorandum of Conversation", October 28, 1962, RG 59, Records of the Policy Planning Staff 1962, Lot File 69D121, Box 217, US National Archives. 이 자리에서 김종필은 친히 그림을 그려 설명했는데 '주체세력 … 政治 손 떼'라는 표현까지 나온다. 로스토우가 이 노트를 건네주면 좋겠다고 말하자 김종필은 사인까지 한 후 흔쾌히 건네주었다. (자료 1과 그림 1 참조) 방미 후 김종필은 정일권 대사를 통해 해리먼 주지사에게 부탁해 케네디 대통령의 자필이 든 사진을 하나 얻기를 원했는데, 백악관 측은 훈타(Junta: 군사혁명위원회라는 뜻의 스페인어로 군사정권을 지칭함)에 대한 지지와 김종필에 대한 개인적 지지의 증거로 활용하려는 것이라고 분석했다. "William H. Brubeel's Memorandum for Mr. McGeorge Bundy, the White House: Kim Chong-p'il's Request for Autographed Photograph of President Kennedy", 12/6/62, in 795b.13/11-1562, RG 59, CDF 1960~1963, Box 2187; also in RG 59, Bureau of Far Eastern Affairs, Assistant Secretary for Far Eastern Affairs, Subject, Personal Name, and Country Files, 1960~1963, Box 12. 미 국무부는 김종필이 항상 사진사를 데리고 다니면서 사진을 찍게 만든 후 이를 정치적으로 이용하려 한다고 비판했다. 또한 김부장은 로버트 케네디 법무장관과 함께 사진을 찍지 못한 점을 아쉬워했으므로 국무부는 법무장관이 사인한 사진을 주한미대사관을 통해 보내주기로 했다고 한다. 이외에도 김종필은 1962년 10월 29일 러스크 미 국무장관과의 면담에서 한일회담에 대해 언급하면서 자신이 독도를 폭파시키자고 일본측에 제안했다고 말했다. 국무장관은 그러한 해결책은 자신도 생각해 본 바가 있다고 논평했다. 한일회담에서 일본의 오히라 대표는 폭파제안에 별로 유쾌하지 않은 표정을 지으면서 사회주의자들이 자신을 습격할 것이라고 대답했다고 김종필은 전했다. Mr. Kim and the Secretary, et. al., "Memorandum of

박정희와 '한강의 기적'-1차5개년계획과 무역입국

계획 수정에서 가장 중요한 것은 역시 사업 축소였는데 연평균 경제성장률이 당초 안인 7.1%에서 5%로 낮추어 졌다.[95] 이러한

Conversation", Washington, October 29, 1962, *FRUS*, 1961~1963, Vol. XXII, pp.611~612. 조갑제는 김종필의 독도폭파론에 대해 이는 공식적인 제의가 아니라 순간적인 機智를 발휘한 발언이었다고 평가했다. 조갑제, 「'근대화혁명가' 박정희의 생애: 제13부 내부균열, (16) 독도폭파론」, 『조선일보』, 1999년 3월 22일. 그런데 미 대사는 자유로운 정치활동 보장과 자유총선에 대한 김종필의 약속에 대해 전적으로 신뢰하지 않는다고 평가했다. "C. L. Stermer to Harriman and Bacon: Summary of Seoul Airgram on Kim Chong-p'il's Visit and Upcoming Election", December 4, 1962, p.2, RG 59, Bureau of Far Eastern Affairs, Assistant Secretary for Far Eastern Affairs, Subject, Personal Name, and Country Files, 1960~1963, Box 12. 그런데 최근에 한국 정부에 의해 공개된 "제6차 한일회담 제2차 정치회담 예비절충 제4차 회의 회의록", 1962년 9월 3일 말미(자료 2 참조)에는 이세끼 유지로 일본 외무성 아세아국장이 "사실상에 있어서 독도는 무가치 한 섬이다. 크기는 '히비야' 고원 정도인데 폭발이라도 해서 없애 버리면 문제가 없을 것이다"라면서 독도 문제를 본 회담에서 토론하자고 제의했다는 것이다. 이에 배의환 대사(당시 한국 측 교섭수석대표)는 "중요하지도 않은 섬이니 한일회담의 의제도 아니므로 국교 정상화 후에 토의한다는 식으로 별개 취급함이 어떤가"라고 대응했다는 것이다. 이에 김종필 중앙정보 부장은 1962년 11월 13일 하네다공항 귀빈실에서 열린 기자회견에서 독도문제를 "국제사법재판소에 제소한다는 것은 공연히 국민감정을 자극하는 것으로 국교정상화 후에 시간을 두고 해결하면 된다"고 말하면서 "농담으로는 독도에서 금이 나오는 것도 아니고 갈매기똥도 없으니 폭파해버리자고 말한 일이 있다"고 언급했다.

95) 경제기획원, 『제1차경제개발5개년계획 보완계획』(서울: 경제기획원, 1964년 2월), 4쪽에 의하면 "일본을 제외한 ECAFE지역의 제국가들이 과거 약 10년 동안 연평균 경제성장이 5% 미만이었고" 우리의 1953~62년간 경제성장률이 연평균 4.2%에 불과하므로 7.1%는 다소 무리한 성장목표라고 평가하면서 11쪽에서는 현실적인 수준인 5%로 조정했다고 서술했다. 그런데 위의 책 120~121쪽에 나온 표에 의하면 1964년부터 1966년까지의 성장률 계획이 전부 5.0%인 것을 보면 미국 정부의 '지시선'(가이드라인)인 5.0%에 과도하게 집착해 일률적으로 끼워 맞춘 것이 아닌가 한다. 보완계획 작성 시 서독경제고문단은 평균 3.73%로 자문했으며 경제기획원은 4.5%를 제시했다. 경제기획원 편, 『한국의 경제개발모형과 지역경제』(개발계획총서 제5권, 서울: 경제기획원, 1967), 24쪽. 이에 근거해 경제기획원은 당시의 현실적 적정 성장률을 4~4.5%로 보았다. 그런데 만약 이 정도로 하향 조정하게 되면 국민에게 경제계획을 완전히

하향조정은 물론 미국의 종용에 주로 기인한 것이었지만 1961년과 1962년의 성장률이 각각 5%와 4.1%(원안의 1962년 목표치는 5.7%; 보완계획의 1962년 목표치는 2.8%[96]))로 부진한 데 따른 내부적 판단에 기인한 측면도 있었다.[97] 미국이 종용한다고 해서 내부적으로 동의하지 않는다면 그 방향이 수정될 수 없었을 것이다. 이런 측면에서 후술하는 바와 같은 '상대적 독자성'이란 논의가 가능할 것이다. 산업구조에서는 종전안에 다소간 강조되었던 중농주의적 기조가 후퇴하고 수정안에서는 공업 우선으로 방향을 잡아가고 있었다.[98] 보완계획의 작성은 경제개발계획뿐만 아니라 경제정책의 일대 전환점이었다. 민정이 개시된 1964년 2월에는 산업개발위원회를 해체했으며 1962년 7월 4개의 국으로 확장시켰던 경제기획원

포기한다는 인상을 줄 것이므로 어느 정도의 정책적 의욕을 가미해 5%로 결정했다. 경제기획원 편, 『한국의 경제개발모형과 지역경제』(개발계획총서 제5권, 서울: 경제기획원, 1967), 33쪽. 이는 1960년대를 개발연도로 정하고 최소한 연평균 5%의 성장목표를 두고 있는 유엔의 입장과도 궤를 같이하는 것이었다.

96) 『제1차경제개발5개년계획』, 19쪽; 『제1차경제개발5개년계획 보완계획』, 11쪽. 보완계획이 작성되던 때에 1962년의 성장률이 예측만 될 뿐 집계·확인되지 않았다.

97) 이승구, 「비화: 제1차 5개년 계획 산고」, 『월간경향』 1987년 2월, 235쪽. 그런데 미국 정부의 보완계획에 대한 평가는 원안에 비해 대단히 호의적이었다. 원계획에 비해 범위가 포괄적이며 방법에 관해서도 전문적이며 세련미가 있으므로 유효한 경제계획의 수립이라는 목표를 향한 중요한 출발점이라는 평가를 내렸던 것이다. 한배호, 『한국정치변동론』, 176쪽; US AID, *Country Assistance Program: Korea*, p.7. 원안은 과욕의 희망나열에 불과하다는 혹평을 받았던 것이다. 1963년에는 계획보다 1.5%가 높은 5.9%(원안 6.4%; 『제1차경제개발5개년계획』, 19쪽, 보완계획 4.4%; 『제1차경제개발5개년계획 보완계획』, 11쪽)의 경제성장을 보여 1959년(8.7%) 이후 가장 높은 성장률을 기록했다. 한국생산성본부 생산성연구소 편, 『제1차5개년계획의 계획사업별 경제분석』 생산성연구 제29집, 한국생산성본부 생산성연구소, 1964년 9월, 16~17쪽.

98) 木宮正史, 앞의 글, 161쪽. 이러한 농업에서 공업으로의 정책 지향에 대한 수정이 공산품 수출에 대한 강력한 드라이브의 기반이 되었다고 할 수 있다.

박정희와 '한강의 기적'-1차5개년계획과 무역입국

내의 기획기구도 종합기획국의 단일국으로 1964년 2월 축소시켰
다.99) 미국 AID의 협의과정을 거쳐 박정희는 수입대체전략이 한국
의 장기적 이익에 적합하지 않다고 결론 내렸다.100) 이렇게 박정희
는 AID 등과 협의는 했다.101) AID는 원조 제공 기관으로서 한국
에서 외교적 특권과 전문화된 인력을 가지고 한국정부의 경제정책
결정과정에 개입하고 있었지만102) 수출지향적 정책을 대안으로 가

---

99) 김진현·지동욱, 앞의 글, 112쪽.

100) U.S. House of Representatives, The Subcommittee on International Organizations of the
Committee on International Relations, *Investigation of Korean-American Relations*, Oct. 31,
1978 (Washington, D. C.: USGPO, 1978); 미하원국제관계위원회 국제기구소위
원회 편, 『프레이저 보고서』, 서울대학교 한·미관계연구회 역(서울: 실천문
학사, 1986), 244쪽. 이 보고서에는 뒤이어 이런 구절이 나온다. "경제성장은
실업자 및 불완전 고용자들을 실질적으로 이용할 수 있는 노동집약적 산업에
중점을 두는 수출지향적 경제를 추구함으로써 더욱 쉽게 달성될 수 있었다."
이 문장과 앞의 인용 문장의 근거는 "NSC 한국문제특별대책반 보고서의 초
안" 1961년 6월 12일자라는 것이다. 뒷 문장을 보면 마치 미국이 수출지향적
방향을 제시한 것처럼 추정될 수 있으나 한국경제에 관해 아직 피상적 인식
만을 했던 한국문제특별대책반 보고서에는 그러한 구절이 없다. 따라서 뒷
문장은 수출지향적 경제를 추구한 결과를 서술한 것일 뿐 이 구절을 통해 미
국의 수출지향적 대안제시가 있었다는 것을 확인할 수는 없다.

101) 그런데 경제기획원, 『제1차경제개발5개년계획 보완계획』(서울: 경제기획원,
1964년 2월), 머리말 2쪽에는 미국과의 협의과정에 대한 언급은 없고 오히려
"제1차 연도 말부터 보완작업에 착수해 체한 중인 서독경제고문단과의 긴밀
한 협조하에 작년 8월 말에 작업을 완료한 바 있었다"고 강조했다. 주한서독
고문단과의 긴밀한 협조는 수정안이 본격적으로 검토된 1963년 4월부터 8월
까지 이루어졌다. 경제기획원, 『제1차경제개발5개년계획 보완개요』(서울: 경
제기획원, 1964년 1월), 5쪽. 경제기획원 편, 『한국의 경제개발모형과 지역경
제』(개발계획총서 제5권, 경제기획원, 1967), 10쪽에 의하면 위의 책도 서독경
제고문단과의 협동 아래 작성되었다.

102) 미국의 밴 플리트 장군(General Van Fleet; 한국전쟁 당시 미8군사령관; 울산 정
유공장 건설 시 플루어사를 로비하기 위해 방한)이 US스틸사장 등 30여명의
피츠버그市 기업인을 이끌고 방한(1962년 5월 11일)하기 전에 AID의 프리핑
을 받은 바에 의하면 국무부 극동부 직원 야노(Seymour J. Janow)와 AID의 직
원들이 한국경제에 관한 프로그램에 간여하고 있다는 것이다. "AID Briefing of

지고 있었던 것은 아니었다. 미국은 수출지향적공업화를 유일한 목표로 염두에 두었던 것이 아니라 단순히 '수출을 통한 국제수지의 개선'을 여러 목표 중의 하나로 생각했다.(한국 정부가 마련한 1차계획 원안의 6대 중점사항 중 5번째 것) 미국 정부는 경제개발전략으로서의 수출지향적공업화 정책을 정책적 대안으로 미리 제시하지는 않았다.103) 미국은 자주적 공업화 전략에 대한 거부권의 발동이라는 소극적 측면에서 작용했을 뿐이다. 미국은 불필요한 수입을 억제하고 비교우위의 입장에서 수출 가능한 품목을 수출함으로써 국제수지의 균형을 도모한다는 식의 축소 균형적 수출관을 가졌을 뿐이다. 수정안 기본목표는 역시 당초 원안과 같이 "자립경제의 달성을 위한 기반을 구축한다"였으며 "수출진흥을 주축으로 하여 국제수지의 개선을 도모한다"는 구절이 보완기간 중의 주요과제 5개 중 4번째로

Van Fleet Group", 5-10-62, p.2, Presidential Papers of JFK, NSF, JFK Library, Country File: Korea(Cables), Box 128. AID는 차관 및 사업계획에 관계되는 모든 문서(장부, 기록서류, 서신, 각서 등 포함)를 검사할 권한이 있었고, 차관을 받은 정부와 기업은 'AID의 승인을 얻은 계약, 기술문제, 계획 및 기계규격명세서의 확인하에 사업계획을 수행하고' 이를 '변경 또는 취소'할 때에는 AID의 사전 승인을 얻었다. 「대한민국정부와 국제개발처간의 차관협정서」, 1962년 10월 29일, 국회도서관 입법조사국 (편),『미국의 대한원조관계자료』, 제2집, 입법참고자료 제37호, 107쪽, 108~109쪽. 흔히 이를 미국의 직접적 개입 내지는 과다한 간섭의 예로서 열거하는 경우[이승억, 「1960~1970년대의 한국경제」, 한국역사연구회 현대사연구반 편,『한국현대사』(서울: 풀빛, 1991), 144쪽.]가 있는데 이는 한국경제의 전후복구를 위한 원조 제공기관의 당연한 점검이라고 할 수 있다.『프레이저 보고서』, 252쪽에 의하면 "당시의 AID 사절단은 광범위한 기술영역에 걸친 전문가들을 망라한 세계 최대 규모 중의 하나였다. AID측 인물들은 현지 정부를 지원하기 위해 활동했다. AID와 정부 간에는 광범위한 협의가 있었고 미국의 정책입안자들은 한국 정부측 통계, 정보, 의향 등에 충분히 접근할 수 있었다. 양자간에는 모든 투자와 차관들을 항목별로 검토하는 합동평가회가 있었다. AID와 경제기획원 관리들은 매주 정기적으로 회합했다"는 것이다.

103) 木宮正史, 앞의 글, 193쪽.

언급될 뿐이었다.104) 수출지상주의 맹아라고 볼 수 있는 것은 공산품 수출을 4배 정도 늘려 잡은 것 정도였다. 이에 비해 박정희가 1차계획 수정 이후 본격적으로 주장했던 수출지상주의(6장에서 후술함)는 수출을 늘림으로써 경제발전의 원동력이 된다는 식의 확대균형적 발상이었다. 따라서 수출지향적공업화를 도입하는 과정에 미국의 압력이 개재되었던 증거는 없다.105) 이런 맥락에서 박정희식의 수출드라이브는 그가 가지고 있던 독창적 현실인식이 부분적으로나마 반영된 것으로 볼 수 있을 것이다. 보완·수정안은 원안과는 이질적인 것이 되고 말았다.106)

---

104) 경제기획원, 『제1차경제개발5개년계획 보완개요』(서울: 경제기획원, 1964년 1월), 11쪽; 경제기획원, 『제1차경제개발5개년계획 보완계획』(서울: 경제기획원, 1964년 2월), 머리말 2쪽, 9쪽.

105) 증거가 없다고 압력이 없었다고 단정할 수는 없지만 압력이 있었다면 이에 저항했을 것이고 이러한 저항에 대한 증거는 남아있을 가능성이 많다. 직접 개입이 없었다고 수출드라이브에 대한 간접적 압력이나 자문이 없었다고 단정할 수도 없지만 수출드라이브에 대한 압력은 간접적이라기보다는 직접적인 형태로 이루어졌을 가능성이 더 많다. 예를 들어 1965년 초경에 USOM의 지원하에 예일대 교수인 John C. H. Fei 및 Gustav Ranis가 완성(두 교수는 1964년 7월부터 9월까지 내한)한 「「훼이」·「레이니스」보고: 한국경제의 장기개발방안」, 『신동아』 1965년 3월, 212~213쪽에는 수출증대나 수출진흥, 수출촉진이라는 용어들이 보고서의 후반부에 잠깐 나오고는 있지만 이것은 여러 목표 중의 하나로 간주되었을 뿐이며 박정희 식의 '수출이 한국경제의 활로'라는 식의 분위기와는 전혀 다르다. 이 보고서는 1967년~1972년간을 성장촉진을 위한 전략단계로 규정하고 1972년~1990년간을 균형성장을 의미하는 다부문동시개발의 성장단계로 규정했다. 따라서 이 보고서는 균형성장(균형된 복지사회)을 지향했다고 할 수 있다. 부완혁, 원용석, 홍완모, 홍성유, 「보고서를 평가한다」, 『신동아』 1965년 3월, 219쪽. 이 점에서 이 보고서는 불균형발전을 지향했던 1차경제개발계획과는 다르다고 할 수 있다.

106) 한국생산성본부 생산성연구소 편, 『제1차5개년계획의 계획사업별 경제분석』 생산성연구 제29집, 한국생산성본부 생산성연구소, 1964, 9쪽.

〈자료 1〉

REPRODUCED AT THE NATIONAL ARCHIVES

P:WWRostow   LIMITED OFFICIAL USE   *Korea*

DEPARTMENT OF STATE <u>S/P FILE COPY</u>

October 28, 1962

Memorandum of Conversation

SUBJECT: Korea

PARTICIPANTS: General Jong Pil Kim, Director, Central Intelligence
Agency, Republic of Korea
W. W. Rostow, Counselor and Chairman of the Policy
Planning Council

COPIES TO: The Secretary   FE - 2
The Under Secretary   Mr. Forrestal - White House
M - Mr. McGhee   S/P - Mr. Johnson
G - Mr. Johnson   RM/R
S/S - 2

At his request, I had a second hour's session today with
General Jong Pil Kim, Director, Central Intelligence Agency,
Republic of Korea.

The first hour (Friday, October 26, 1962) had been devoted
primarily to problems of Korean economic development, including the
problem of generating in the villages a sense of responsibility and
initiative in development tasks. He defined the three basic assets
of Korea in development, aside from the government's determination,
as: ample manpower; a potentially productive agriculture; and
fisheries. He expressed a lucid understanding of the link between
economic development and the settlement of the Japanese question.

In today's discussion I raised the question of how a military
dictatorship disengages and moves a nation into a democracy. He
responded warmly by describing how, between the election of
August 1963 and August 1966 they propose to phase out the military
dictatorship and bring democratic institutions fully to life. He
said he wished to leave with me a sense of the depth of his desire
to have the forthcoming 1963 elections a completely honest affair.
He stated that the fundamental problem they faced was what to do

LIMITED OFFICIAL USE

DECLASSIFIED
Authority NND955001
By Q Revel NARA Date 11/22/56

〈자료 1〉

REPRODUCED AT THE NATIONAL ARCHIVES

LIMITED OFFICIAL USE

-2-

with the forty-odd members of the Revolutionary Council. They
are extremely conscious of the dangers to the integrity
of the armed forces in maintaining an atmosphere in which
competitive military <u>coups</u> might be encouraged. They have
studied the Burmese and Turkish experiences with this prob-
lem. From the Burmese experience they drew the conclusion
that it is dangerous to withdraw prematurely, before the
political and institutional bases for democracy are in being,
and then have to come back to power again. From the Turkish
experience they draw the conclusion that it is dangerous to
pay off members of the Revolutionary movement by making them
permanent members of the Senate or otherwise transferring
them, without the responsibility of getting elected, into
the political arena. Therefore, they intend that some
twenty-three members of the Revolutionary Council, who have
opted for politics, shall go out and get themselves elected
like anyone else.

As for the others, he said that they would have to make
a clean cut choice between taking administrative posts
within the civil structure, entering private life as factory
managers, or returning to military command where, he said,
active measures are under way to restore the integrity of
the chain of command and remove the Commander-in-chief of
the armed forces from the Revolutionary Council.

I asked, as a memento of our interesting conversations,
if he would let me have the notes on which he sketched the
transition from military to civil government. He signed
and dated them and passed them to me in the best of cheer.
A copy of these notes and a translation are attached.

Kim also stated that he felt he could not have come
to Washington at a better time than during this crisis,
which he regards as a clean-cut demonstration of the strength
of the US, its will, and its loyalty to its allies.

Attachment:
  Notes and translation.

LIMITED OFFICIAL USE

DECLASSIFIED
Authority NND959001
By ___ NARA Date 4/21/96

〈그림 1〉

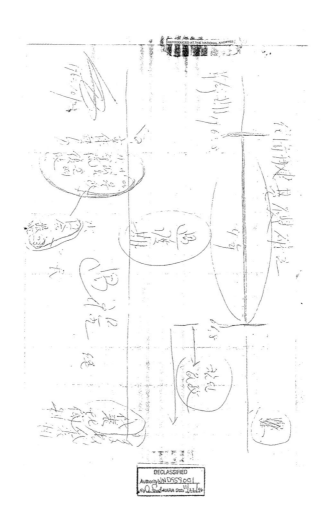

박정희와 '한강의 기적'−1차5개년계획과 무역입국

〈그림 1의 영역본〉

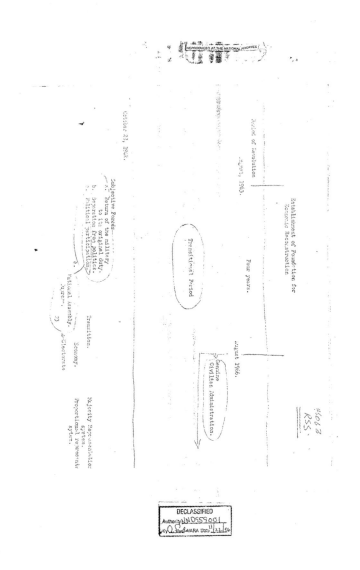

광한 오의를 시작하려고 생각하고 있다.

　이세끼 국장 : 청구권 문제의 해결 가망성이 단계에 가면 여러가지 문제를 오의케 될것이다. "독도"에 관한 문제도 이때에 오의하게 될것이다.

　최 참사관 : 독도 문제를 왜 또 꺼낼려고 하는가. "고오노" 씨는 독도는 국교가 정상화되면 피차가 가지고 하며라도 갖지않을정도의 섬이라는 재미없는 말을 했는데 일측이 왜 이를 또 꺼낼려 하는가.

　이세끼 국장 : 사실 상에 있어서 독도는 무가치 한 섬이다. 크기는 "히비야" 공원 정도인데, 폭 이따로 없애 버리면 문제가 없을 것이다.

　최 참사관 : 회담 도중에 이 문제를 내 놓겠다는 말인가.

　이세끼 국장 : 그렇다. 국제 사법 재판소에 제소하기로 하는것을 정하여야 하겠다.

　최 참사관 : 국교 정상화 후에 이 문제를 논의하는 것이 좋지 않는가.

　이세끼 국장 : 국교 정상화후에 국제 사법 재판소에 제소하자는 것을 정하자는 것이다.

　최 참사관 : 일본의 곤란한 사정이 있드시 한국에도 사정이 있는것인데, 이 문제는 내놓지 않는 것이 좋겠다.

　이세끼 국장 : 섬 자체는 좋은한것이 않이지만 내놓지 않을수 없다.

　배 대사 : 좋오 하지도 않은 섬이니 국교 정상화후에 오의한다는 식으로 별개 취급함이 어떤가.

　소기 수석 : 영토 문제라는 점에서 여러가지 사정이 있으므로 그렇게 할려는 것이다.

0040

한 · 미 경제개발기술용역협정조인식(1964. 2. 14)

제2회 한국경제인협회(전국경제인연합회[약칭 전경련]로 1968년 3월 개칭) 정기총회.
회장석의 이병철 사장 모습이 보인다.(1963. 7. 19)

보완·수정안이 확정된 이후인 1964년 2월 14일 한국의 장기 경제개발에 관한 조사 및 자문에 응하기 위한 정부 및 미국 경제고 문단 간의 용역계약을 조인했다. 이 계약에 따라 미국 경제고문단을 재정금융, 개발계획, 농공업 전문가 6명으로 구성해 ① 제1차5개년 계획의 종합검토와 재평가와 ② 연차계획작성의 조력 및 정책수립에 관한 자문, ③ 제2차5개년계획 작성 자문, ④ 재정금융정책, 투자우선순위, 무역 및 국제수지, 가격정책 및 산업기관표 작성에 대한 조언 및 자문을 하게 되었다.[107]

　　결과적으로 보았을 때 수정안 작성에는 미국의 입김이 상당 부분 작용한 것이었다. 그렇다고 해도 박정희의 결단이 전혀 작용하지 않았던 것은 아니었다. 1차5개년계획의 추진 목표 달성이 제1차 연도부터 그렇게 성공적이지 못하자 한국 정부 내부에서도 수정안을 마련해야 한다는 반성을 제기했던 것이다.[108] 특히 수출드라이브를 추진하는 과정에서는 그의 이니셔티브가 미국의 힘보다 크게 작용했다고 할 수 있다. 그런데 기업가들은 자신들이 요구가 박정희의 지도력보다 크게 작용했다고 주장한다. 전국경제인연합회(전경련)의 주장에 의하면 1차계획 원안의 농업주도적 정책에 기업가들이 강력히 반발해 공업주도를 관철시켰다는 것이다.[109] 1963년 1월 8일 전경련은 박정희 의장과 몇몇 각료들을 회의에 초청해 일본의 산업구조 이행과 재일교포 기업의 한국에의 이전 상황을 설명하고, 당시의 수출액인 연간 4천만 달러의 10배에 해당하는 4억 달러의 수출

---

107) 『제3공화국 외교10년도감』(서울: 대한민국외무부, 1969), 71쪽.

108) 『격랑을 헤치고: 민주공화당2년사』(서울: 민주공화당, 1964), 17쪽에는 연평균 7.1%는 과다한 성장률이며 외환의 부족과 내자동원의 실패, 사회경제적 불안 동요로 이미 제1차년도부터 차질이 생겨 소기의 목표를 달성하지 못하고 수정보완되지 않으면 안 될 상황에 있었다고 지적했다.

109) 전국경제인연합회, 『전경련20년사』(서울: 전국경제인연합회, 1983), 172쪽.

박정희와 '한강의 기적'-1차5개년계획과 무역입국

산업 개발이 쉽게 가능하다면서 수출제일주의 정책을 건의했다는 것이다. 박 의장은 이 새 전략에 매우 고무되어 수출산업 발전을 위한 총력지원 정책을 채택할 것을 약속했다는 것이다.110) 또한 김인영 교수는 국가론자(Statist)들이 정부의 역할을 과장하는 것을 비판하면서 주요 경제정책 수립에서 국가의 주도보다 기업의 주도가 돋보였다고 주장했다.111) 수정안에 국가의 역할을 줄이고 민간기업의 자발적 경제활동을 권장하는 방향으로의 정책전환이 투영되었다는 평가도 있다.112) 물론 박정희가 기업가들의 요청을 받아들인 측면도 있을 것이며 정경유착의 관점에서 보면 박정희와 대기업가는 불가분리의 일체라고 간주할 수도 있다.113) 정부는 수출산업 기업인들의 수출진흥을 위한 요구라면 거의 다 들어주었다고 한다.114) 또한 박정희가 국내외 시장의 요구에 순응한 측면도 무시할 수 없을 것이다. 그러나 만약 윤보선이나 김대중이었다면 그렇게 강력하게 드라이브를 걸지 못하고 사회세력과 기업가를 보다 더 의식하고 분배를 고려하는 완만한 균형적 성장을 꾀했을 가능성이 높으며 박정희와 같이 단기간에 고도성장을 달성하지는 못했을 가능성이 크다.

---

110) 전국경제인연합회, 『전경련20년사』(서울: 전국경제인연합회, 1983), 178쪽; Jae Jean Suh, "The Big Capitalist Class Formation in South Korea: Its Superstructural Derivation and Differential Power Leverage", ph. D. dissertation, Department of Sociology, University of Hawaii at Manoa, 1988, p.124; 서재진, 『한국의 자본가계급』(서울: 나남, 1991), 84쪽.

111) 김인영, 『한국의 경제성장: 국가주도론과 기업주도론』(서울: 자유기업센터, 1998), 8쪽, 209~213쪽.

112) 류상영, 「박정희정권의 산업화전략 선택과 국제정치경제적 맥락」, 『한국정치학회보』 제30집 1호, 1996, 166쪽.

113) 서재진 박사는 박정희 정권이 1964년 이후부터 채택한 수출주도발전전략은 기본적으로 대기업주도전략이라고 평가했다. 서재진, 『한국의 자본가 계급』 (서울: 나남, 1991), 218쪽. 이런 맥락에서 정경유착도 이해될 수 있을 것이다.

114) 서재진, 앞의 책, 85쪽.

그랬다면 물론 이후의 역사가 고도성장의 후유증에 시달릴 가능성은 적어지지만 말이다. 분배냐 성장이냐 양자택일의 단계에서 박정희는 분배를 어느 정도 희생하면서까지 성장을 선택했던 것이다.

박정희와 '한강의 기적'-1차5개년계획과 무역입국

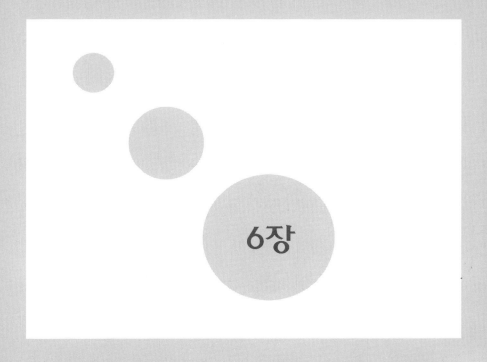

6장

수출드라이브 추진

1 수출지상주의 출현과정

　'자립화정책'은 후술하는 대로 한일회담을 본격적으로 추진하는 1964년 이후 반대 방향인 외향적 개방방식인 '개방정책'으로 전환될 조짐을 보여 결과적으로는 재정조달 면에서 외자의존형 모델을 채용하게 만들었던 것이다. 정부주도의 경제자립화를 포기하면서 경제개발에서 민간기업의 주도권을 보장하고 개방체제를 지향해 외국자본을 적극적으로 도입하는 정책으로 전환하였던 것이다.1) 제철 등의 기초적 생산재 공업을 육성해 자립적인 공업화를 추진하려던 방향은 1963년까지의 경제정책이 실패하고, 미국이 이러한 경제성장방침에 대해 압력을 가해오자 한국 정부는 1964년 미국 고문관과 협의해 그 자문을 받았지만 상대적으로는 독자적인 판단에 의거해2) 보

---

1) 정윤형, 「개방체제로의 이행과 1960년대 경제개발의 성격」, 변형윤 외, 『한국 사회의 재인식 1: 경제개발에 따른 정치·경제·사회의 구조변화』(서울: 한울, 1985), 94쪽; 이대근, 『한국경제의 구조와 전개』, 창작사, 1987, 172쪽. 1964년 5월 3일의 환율인상에 이은 1965년 3월 22일의 단일변동환율제 실시, 1965년 2월 20일 한일협정 타결에 의한 대일청구권자금의 확보와, 1966년 3월 24일의 한미무역협정, 1965년 1월 8일 비전투병력 2,000명 파월에 이은 1966년 2월 2일 한미 간의 파월증파조건 회의록 서명(브라운 각서), 1967년 네가티브 리스트 시스템 채택, 1966년의 외자도입법 제정 등 일련의 조치들은 개방체제 지향을 위한 정책의 표출이었다. 또한 1962년 말 소요외자 조달란으로 공사 중단 상태에 빠졌던 울산정유공장 건설계획이 1963년 들어 미국 걸프(Gulf) 측의 주식투자 허용(전체의 25% 출자) 및 2천만 달러의 장기차관 허용 등을 통해 재개되었다. 이 사업은 정부의 외자도입정책의 전환을 가져온 일대 계기였다.

완정책을 작성했는데 이로써 외연적 성장을 위주로 한 외자의존형 성장정책으로 전환될 조짐이 보였던 것이다.

수출진흥위원회 회의를 주재하는 김현철 내각 수반. 아직 박정희 장군이 주도하지는 않았다.(1963. 4. 26)

2) 미국의 자문에 의지했으므로 절대적으로 독자성을 가지고 있었던 것은 아니었으나 절대적으로 종속적인 것도 아니었으므로 상대적 독자성(구조주의자들의 '상대적 자율성'[relative autonomy] 개념을 그 구조적 맥락[토대에 대한 국가의 상대적 자율성]은 사상한 채 '말 그대로' 상대적으로 독자성을 가지고 있는 것으로 변형해 사용)을 가지고 있었다고 할 수 있다. 박동철 박사는 다음과 같이 기술하고 있다. "그런데 제국주의(미국)의 압력은 자본주의적 발전을 일방적으로 촉진하거나 저지하는 것이라기보다는 발전도상국의 자본주의 발전의 구조 형성에 영향을 미치는 것이다. 따라서 국가권력(5·16정군)이 제국주의[미국; 인용자]의 압력에 일방적으로 수동적이었다기보다는 그러한 압력을 일정한 정도로 (선택적으로) 수용하면서도, 전체적으로는 그것을 급속한 자본주의적 발전이라는 과제 속에 포섭시켰다는 점이 중요하다. 제국주의의 압력은 국가권력의 정책 내용을 일부 변경시키거나 촉진시키는 계기는 되었을망정 그 방향과 내용을 궁극적으로 규정하는 것은 아니다." 박동철, 「한국에서 '국가주도적' 자본주의 발전방식의 형성 과정」, 서울대학교 경제학과 박사학위논문, 1993, 114~115쪽. 그는 사적 자본이나 미국의 요구를 수용하는 방향으로 1차계획의 수정이 이루어졌지만 자본이나 미국의 요구가 근본적이고 직접적인 원인은 아니었고 1962~1964년간 국내경제사정의 악화에서 긴축정책을 통한 인플레이션의 억제와 수출 확대라는 처방이 나왔다고 주장했다.

박정희와 '한강의 기적'-1차5개년계획과 무역입국

수정안의 경제개발계획 기본 목표 중 하나가 '자립경제의 달성을 위한 기반구축'이므로 자립적 공업화 전략을 전적으로 포기하지 않았으며 수출드라이브를 본격적으로 걸지 않았다고 해석할 수 있다. 후일의 역사와 연결시켜 보다 거시적으로 해석하면 보완계획의 작성과정에서 수출지향적공업화정책의 맹아가 생겼다고 할 수 있다.[3] 보완계획에 수출지향적공업화 전략이 명시적으로 표출되었던 것은 아니고 맹아적 형태로 나왔다는 것이다.

　　보완계획은 향후의 한국경제가 수출주도로 가는 '전조'였을 뿐이다.[4] 경제기획원, 『제1차경제개발5개년계획 보완계획』(경제기획원, 1964년 2월), 17쪽에도 "개발계획 수행상의 전제가 되는 경제안정을 위협하는 중요한 원인의 하나가 외환부족이라는 사정에 비추어 적극적으로 외환을 확보하는 동시에 소극적으로 외환사용의 절약

---

3) 木宮正史, 앞의 글, 159~160, 167쪽. 위 논자에 의하면 수출지향적공업화 전략은 박희범식 내포적 공업화전략과의 정책적 경합 하에 선택된 것이 아니라 내포적 공업화의 좌절 끝에 잔여적 선택지로 채택되었다는 것이다. 수출지향적 공업화전략은 박희범식 내포적 공업화전략이 좌절된 후의 남은 유일한 대안이어서 적극적 선택이 아닌 어쩔 수 없는 선택을 했다는 설명이다.

4) 수입대체적 성격이 강한 중화학공업을 건설하면서 다른 한편으로는 경공업 부문은 수출지향적으로 육성한다는 수정안 내용은 원안과 크게 달라진 것은 아니었다. 보완계획을 원안과 비교할 때 전체적인 발전 계획에 큰 변화는 없으나 중화학공업 및 대규모 기간산업 건설이 현저히 축소되고, 외자의 필요성이 상대적으로 강조되어 산업정책의 초점이 수출지향적인 방향에 집중되면서 제조업 및 사회간접자본 중심의 공업화 정책이 강화되었다고 할 수 있다. 원안의 중화학공업 수입대체가 수정안에서 완전히 포기된 것은 아니었으나, 상대적으로 보면 수입대체산업화와 수출지향 중에서 후자가 더 강조된 것은 어느 정도 사실이다. 수정안 방향은 노동집약적인 경공업이나 수공업 등 가공산업부문을 수출산업으로 육성하며, 기존 국내 산업 중 국제경쟁력이 강한 산업을 선정해 이를 수출산업으로 육성한다는 방안이었다. 수출산업 중에는 기본적으로 소비재 수출을 지향했다. 박동철, 「한국에서 '국가주도적' 자본주의 발전방식의 형성 과정」, 서울대학교 경제학과 박사학위논문, 1993, 118~119쪽, 121쪽.

을 위해서는 수출증대와 수입대체효과가 큰 사업을 육성이 필요하"다는 식으로 설명해 경제안정·외환부족 해결의 소극적 방책 차원에서 수출증대를 다루고 있다. 단지 경제기획원, 『제1차경제개발5개년계획 보완계획』(경제기획원, 1964년 2월), 16쪽에는 "수출증대와 특히 수입대체효과가 큰 사업을 선정하여 중점적으로 투자한다"든가 45쪽에 "보완계획에서는 1963년부터 1966년까지 점증적인 수출증가를 계획하였다"했으며 "수입대체산업에 편중되어온 투자 방향을 수출산업위주로 전환한다"는 표현을 사용했다. 또한 45~46쪽에는 이전의 문서에서는 별로 사용되지 않았던 "수출산업" 내지는 "수출산업으로 육성"이라는 표현이 여러 번 등장했다. 획기적인 수출증가가 아닌 점증적인 수출증가라는 면에서는 수출드라이브로의 전환 조짐이 별로 없는 것처럼 보이지만 수입대체를 포기하고 수출산업위주로 전환하는 것은 수출드라이브로의 전환 조짐이 희미하나마 보이기 시작하는 것으로 간주할 수 있다. 수출산업이라는 표현의 사용도 드라이브의 약한 징표라고 할 수 있다. 56쪽에 "수출산업의 증대를 위해 국내수출 산업을 적극육성하고 수출보상제도를 개선하며 수출규모의 확대에 따라 무역금융 규모를 확대한다. 이에 더하여 수출진흥을 위해 행정력을 강화하고 해외시장을 개척하는 한편 경제외교를 강화한다"는 표현이 등장하므로 행정력을 총동원한 본격적인 수출드라이브의 전조라고 평가할 만하다. 42쪽에도 "수출증진에 총력을 경주"한다는 표현이 나왔다. 이제 정책기조가 자립화 내지는 수입대체로부터 벗어나려는 기미가 보이기 시작한 것이라고 평가할 수 있다. 그런데 1964년 후반기 이후에 나타나는 강한 드라이브는 아직 걸리지 않았다고 평가할 수 있다. 한 언론사의 최근 평가에 의하면 수정안 작성 당시에 수출제일주의가 대안으로 떠올랐다고 주장했지만5) 이것은 수정안에 아직 수출제1주의적 요소가 나오지 않고 있는 것을 간과한 평가라고 판단된다. (1964년 2월 수정안이 통과된 시점에서 나온 경제기획원의 계획안에는 이미 수출제1주의가 언급되고 있으며 그 이전부터 수출제1주의와 함께 수출진흥책이 추진되었다는 기록이 보인다.6) 그렇지만 수출제1주의가 경제개발의 가장 중심적인 목표의 하나로 언급되지는 않았다. 1964년 하반기 이후의 거의 모든 계획에서 수출이 가장 중심적인 목표로 언급되는 것과는 차이가 있다 할 것이다. 또한 1962년 상반기 수출실적이 2,226만 달러에 불과하며 목표에 미달하자 1962년 6월 4일 최고회의는 당면 목표달성을 위하여 수출진흥긴급대책위원회를 소위원회〔정식 특별위원회가 아님〕로 만들었다. 박태준 최고위원〔재경위원회 소속, 준장〕을 위원장으로 정재봉 대령, 권혁로 중령 등으로 구성된 이 소위원회는 1963년을 수출제1주의의 해로 만들었다.7) 이도 역시

---

5) 중앙일보 특별취재팀, 『실록 박정희』(서울: 중앙M&B, 1998), 129쪽.

6) 1964년 2월에 완성된 경제기획원의 『제1차경제개발5개년계획 제3년차(1964)계획 (최종)』의 63쪽에 의하면 "수출은 1963년에도 전년보다 50% 增인 85.3백만 불(결제기준)에 달하여 급격한 성장을 기록한 바 있으나 제3차년도에도 계속 수출진흥에 주력함으로써 1963년보다 23%의 증가를 보일 것이다. 수출제1주의를 지향한 정부의 강력한 지원정책과 안정기조의 조성은 민간의 수출의욕을 크게 자극할 것이다"는 구절이 나온다. 그런데 위 책의 65쪽에는 "안정기조를 저해하지 않은 범위 내에서 최대한의 성장을 이룩하기 위해서는 대외경제의 균형을 유지하면서 투자 및 원자재수입수요를 위한 외환을 확보할 것을 요청한다. 이러한 외환수입의 확보는 수출을 주축으로 하여 이루어지는 것이므로 제3차 연도에도 계속 수출진흥에 총력을 경주한다. 이때까지 정부는 수출제일주의를 지향하고 적극적인 수출진흥책을 실시함으로써 수출을 증진시켜 즉 2차 연도에는 계획을 3.4백만 불을 초과하는 85.3백만 불(결제기준)의 수출실적을 시현하였"다고 평가했다. 따라서 이때의 수출제일주의는 외환의 확보를 위한 것으로서 1960년대 후반의 '수출을 위한 수출지상주의'와는 그 기조면에서 차이가 있는 것으로 볼 수 있다. 전자의 것은 '경제안정'을 위한 것이라면 후자의 것은 '팽창'을 위한 것이다. 앞 계획의 원안인 『제1차경제개발5개년계획 제3년차(1964)계획 (최초)』(서울: 경제기획원, 1963년 8월), 45쪽과 47쪽에도 수출제일주의가 언급되는데 역시 '외환수입의 확보'를 위한 수출제일주의였다.

1964년 하반기 이후의 분위기와는 다른 단지 수출목표달성을 위한 낮은 차원의 '소'위원회 주장에 불과한 것이었다.)

1차계획의 원안은 수출지향적공업화를 명시적으로 지향한 것은 아니었으나 결과적으로 1차산업의 생산물과 합판 등 민간기업들의 단순 가공품 수출[8]이 예상 밖으로 급속히 목표치를 상회[9]하였기

---

7) 『한국군사혁명사』 제1집(상), 492~495쪽.

8) 제1차 경제개발5개년계획 평가교수단, 『제1차 경제개발5개년계획 중간평가』 (제1차 경제개발5개년계획 평가교수단, 1965), 401~402쪽에는 합판 등의 수출로 수출실적 1위를 기록한 천우사의 성공사례가 다루어지고 있기까지 하다. 김입삼 전경련 상임고문의 주장에 의하면 박정희는 천우사의 전택보 사장(최초의 수출왕)에게 수출주도발전전략의 가르침을 받았다고 한다. 김입삼, 『초근목피에서 선진국으로의 증언』(서울: 한국경제신문, 2003), 58쪽. 박충훈, 『貳堂回顧錄』(서울: 박영사, 1988), 78쪽에 의하면 보세가공무역이 훗날 공산품 수출로 이어지게 되었으니 보세무역은 수출진흥에서 개척자이며, 전택보는 보세가공의 시조라고 불러도 무방할 정도로 큰 기여를 한 사람이라고 평가되었다. 그는 허정과도정부에서 상공부 장관을 역임했으며 경제인연합회 부회장, 대한상공회의소 회장, 한국보세가공품수출협회장, 천우사, 대성목재, 삼익선박, 대한선박회사 사장을 역임했고, 1-2-3-4회 수출의 날에 각각 산업훈장과 수출최고상을 받는 등 경제계와 수출업계에서 두드러진 활약과 업적을 남겼다. 전택보, 「全澤珤」, 한국일보사 편, 『재계회고』 8: 역대경제부처장관편 II, 한국일보사, 1981, 239쪽. 김입삼의 평가에 의하면 수출주도형 발전전략을 고안해 낸 것은 박정희가 아니라 기업가였으며 이러한 '기업가 혁명'(Revolution of Entrepreneur)시대는 장면 정부에서부터 열렸다는 것이다. 김입삼, 「증언 김입삼 전경련 상임고문의 경제개발 비사」, 『월간조선』 1999년 4월, 404~405쪽. 기업가의 입장에서 보면 정치가는 단지 도와주는 등의 보조역할을 하거나 오히려 방해하는 존재로밖에 보이지 않을지 몰라도 당시 대안들을 선택하고 강력한 힘을 실어준 데에는 리더십의 역할이 결코 과소평가될 수 없다. 기업가들의 사익을 공익의 차원에서 조정하면서 리더십을 발휘한 정치가의 역할은 정당하게 평가되어야 한다는 것이 필자의 주장이다. 기업가의 좋은 건의나 교시를 최고 지도자는 수 없이 많이 받았을 것이다. 그런데 이를 강력하게 실천에 옮기지 못한 정치가들을 우리는 많이 목격했다. 따라서 수출드라이브나 경제개발의 추진과 같은 것은 박정희가 아닌 장면도 할 수 있었다는 편승론은 재검토되어야 할 것으로 판단된다. 후술하는 바와 같이 실제로 1960년대 후반의 신민당은 경제개발계획에 대해 고의적 폄하와 대안이 부족한 비판을 하기도 했다.

박정희와 '한강의 기적'-1차5개년계획과 무역입국

때문에 보완계획의 작성시점에 수출지향적 목표가 맹아적 형태나마 일정부분 반영된 것이었다. 일본이 예상보다 빨리 경제성장을 이룩하자 일본의 후방기지로 한국의 보세가공 등에 치중한 산업화가 세계경제의 분업구조 속에서 추진될 수 있었다.[10] 5·16 이전에는 불과 2~3천만 달러에 미달하던 수출실적이 1962년에는 5,700만 달러로 1963년에는 8,300만 달러에 이르렀다.[11] 1963년에는 공업제품 수출이 32.4%로 수위를 차지했으며(단순 가공품 합판이 최대의 수출품으로 등장) 비식용원료 30.4%, 식료품 및 생동물이 20.6%로 점차 비중이 저하되었다.[12] 따라서 1963년 상반기에 이미 1차산업 생산물의 수출이 둔화되고 공산품의 수출이 증대되기 시작하는 추세를 보이자 이때부터 공산품 수출위주 방향으로의 전

---

9) 조순, 『한국경제개조론』(서울: 다산출판사, 1994), 46쪽.

10) 대만과 한국의 산업화 성공과 라틴아메리카의 실패는 일본의 존재에 기인했던 측면이 있다.

11) 박정희, 「대통령연두교서」 1964년 1월 10일, 『박정희대통령연설문집』 제1집(서울: 대통령비서실, 1965), 32쪽. 이 교서에서 박정희는 상품수출의 구조면에서 50% 이상이 공산품이라고 평가했다.

12) 오원철, 앞의 책; 이근미, 앞의 글, 540~541쪽. 1962년에는 총 수출액의 75%가 천연물(비식용원료 51%, 식료품 및 생동물이 21.9%; 그런데 경제기획원, 『제1차경제개발5개년계획보완계획』(서울: 경제기획원, 1964년 2월), 136쪽에 의하면 1962년 수출 실적이 식료품 2,190만 달러, 비식용원료 1,940만 달러[단위가 십만 달러로 나와 있는데 이는 백만 달러의 오식임]로 나와 있는데 집계가 완료되지 않은 시점에서 나온 오류인 것으로 추정된다. 같은 책의 1963년 이후 계획치가 모두 비식용원료 비중이 식료품보다 높게 책정되어 있는데 이는 1962년 실적치가 잘못 산정되어 있음을 추정케 하는 하나의 방증자료가 된다. 원안인 대한민국정부, 『제1차경제개발5개년계획: <1962~1966>』(서울: 대한민국정부, 1962년 1월), 76~77쪽에서도 1960년 기준 연도[비식용원재료 50%, 식료품 31.1%]를 포함해 계획 연도 모두 비식용원료의 비중이 높은 것도 오류를 방증한다)이었으며 공업제품은 27%였다. 1964년에는 공산품이 51.7%의 비중을 기록했다. 제1차 경제개발5개년계획 평가교수단, 『제1차 경제개발5개년계획 중간평가』(서울: 제1차 경제개발5개년계획 평가교수단, 1965), 395쪽.

환 조짐이 보였으며 1964년 2월의 수정안에도 일정 부분 반영되기 시작했던 것이다. 1963년도 시정방침 경제정책의 12번째 항목에 "수출산업은 외자도입에 있어서의 諸制限을 배제할 것이고, 現有산업을 수출산업으로 전환할 것을 적극 조성할 것이며, 원료수출을 제한하고 가급적 제품수출로 전환"하자고 나와 있다.13) 물론 아직 수출지상주의적 전환은 나타나지 않았는데 1963년의 시정방침에 나온 수출에 대한 장려도 수입억제와 외환수급의 적정이라는 소극적인 차원과 연결시켜 언급한 것이었다. 수출드라이브는 1965년 한일회담 타결을 전후한 시기에 본격적으로 가동되었던 것으로 추정된다. 박정희가 이후 자주 사용했던 개념인 '수출입국'을 명확히 한것은 1962년 제1차경제개발계획5개년계획의 시작 시점이 아니라 1964년 후반 이후였다. 1961년 5·16 쿠데타 시 발표된 혁명공약에는 국가자주경제재건에 총력을 다한다는 표현은 있을 뿐 수출에 대한 언급은 당연히 전혀 없었으며 1962년과 1963년의 여러 연설들14)에도 수출에 대한 강조는 별로 나오지 않고 있었다.15) 1960년대 초기의 수출지원정책은 1950년대 후반의 각종 지원정책을 정

---

13) 박정희, 「1963년도 시정방침 연설」 1963년 1월 5일, 『국가재전최고회의의장대통령권한대행 박정희장군담화집』(서울: 대통령비서실, 1965), 365~366쪽. 이에 비해 전술한 중농정책은 훨씬 앞서는 5번째 항목이었다.

14) 『국가재건최고회의의장대통령권한대행박정희장군담화문집』, 1961년 7월~ 1963년 12월(서울: 대통령비서실, 1965), 604~605쪽.

15) 1962년 3월 5일과 20일에 수출진흥법이 의결-공포되었으며 일본의 JETRO의 모델을 따라서 1962년 대한무역진흥공사(KOTRA)가 만들어 졌을 뿐이다. 1962년의 계획에 의하면 수출진흥공사가 건립될 예정이었다. 공보부 편, 『경제개발 5개년계획수행을 위한 1962년도 정부주요사업계획』(서울: 공보부, 1962년 3월), 68쪽. 한편 대통령령 제1199호(1956년 12월 17일)로 「수출장려보조금 교부규칙」이 제정되었으나 보조금 교부 실적이 없었는데 군사정부에 들어와서 교부를 시도했다. 「수출장려금 교부」 1961년 9월 18일, 『한국경제정책 반세기 정책자료집』(서울: 한국개발연구원, 1995), 209쪽.

박정희와 '한강의 기적'-1차5개년계획과 무역입국

비 내지는 강화하는 수준에 머물러 있었을 뿐이다.16) 그러다가 1964년 6월의 수출진흥종합시책 마련(후술함) 후인 10월 5일 박정희는 자립경제의 기초를 확립하는 제1과제가 바로 수출진흥을 통한 외화의 획득이며 경제시책의 중요한 목표를 '수출제1주의'로 삼고 있다고 역설했다.17) 수출지원정책 중 1950년대부터 존속되어 왔던 지원정책을 제외하면 대부분의 것들이 1964년과 1965년에 새로 추가된 것이다.18)

---

16) 정원훈, 「수출제1주의와 수입대체산업(1961~66년)」, 전국경제인연합회 편, 『한국경제정책40년사』(서울: 전국경제인연합회, 1986), 395쪽. 이 글 394쪽에서 필자는 1차계획은 '수입대체산업의 육성으로 외화자금의 절약'을 강조했다고 평가했다. 김낙년 교수는 한국의 60년대 대외지향적 공업화의 추구가 수입대체산업화의 지향을 배제한 것은 아니라고 주장했다. 수입대체전략이 크게 부각되는 것은 중화학공업을 수입대체하려고 하는 70년대의 중화학공업화기라고 할 수 있지만 60년대의 경제과정에도 적지 않은 영향을 미쳤다고 할 수 있다는 것이다. 1960년대 후반 각종 공업육성법의 시행에서도 중화학공업의 수입대체적 지향이 확인된다. 즉 대외지향성과 수입대체지향성은 착종 내지는 혼재해 있다는 평가이다. 또한 1950년대 말 이후 원조의 급속한 감소가 원조에 의존해 형성된 대외경제체제를 더 이상 지속할 수 없게 하였으며 시행착오를 통한 학습과정을 거쳐 귀결된 것이 환율의 현실화, 수출지원 및 외자도입 정책(즉 수출드라이브 정책)이었던 것이다. 김낙년, 「1960년대 한국의 공업화와 그 특징」, 한국정신문화연구원 현대사연구소 편, 『한국전쟁후 사회변동 연구』, 제4회 국내학술회의, 1998년 10월 16일, 172쪽, 185쪽. 박동철 선생도 5·16정권 초기에는 수입대체정책과 수출진흥정책이 착종되어 있었다고 주장했다. 박동철, 「1960년대 기업집단의 형성과 구조」, 한국정신문화연구원 현대사연구소 편, 『한국전쟁후 사회변동 연구』, 제4회 국내학술회의, 1998년 10월 16일, 249쪽.

17) 박정희, 「무역진흥공사 수출센터 국내전시관에 상시 게시할 메시지」, 1964년 10월 5일, 『박정희대통령연설문집』(서울: 대통령비서실, 1965), 227쪽.

18) A. Krueger, 『무역—외원과 경제발전』(서울: 한국개발연구원, 1980), 110쪽의 표 3-3. 이에 대해 장하원 선생은 수출에 대한 지원은 1950년대부터 존재해 왔음을 부각했다. 장하원, 「1960년대 한국의 개발전략과 산업정책의 형성」, 한국정신문화연구원 현대사연구소 편, 『한국전쟁후 사회변동 연구』, 215쪽.

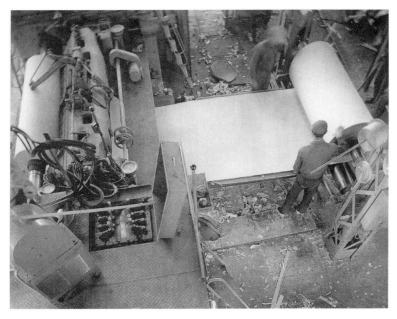

대표적 보세업체인 부산 성창기업 베니아 합판 생산공장(1965. 4. 19)

박정희와 '한강의 기적'−1차5개년계획과 무역입국

민정 첫해였던 1964년 전반기는 어떻게 보면 초기의 혼란과 시련이 많았던 시기였다. 이를 진정시킨 후인 1964년 후반기, 1965년 초에 가서야 수출지상주의의 깃발을 확고하게 세울 수 있었던 것이다. 박정희는 1965년 연두교서에서 '증산·수출·건설'이라는 구호를 내걸면서 2차대전 직후 영국 처칠 수상의 '수출 아니면 죽음'이라는 다소 극단적인 호소를 인용했던 것이다.[19] 1964년의 연두교서에서는 "정부가 수출진흥에 최대의 노력을 경주하고자" 한다고 언급했지만 외환보유수준을 유지하기 위한 소극적 방책의 일환으로 제기된 구호였으므로[20] 1965년 연두교서의 적극적인 수출증대와는 차이가 있는 것이었다. 1차계획의 기간 중 1962년[21]을 제외하고는 1963년부터 수출 목표를 초과 달성했으며 1965년 당시 1억 7천만 달러의 수출을 달성했다.[22] 이에 박정희는 수출 1억 달러 달성 기

19) 박정희, 「증산·수출·건설: 1965년도 대통령 연두교서」, 1965년 1월 16일, 박정희, 『조국근대화의 지표: 박정희대통령 주요연설문집』(서울: 고려서적, 1967), 127쪽, 133쪽; 박정희, 『박정희대통령연설문집』 제2집, 대통령비서실, 1966, 31쪽. "수출이냐 죽음이냐"라는 말은 국민경제의 운명이 수출에 달려 있다는 뜻이다. 임익순, 「수출확대와 자립경제」, 『한국경제발전의 이론과 현실』, 제5집: 수출-통상편(내각기획조정실, 1970), 291~292쪽.

20) 박정희, 「대통령연두교서」 1964년 1월 10일, 『박정희대통령연설문집』 제1집(서울: 대통령비서실, 1965), 34쪽.

21) 1962년부터 '수출목표제도'가 처음으로 도입되기는 했다. 『한국 경제-사회의 근대화』, 151쪽; 김광석, 『한국공업화패턴과 그 요인』(서울: 한국개발연구원, 1980), 31쪽; 상공부장관, 「수출진흥 5개년계획목표달성을 위한 담화」, 『한국군사혁명사』 제1집, 하(국가재건최고회의한국군사혁명사편찬위원회, 1963), 98쪽.

22) 수출은 경제력의 대외지표가 되는 것으로서 계획기간 중 가장 성공된 부문의 하나였다. 1965년에는 연차계획목표를 170백만 달러로 책정했으며 1966년에 달성할 총수출량 계획치를 1965년에 이미 1년 앞당겨 초과달성했다. 이러한 양적 확대뿐만 아니라 그 구조면에서도 공산품의 비중이 12%에서 1964년에는 52%로 증가했다. 이와 같이 농수산물 등 특산물의 수출보다 비전통적 상품의 수출이 증대한 것은 공업력이 국제경쟁에서 증강되고 있음을 표시하는 것이라고 평가했다. 제1차경제개발5개년계획평가교수단 편, 『제1차경제개발5개년계획 중간평가』(서울: 기획조정실, 1965), 발간사와 8쪽.

념으로 1964년 12월 5일을 수출의 날로 제정했다.23) 1965년 이후 수출주도형 개발정책이 본격 수행되는 과정에서 수출에 대한 맹신이 싹텄으며 '수출은 성장의 엔진', '수출만이 살 길'이라는 사생결단적인 구호가 등장했다. 과연 1965년경부터 수출에 대한 강력한 드라이브가 본격적으로 걸렸다고 할 수 있다.

대한무역진흥공사가 주관한 제1회 수출의 날 기념식(1964. 12. 5)

---

23) 박정희, 「제1회 수출의 날 치사」, 1964년 12월 5일, 『박정희대통령연설문집』(서울: 대통령비서실, 1965), 234~235쪽. 1964년 11월 30일 수출액이 1억 달러를 초과한 1억 1백39만 2천 달러에 이르렀다. 이근미, 앞의 글, 547쪽. 이에 따라 수출의 날이 2회부터 12월 5일에서 11월 30일로 변경되었으며 1987년 24회부터 무역의 날로 개칭되었다. 12월 5일은 현재 국민교육헌장선포기념일임.

박정희와 '한강의 기적'-1차5개년계획과 무역입국

정부행사로 자리잡아 그 규모가 커진 제2회 수출의 날 기념식. 박정희 대통령의 모습과 단상 우측의 '증산하여 수출하고 수출하여 건설하자'는 표어가 이채롭다.(1965. 11. 30)

미국은 미 달러화에 대한 원화의 환율을 현실화할 것(인상: 원화의 50% 평가 절하)을 집요하게 요구했다.24) 이에 직면한 한국 정부는 1964년 5월 3일 공정환율을 1달러당 130원 대에서 255원을 하한선으로 대폭 인상하여 순응했는데25) 이것이 수출증대로 나가는 하나의 계기가 되었다고는 할 수 있다.26) 고평가된 환율을 중심으

---

24) David C. Cole, "Foreign Assistant and Korean Development", David C. Cole & Youngil Lim & Paul W. Kuznets, *The Korean Economy: Issues of Development* (Berkeley: Center for Korean Studies, University of California, Berkeley, 1980), p.23.

25) Stephan Haggard, Byung-Kook Kim, and Chung-In Moon, "The Transition to Export-Led Growth in South Korea: 1954~1966", *The Journal of Asian Studies*, Vol. 50, No. 4 (November 1991), p.864. 단일변동환율제는 실제로 1965년 3월 22일에 1달러 당 256원 53전을 시작으로 실시되었다.

26) 『한국 경제·사회의 근대화』, 150쪽; 김광석, 『한국공업화패턴과 그 요인』(서울: 한국개발연구원, 1980), 30쪽. 이 평가절상은 매우 큰 폭이기는 했지만 겨우 1961년의 실질환율수준으로 환원시킨 데 불과했다.

로 무역 및 외환의 제한·차별관세·저금리 등에 의지했던 이전의 정책으로는 수출보다는 수입 또는 수입대체산업이 유리해서 수출산업이 부진했던 것이다.27) 그런데 환율현실화 조치로 고환율 시대가 도래하자 수출만이 살 길이라는 판단을 할 수 있기 때문이다. 1964년 6월 24일 상공부는 수출진흥종합시책을 마련하여 1965년부터 시행했는데 이는 고환율을 초래한 "환율 및 외환제도의 개혁(1964. 5. 3)을 계기로 당초의 수출목표인 1억 5백만 달러를 1억 2천만 달러로 수정28)하는 한편, 무질서한 기존의 지원책을 지양하고, 수출능력육성, 수출구조 고도화 및 국제경쟁력의 강화 등 본격적이고 적극적인 수출드라이브를 전개"하기 위한 것이었다. 또한 이는 "항구적인 수출증대의 바탕을 마련하기 위해 수출진흥에 관련된 모든 지원대책을 동원"하기 위한 것이었다.29) 종합시책은 경제정책에 관한 한 모든 것에 앞서는 최우선·최상위의 자리에 있었다. 수출업체에는 조세나 금융상의 지원뿐만 아니라 외교와 정보수집 등 다방면의

---

27) 김정렴, 『한국경제정책30년사: 김정렴회고록』(서울: 중앙일보사, 1990), 114쪽. 노동과잉·자본부족이라는 한국의 요소부존상태에 적합한 기술과 생산방식을 채택해 노동집약재의 비교우위를 확보해서 수출증대를 도모하기 위해서는 환율과 금리의 현실화, 수입의 자유화, 관세인하 등 시장자유화 정책이 긴요했다는 것이다.

28) 1964년 12월 31일 10시경 1억 2천만 달러의 수출목표가 달성되었다. 수출대금이 1억 2천90만 달러가 입금된 것이다. 1차5개년계획이 끝나는 마지막 해인 1966년에 1억 1천7백50만 달러의 수출이 목표였다. 이근미, 앞의 글, 547쪽.

29) 「수출진흥종합시책」 1964년 6월 24일, 『한국경제 반세기 정책자료집』(서울: 한국개발연구원, 1995), 249쪽; 商工政策十年史編纂委員會 편, 『商工政策十年史』(서울: 商工政策十年史編纂委員會, 1969), 92쪽; 박충훈, 위의 책, 93쪽. 1965년 1월 19일 상공부는 '65년도 수출진흥종합시책'을 마련했다. 『한국 경제정책 40년사』, 1048쪽; 전철환·박경, 「경제개발과 정부주도 경제의 전개」, 박현채·한상진, 『해방40년의 재인식』 II(서울: 돌베개, 1986), 33쪽. 또한 수출진흥기금 운용제도가 만들어졌다. 「수출진흥기금 운용제도」 1964년 9월 16일, 『한국경제정책 반세기 정책자료집』(서울: 한국개발연구원, 1995), 251~252쪽.

박정희와 '한강의 기적'-1차5개년계획과 무역입국

편의를 유기적이고 종합적으로 제공하기에 이르렀다. 1965년을 시발로 매년 이러한 시책수립은 반복되었는데30) 상공부가 작성한 보고서에 의하면 1964년 이후 수출진흥을 위한 정책적 의의가 가미된 수출계획이 수립되어 「수출드라이브추진축」이 형성되기 시작했다고 평가되었다.31) 상공부는 그간 산만하게 시행되어 오던 제반 수출지원책을 1964년부터 통합 정리해 수출진흥종합시책을 수립함으로써 정책효과를 극대화하는 데 힘을 기울였던 것이다. 이 종합시책은 30여 년이 지난 현재의 시점에서도 수출지원정책의 하나의 전범이 되고 있다. 한편 박정희는 상공부 초도순시에서 수출의 애로점을 시정하기 위해 1965년 매월 수출진흥확대회의를 개최하도록 지시했다.32)

---

30) KOTRA, 『1965년도 수출진흥종합시책에 대한 업계의 반향』(서울: KOTRA, 1965). 박동철 선생은 1960년대 중반에 이르러서야 수출지향적공업화 및 '준개방체제로의 이행'이 본격적으로 추진된다고 주장했다. 1960년대 중반 이후 수출을 위한 생산(전자공업이 대표적인 예)이 이루어진다는 것이다. 박동철, 「1960년대 기업집단의 형성과 구조」, 한국정신문화연구원 현대사연구소 편, 『한국전쟁후 사회변동 연구』, 제4회 국내학술회의, 1998년 10월 16일, 249쪽.

31) 『貿易振興40年: 그 過程과 政策』(서울: 商工部, 1998년 12월), 187쪽.

32) 박충훈, 앞의 책, 94쪽; 정원훈, 「수출제1주의와 수입대체산업」, 전국경제인연합회 편, 『한국경제정책40년사』(서울: 전국경제인연합회, 1986), 395쪽, 402쪽. 이근미, 앞의 글, 548쪽에 의하면 제1회 회의는 국무총리(정일권)가 수출진흥회의라는 이름으로 중앙청에서 열렸으나 제2회 회의부터는 청와대 응접실에서 박정희가 수출진흥확대회의라는 이름으로 개최했다는 것인데 다소 부정확한 설명이다. 박정희는 1962년 12월부터 1979년 10월까지 거의 매월 수출진흥확대회의를 직접 주관했다. 다른 자료에 의하면 제1차 수출진흥회의는 총리의 주재로 총리실에서 1962년 12월 31일에 열렸다는 것이 확인되므로 이 회의가 1965년 처음 열린 것은 아니다. 국정홍보처 편, 『대한민국 정부 기록사진집』 제5권 (1961~1963), 국정홍보처, 2001, 492쪽; 홍원탁, 「수출주도형 성장과 개방」, 214쪽; 金潤根, 『朴正熙軍事政權の誕生: 韓國現代史の原點』(東京: 彩流社 1996), 224頁. 김정렴의 회고에 의하면 박정희는 청와대 비서실에 경제개발5개년계획 상황실을 마련하여 사업별 세부진도를 기록시켜 틈날 때마다 체크했다고 한다. 김정렴, 『한국경제정책30년사』(서울: 중앙일보사, 1991); 이근미, 앞의 글, 549쪽. 위 사진집, 495쪽, 497쪽에는 1963년 3월 7일 수출산업촉진위원회 발회식(반도호텔)과 4월 26일 수출진흥위원회 회의(김현철 총리실) 등이 눈에 띈다.

이외에 행정면에서의 지원책도 적극적으로 강구되었다.

1964년 중반부터 수출지향적 방향이 주체적 결단에 따라 독자적으로 추진되기 시작했는데 「성장엔진」으로서의 수출「드라이브」가 걸렸던 것이다.33) 당시는 '돌격내각'이라는 닉네임을 얻은 정일권 내각이었는데 저돌적인 추진력을 가진 장기영 부총리와 수출장관이라는 별명을 가진 박충훈 상공장관(차관은 김정렴) 등이 그 추진세력이었다. 박충훈은 1961년 8월부터 1963년 2월까지 상공부 차관을 역임한 후 바로 그해 8월까지 장관직을 수행했으며 1964년에 수출산업공단이사장을 역임했다. 1964년 5월 11일 경 상공부 장관에 재임명되어 박정희에게 임명장을 받는 자리에서 박충훈은 "수출만이 살 길입니다. 앞으로 우리나라는 나라 전체가 수출제일주의를 국가의 최중요 정책으로 삼고 매진해야 할 것입니다. 그러기 위해서는 대통령 각하께서 총사령관으로 진두지휘해 주셔야 할 것입니다"라고 말하자 박정희는 쾌히 응낙했다고 한다.34) 따라서 1964년 5~6월 즉 1964년 중반이 중요한 시기였다고 할 수 있다. 상공부가 구체적인 계획을 세우는 동안 1964년 11월 수출 1억 달러 달성이 이루어졌으며35) 결국 박정희는 1965년 신년사를 통해 본격적으로

---

33) 『貿易振興綜合施策』(서울: 商工部, 1998), 11쪽. 이 자료에 의하면 1964년부터 1968년 사이는 공업화의 「기반조성기」라는 것이다.

34) 박충훈, 『貳堂回顧錄』(서울: 박영사, 1988), 83쪽; 이근미, 앞의 글, 544쪽. 박충훈은 1967년 상공부 장관에서 부총리겸기획원장관으로 영전해 1969년까지 봉직했다. 1964년 박충훈에 의하면 상공부에서 독자적으로 수출3개년계획을 세웠다고 주장되었으나(박충훈, 위의 책, 93쪽) 수출진흥5개년계획이 이미 1962년에 성안되어 있었다. 상공부장관, 「수출진흥 5개년계획목표달성을 위한 담화」, 『한국군사혁명사』 제1집, 하(서울: 국가재건최고회의한국군사혁명사편찬위원회, 1963), 97~98쪽. 1961년 5월부터 8개월간의 수출산업공단이사장을 맡았던 적을 제외하고는 상공부 장·차관을 역임했으니 수출진흥계획에 계속 간여했다고는 할 수 있다.

35) 장관은 연간 수출 목표 기필달성 등 3대 시책목표를 내걸면서 대국적 견지에서 지휘 통솔했으며 이 시정목표를 달성하는 수단과 방법은 차관인 김정렴에

박정희와 '한강의 기적'-1차5개년계획과 무역입국

수출드라이브를 걸었다고 평가할 수 있다. 박충훈의 표현대로 상공부가 주관하는 수출드라이브의 총사령관은 박정희였으며36) 오원철의 표현대로 국시는 수출제일주의, 정책은 공업입국을 본격적으로 추진하기 시작했던 것이다.37) 사실 상공부는 1962년 3월 5일에 의결된 수출진흥법38)에 따라 해외시장개척을 전담하는 대한무역진흥공사(대한무역진흥공사법은 4월 24일 제정 공포39): 대한무역진흥공사는 수출시장 개척과 정보 수집에 큰 역할을 수행했다)를 설립했으며 수출진흥5개년계획을 1962년부터 수립해오고 있었던 것이다.40) 상공부가 이 작업을 주도했음에 비해 박정희는 적어도 1962년 중반의 시점에서는 이에 대해 별로 주목하지 않았다. 당시 국가재건최고회의에서 편찬한 『한국군사혁명사』의 자료편의 다른 항목에는 박정희 의장의 연설이 많이 소개되는 데 비해 무역(수출산업)진흥 항목에는 단 두 편의 자료가 소개되었으며 모두 상공부장관의 담화였다.41) 따라서 초기(1962~1963년)의 수출진흥은 거의 상공

게 전적으로 맡겨 주었다고 김정렴은 적고 있다. 김정렴, 『한국경제정책30년사: 김정렴회고록』(서울: 중앙일보사, 1990), 114쪽.

36) 박충훈, 앞의 책, 81쪽, 85쪽; 이근미, 앞의 글, 544~545쪽. 박충훈은 자신이 '수출엔진에 시동을 건 사람'(참모장) 정도로 평가했다.

37) 오원철, 앞의 책; 이근미, 앞의 글, 545쪽.

38) 이 법은 최고회의 재경위원회가 1962년 2월 28일 제안했으며 3월 5일 의결되었으며 3월 20일 법률 1,033호로 공포되었다. 『한국군사혁명사』제1집(상), 447쪽에는 공포 일자가 12월 20일로 나오나 같은 책의 제1집 하권의 97쪽과 570쪽에는 3월 20일로 나오므로 전자가 오기인 것이다.

39) 『한국군사혁명사』제1집, 상 , 447쪽; 『한국군사혁명사』제1집, 하, 97쪽, 570쪽.

40) 『貿易振興40年: 그 過程과 政策』(서울: 商工部, 1998년 12월), 185쪽에 의하면 수출5개년계획은 1956년에 처음 수립되었다는 것이다.

41) 상공부장관, 「수출진흥 5개년계획목표달성을 위한 담화」, 『한국군사혁명사』제1집, 하(서울: 국가재건최고회의한국군사혁명사편찬위원회, 1963), 97~98쪽; 상공부장관, 「1963년도 상반기수출장려보조금교부에 부치는 담화」, 『한국군사혁명사』제1집, 하(서울:국가재건최고회의한국군사혁명사편찬위원회, 1963),

부의 독자적 판단에 의해 이루어졌다고 할 수 있다.

환율의 현실화와 함께 1960년대 전반에는 각종 수출지원정책이 크게 강화되었다. 수출종합시책의 결과 기존의 수출진흥위원회가 개편되었다.42) 1964년부터 1965년까지의 기간에 그 후 10년에 걸쳐 실시된 대부분의 수출진흥책이 구축되어 수출유인체제가 완비되었으므로43) 이 시기가 수출드라이브를 거는 데 가장 중요한 始點이었다는 사실을 다시 한 번 확인할 수 있지 않을까 한다.

따라서 미국이 수출드라이브를 일방적으로 종용했다는 가설은 맞지 않는다. 오히려 한국의 정책당국자들은 일본의 산업화 과정에서 배웠다고 할 수 있다. 1964년 3월 한일회담 청구권 대표위원으로 참여했던 김정렴은 일본의 수출지향적 산업화에 감명을 받아 한국경제도 일본과 같이 수입대체 육성에 안주하지 말고 국제경쟁력을 강화하는 동시에 수출지향적공업화에 착수해야 한다는 보고서를 장기영(당시 한일회담의 비밀 막후교섭 담당; 1964년 5월 부총리 역임)에게 올렸다고 한다.44) 대한민국 상공부가 1964년 말에 수출주

98~99쪽.

42) 「수출진흥종합시책」 1964년 6월 24일, 『한국경제 반세기 정책자료집』(서울: 한국개발연구원, 1995), 251쪽. 또한 1964년 9월 2일 「수출산업공업단지 조성법안」이 국회를 통과했다. 『한국경제정책40년사』(서울: 전국경제인연합회, 1986), 1048쪽.

43) 『한국 경제-사회의 근대화』, 151쪽; 김광석, 『한국공업화패턴과 그 요인』(서울: 한국개발연구원, 1980), 32쪽. 1965년 7월에는 종합시책의 하나로 13개 업종을 수출특화산업으로 선정해 수출산업의 중점적 육성을 꾀했다. 생사-견직물-도자기-합판-의류 등 국제분업상 우리 실정에 맞는 것으로 국제수지 및 고용효과가 크고 다른 산업에의 파급효과가 큰 것을 골랐었다. 박충훈, 앞의 책, 95쪽.

44) 김정렴, 『한국경제정책30년: 김정렴회고록』, 109~110쪽. 그는 미국같이 광활하고 자원이 풍부한 나라에서는 수출에 신경을 쓰지 않아도 될 것이지만 일본은 그렇지 않으므로 정부주도 아래의 수출지향적공업화(중화학공업화)가 필수적이라고 평가했다.

박정희와 '한강의 기적'-1차5개년계획과 무역입국

도형 모델을 구체화할 때 모스트(Amicus Most)라는 미국 사업가
(그는 이 일을 하기 전에 AID의 자문역이었음)의 도움을 받았던 정
도일 뿐이다.45) 미국의 강권에 따라 재정안정화 정책을 시행할 때
한국 정부는 긴축정책을 통해 인플레이션을 억제시키는 조치를 취하
기도 했지만 실제로는 인플레이션 억제보다 수출증대에 더 주력했
다. 상공부는 경제안정을 위해 재정안정계획의 필요성은 인정하면서
도 수출확대에 더 주력했던 것이다.46) 1964년 말 미국의 AID는
1965년의 재정안정화 프로그램을 만들고 있었지만 상공부는 수출
증대 방안을 마련하고 있었던 것이다. 미국의 원조 감소에 따른 외
자도입의 부진과 국내의 열악한 저축상황에 직면한 박정희 정부는
수출과 외자유치가 유일한 해결책이라고 판단했다.47) 결론적으로
외향적인 수출지향적 산업화 전략은 박정희 정권이 적극적으로 선택
한 것이었다고 할 수 있다.48)

---

45) Amicus Most, Expanding Exports: A Case Study of the Korean Experience (Washington, D. C.: U.S. Agency for International Development, 1969); Stephan Haggard, Byung-Kook Kim, and Chung-In Moon, *op. cit.,* p.865. 이 글에서 수출진흥위원회 (Export Promotion Subcommittee)가 1965년 3월에 신설되었다고 적고 있지만 이 기구는 전술한 바와 같이 이미 1964년 6월의 시점에 존재하고 있었다. 이 기구는 민간기구였지만 한국이 매년 수출진흥을 계획할 때 중요한 역할을 행했다는 것이다.

46) 『국회상임위원회 회의록: 상공위원회』 45권 4호, 1964년 10월 6일; 『국회상임위원회 회의록: 상공위원회』 45권 8호, 1964년 11월 2일; 박동철, 「한국에서 '국가주도적' 자본주의 발전방식의 형성과정」, 서울대학교 경제학과 박사학위논문, 1993, 115쪽, 120쪽.

47) 유호열, 앞의 글, 87쪽, 97쪽.

48) 류상영, 「박정희정권의 산업화전략 선택과 국제정치경제적 맥락」, 『한국정치학회보』 제30집 1호(1996), 173쪽.

정일권 국무총리의 제주 시찰보고 중 정부3대목표 증산·수출·건설이 눈에 띈다.
(1965. 2. 23)

미국과 수출지향 전환

1차계획 수정은 민정 이양 스케줄(1963년 10월 15일 제5대 대
통령 선거)과 병행하여 이루어졌으므로 민정 이양과 계획 수정은 무
슨 관계가 있는지 의심할 여지가 있다.49) 전술한 바와 같이 미국은

49) 1963년 3월 16일에 발표된 박정희 의장의 군정연장선언(4년)에 대해 미국은 경
    제문제 특히 잉여농산물 원조를 주무기로 내세워 압력을 가해 4월 8일 이 선
    언의 번의를 유도해 냈다. 미국은 아주 극단적인 압력을 가했다. 케네디는 사
    신을 보내 항의했으며 국무부는 경제개발5개년계획 지원에 배정된 2천5백만
    달러의 지급을 보류시켰다. 이에 박정희는 대통령 출마를 전제로 군정연장을
    번복했다. 강성재, 「박정희에게 언성높인 「버거」 미 대사」, 『신동아』 1987년 1
    월, 333~337쪽. 1963년 1월 주한 미대사관은 박정희가 정치에서 완전히 물러

박정희와 '한강의 기적'―1차5개년계획과 무역입국

한국 군정의 민정 이양을 달성시키기 위해 원조를 지렛대로 삼아 1
차 계획을 수정케 했다는 것이다.

그런데 미국이 계획 수정을 권유하게 된 원인 중에서 민정 이양
보다 한일관계의 정상화가 더 중요하다는 주장도 있다. 일본의 대한
(對韓)진출 욕구를 한국의 경제개발과 결부시킴으로써 미국의 극동
에 대한 군사적 경제적 부담을 덜어 보려는 미국 대외정책의 소산이
바로 계획 수정을 하게 한 원동력이 되었던 것이다. 한일국교정상화
가 1차계획의 후반기에 더욱 적극적으로 추진되었던 사실에서 위와
같은 추측의 근거를 발견할 수 있다. 미국의 동북아에 대한 지역통
합전략은 한국의 경제개발과 연결되어 나오게 된 것이었다.

한국 정부는 미국과의 다소 불편한 관계 때문에 제1차경제개발5
개년계획 및 공업화에 필요한 미국 자본의 도입도 수월하지 않았다.
미국은 한일관계의 정상화를 종용하면서 미국의 자금줄을 봉쇄하는
작전을 구사했다. 결국 한국 정부가 대일 청구권 자금에 집착하게
된 배경에는 미국의 압력과 함께 내부적인 필요가 작용했던 것이다.
한국 정부 당국자들은 한일국교정상화를 통한 자금조달을 경제정체
와 불황에 대한 하나의 단기적인 타개책으로 인식했다. 미국은 2차
대전 후 한일국교회복을 일관되게 종용했다. 이승만은 친일파를 등
용하면서도 아이러니하게도 대일 외교에서는 초강경의 입장을 고수

나는 것이 가능하지도 바람직하지도 않다고 논평했다. 이때 미국은 김종필을
비롯한 소장파 장교들이 권력을 장악할 것에 우려했다. Stephan Haggard,
Byung-Kook Kim, and Chung-In Moon, *op. cit.,* pp.862~863. 군정연장선언은 물론
미국과의 사전 협의가 없이 이루어진 것이었으며 1961년 11월의 약속을 위반
하는 것이었다. 이상우, 「박정희와 미국, 그 갈등의 시말」, 『신동아』 1984년 10
월, 234쪽. 결국 미국은 박정희의 대통령 출마를 5월 하순 경 양해하게 되어 미
국의 민정 이양 추진은 민정으로의 환원이 아니라 현상유지정책으로서 박정
희의 '군복을 벗기고' 민간인 지도자로 그 역할만을 바꾸는 정책이었음이 판
명되었다. 김정기, 「「케네디, 5·16진압건의를 묵살: 5·16 당시 미 대사관문정
관 「그레고리 헨더슨」의 회고」, 『신동아』 1987년 5월, 231쪽.

하여 회담이 결렬될 수밖에 없었다. 또한 장면 정권도 여론에 반하는 국교정상화를 추진하려 하지 않았다. 따라서 이 과업은 제3공화국에서야 결말을 보았다.[50]

제1차경제개발5개년계획 기간 동안 지속된 외자의존적 발전전략을 수행하기 위해서는 미국의 경제원조에 대신한 새로운 자금원을 확보하는 것이 필요했는데 그것은 바로 일본자금의 동원이었다. 미국 또한 일본과의 관계 정상화를 계속 종용하고 있었다. 미국은 1950년대 이래 한일관계의 조기 화해를 도모할 필요도 있고 해서 한국에 대한 무상원조를 급격히 삭감시키면서 압력을 가했던 측면이 있다. 초기 미국의 지원은 대부분 무상원조(증여)형식이었다가 1959년 처음으로 미국으로부터 공공차관을 받기 시작했다. 1960년의 무상원조액은 2억 2천5백만 달러였으며 1962년 1억 6천5백만 달러에서 1963년 1억 1천9백만 달러로, 1964년에는 8천8백만 달러에서 급기야 한일협정이 체결된 1965년에는 7천1백만 달러로 줄어들었던 것이다.[51] 미국 AID 위원장 벨(David Bell)은 한국의 경제성장과 '새로운 경제 원조원'(일본을 암시함: 인용자)을 이유로

---

50) 이도성 편,『실록 박정희와 한일회담: 5·16에서 조인까지』(서울: 寒松, 1995), 32~33쪽.

51) 『합동연감』, 1967년판, 165쪽. 1950년대의 미국 원조 총액은 당시 달러 가격으로 약 24억 달러에 이르렀는데 1957년을 고비로 미국의 원조가 삭감되자 경기가 하강되었다. 1957년의 3.8억 달러에서 1958년의 3.2억 달러, 1959년의 2.2억 달러(거의 1억 달러나 감소), 1960년에는 2.4억 달러까지 떨어졌다. 한국은행 편,『경제통계연보』(서울: 한국은행, 1957~1961);『한국연감』, 1964년판, 579쪽. 그나마 무상원조 대신 유상의 공공차관으로 전환된 부분이 많았다. 미국은 한국에 대한 전후복구가 끝났다고 판단하여 1958년부터 대한원조를 감소시켰으며 일부 원조는 개발차관의 형식으로 도입하기 시작했다. 홍성유,『한국경제와 미국원조』(서울: 박영사, 1962), 297~301쪽. 결국 한국경제의 불황이 심화되었는데 GNP 성장률도 1957년의 7.7%에서 1958년 5.2%, 1959년 3.9% 그리고 1960년 2.1%로 급격히 낮아졌다. 한국은행 편,『한국의 국민소득』(서울: 한국은행, 1973).

박정희와 '한강의 기적'-1차5개년계획과 무역입국

한국에 대한 미국의 경제원조가 경감될 것이라고 말했다.52)

이러한 상황 속에서 당시 한국 정부는 경제계획을 추진하기 위해 적극적으로 차관을 도입할 것을 결정하고 1965년 한일국교정상화의 조치를 취해 일본으로부터의 차관 도입의 길을 열었다. 1966년 외자도입법을 제정해 외자에 대한 우대를 보장해 외자를 유치하는 법적 테두리를 마련했다. 정부의 장려에 호응해 기업들은 경쟁적으로 외자를 도입했다. 한국의 수출 드라이브 정착이 추진된 후 무상원조는 전부 개발 차관으로 바뀌었다. 1965년 일본과의 관계정상화와 수출지향적 경제 성장은 원조의 중요성을 감소시켰다.

데이비드 벨 초대 AID위원장의 예방을 받고 접견중인 박정희 의장
(1962. 12. 31)

이와 같은 맥락에서 수출지향형공업화 전략으로의 전환은 미국

---

52) Kwan Bong Kim, *The Korea-Japan Treaty Crisis and the Instability of the Korean Political System* (New York: Praeger, 1971), p.79.

의 무상원조 삭감과 한일국교정상화에 따른 대일 종속적 국제분업체제로의 재편입 때문에 이루어진 것이라고 설명할 수 있다. 종속이론가들은 한국의 선택이 세계정치경제의 구조변화에 따라 취할 수밖에 없었던 타율적 선택이었다고 주장한다. 그런데 필자가 보기에는 타율적 선택이었다는 해석보다는 수동적인 선택이었다는 해석에 더 설득력이 많다고 생각한다.53) 상대적 독자성을 확보하고 있었던 한국 정부는 미국의 간접적 압력을 의식해 상대적으로는 독자적인 방식으로 수출지향적공업화를 택했던 것이다. 1950년대와 1960년대의 당시 다른 저발전 국가들도 세계체제의 구조변화에 직면했으며54) 수출드라이브 전략보다는 수입대체적 공업화 전략을 택한 경우가 더 많았으므로55) 박정희 군사정부도 최초에는 이러한 방향을 선택했다. 선택의 여지가 없는 경우에나 타율적 선택이라고 하지 여러 가지 선택지를 가지고 선택하는 경우는 이렇게 볼 수는 없을 것이다. 따라서 당시 우리의 선택에 절대적인 주체성이나 능동성은 없었지만 상대적인 주체성과 능동성이 전혀 없었다고 할 수는 없다. 박정희 정권 초기에는 능동적으로 자립적 공업화 전략의 지속을 계획했다가 세계체제의 변화에 직면해 이를 수동적으로 버린 것이라고 할 수 있다. 수출지향적 산업화로 전환하는 과정에서 미국의 직접적인 압력이 있었던 것은 아니며 한국 지도자의 적극적 사고가 어느 정도56)

---

53) 타율적 선택이라는 용어는 미국의 직접적인 지배를 받고 있는 체제를 상정하며, 수동적인 선택이라는 용어는 미국의 간접적인 종용이나 자문과 간섭을 받고 있는 체제를 가정한다.

54) 우리의 경우는 여타 저발전 국가가 갖지 못했던 대일청구권자금의 확보라는 특수한 변수가 있었던 점도 다른 점이다.

55) 물론 라틴아메리카의 여러 국가들도 수입대체공업화가 완수된 시점에서 수출지향적산업화로 나아가게 되며 이 과정에서 관료적 권위주의가 등장하게 되었다.

56) 미국의 자문과 종용이 있었으므로 방향전환 모두가 다 적극적인 사고의 산물은 아니지만 한국 정부는 상대적 독자성을 가지고 일정 부분 독자적으로 결정

박정희와 '한강의 기적'-1차5개년계획과 무역입국

작용했다고 할 수 있다. 물론 자립적 공업화 전략을 포기하는 과정에서 한국 정부의 한계는 노출되어 미국에 대한 절대적 독자성은 확보하지 못했지만 이는 어쩔 수 없는 한계57)이며 상대적 독자성은 계속 향유할 수 있었던 것이다. 포기하는 과정에서는 한계가 노출되었지만 새로운 수출지향적 산업화를 선택하는 과정에서는 독자성을 확보했다고 할 것이다. 따라서 1차경제개발5개년계획의 최초입안은 상대적 독자성의 한계 내에서 행한 최대한도의 독자적인 결정이며 이의 포기는 비교적 독자성이 떨어지는 수동적인 결정이었고 새로운 대안으로서의 수출지향적 산업화로의 전환은 비교적 독자적인 결정이었다고 할 수 있다. 독자성의 정도면에서는 '최초입안' → '수출지향적 방향으로의 전환' → '1차계획의 수정' 순으로 독자성이 떨어지는 것으로 평가될 수 있다.

일본 도쿄 수상관저에서 열린 한일회담 조인식(1965. 6. 22)

했던 것이다. 이런 맥락에서 미국은 강요하거나 직접적인 지령을 내린 것은 아니었다고 평가될 수 있다.

57) 이 한계를 극복하려 한다면 세계체제를 벗어나 폐쇄경제체제(autarky)를 택할 수밖에 없다.

7장

결론

경제개발론자들이 다른 어떤 대안보다 선호하는 공업우선론은 수입대체산업우선론과 수출산업우선론으로 나눌 수 있다. 1950년대 공업화는 전자의 기조 위에서 추진되었으며 1960년대 초반 여러 시행착오와 우여곡절을 거쳐 1960년대 중반 이후에는 수출지향적 방향이 채택되었다. 본 연구에서는 1960년대 후반기의 수출지향적 산업화 전략이 나오게 되는 배경을 추적하였다.

계획 수정과 청구권 자금 등으로 외화부담 문제를 해소한 데다가 1965년과 1966년(1차계획 마지막 두 해)에는 수출이 급증했으므로 높은 경제성장의 가능성을 보여 주었다. 이 시기에 작성된 제2차경제개발5개년계획안에는 한국경제의 낙관적 전망이 기조를 이룰 수밖에 없었다. 1차계획보다 자료와 이론면에서의 뒷받침이 충실했던 2차계획은 연평균 성장률 9.7%에 달하는 등 더 성공을 거두었다.

1964년과 1965년에 경제자유화(시장자유화 정책) 시행[1]으로 계획개방체제로 확실하게 전환한 한국의 자본주의는 세계 역사상에서도 드문 고도성장을 실현했다. 1962~1966년간 원래 목표의

---

1) Edward S. Mason, Mahn Je Kim, Dwight H. Perkins, Kwang Suk Kim, and David C. Cole, et. al., *The Economic and Social Modernization of the Republic of Korea, Studies in the Modernization The Republic of Korea: 1945~1975* (Cambridge, Mass.: Harvard University Press, 1980); 『한국경제·사회의 근대화』(서울: 한국개발연구원, 1981), 473쪽. 1960년대 초기에 정부는 수입을 제한했다가 1967년에는 무역자유화(7월 25일 네거티브리스트 채택) 및 관세개혁(1968년과 1973년 양차에 걸쳐 구체적으로 시행)을 위한 일련의 조치를 단행했다. 김광석·M. 로머, 『성장과 구조전환』(서울: 한국개발연구원, 1979), 56~57쪽; 김광석·래리 E. 웨스트팔, 『한국의 외환·무역정책』(서울: 한국개발연구원, 1976), 95~104쪽. 1964년 환율과 금리의 현실화로 시장경제기능이 제고되기 시작했다.

7.1%(보완계획의 목표는 5.0%)보다 높은 8.5%(수정치 7.9%)의 성장을 달성했던 것이다.[2]

한일협정 설명회(1965. 6. 22)

경제개발에 관한 아이디어는 박정희 개인의 것은 아니었다. 박정희는 막연하게 "가난을 벗어나자"거나 "보릿고개를 넘어서자"는 생각을 가졌는데 이러한 생각들은 경제개발의 밑바탕이 되었을 뿐 5·16 직후부터 계획 수립 구상을 구체적으로 가지지는 않았다. 1950년대 후반 이후부터 경제개발계획안이 작성되었으며 특히 장면 정권하에서는 미국의 종용과 후원 아래 작성된 구체적인 안이 있었다. 1961년 5·16으로 정권을 잡은 혁명의 지도부 훈타(Junta)는 정권의 정통성을 높이고 미국의 원조를 효율적으로 관리하여 자주적인 경제체제를 구축하기 위해 장면 정권하에 추진되었던 경제발전계획을 더욱 강력하

2) 구범모, 「한국의 근대화에 대한 이론적 고찰」, 한국정신문화연구원 연구부 편, 『한국정치의 이론과 방법 시론: 한국의 정치와 경제 제10집』(성남: 한국정신문화연구원, 1997), 23쪽; 임정택, 앞의 글, 23쪽.

박정희와 '한강의 기적'-1차5개년계획과 무역입국

게 추진했다. 그렇다고 군사정부의 안이 민주당안을 그대로 답습한 것은 아니고 성장률(7.1%)에서 볼 수 있듯이 민주당안을 '성장' 위주로 재조정한 것이었다.

제1차 경제개발 5개년 계획 모형전시장(1962. 3. 20)

경제개발5개년계획 홍보관. 위 모습보다 세련되게 변했다. 4년의 성과가 느껴진다.(1966. 3. 30)

미국은 한국에서 공산혁명을 막고 안정을 이룩하기 위해 장기적 경제발전계획 수립과 집행을 한국 정부 당국자에게 1950년대 중반 이후부터 종용해 왔다. 미국은 성장지상주의 보다는 경제적 안정을 통한 점진적 발전을 원했다. 그런데 군사정부는 경제개발계획을 만들 때 장면 정부와는 달리 미국과 협의하지 않았으며 그 결과 안정 지향적인 장면 정부안보다 성장 지향적인 다소 자주적인 안을 성안 했다. 미국은 박정희 정권이 출범할 때부터 그 정권에 민족주의적 성격이 있다고 판단해 우려감을 품고 있었으며 같은 맥락에서 사전 협의가 없었다는 이유를 들어 제1차경제개발5개년계획의 확정안 발표(1961년 12월 말) 이전부터 1차계획 시안을 비판하기 시작했다. 성장률을 낮추라는 주문에서부터 제철소의 건설은 힘들다는 충고까지 했으며 결국 한국 정부는 1962년 11월부터 수정·보완 작업에 착수하여 1964년 2월 수정안을 내놓게 되었다. 원안은 비교적 자주적이며 내향적인 성격을 다소 함축하고 있었음에 비해 수정안은 성장률 면에서는 성장지향보다는 안정지향으로 후퇴했지만 다른면에서는 외향적이고 대외지향적, 개방적인 성격을 원안보다 많이 함축하고 있었다. 이는 1962~1963년에 경제개발계획이 2년간 실행되는 과정에서 1차산업 제품과 합판 등의 경공업 제품의 수출이 예상보다 많이 이루어지면서 이들 제품을 중심으로 수출 목표를 높이 잡을 수 있었던 데에서 연원한다. 1964년 2월 수정안 제출 시점이 아닌 1964년 중반 이후[3)]에 수출드라이브 정책이 채택되는데 미국의

---

3) Jung-en Woo, *The Race to the Swift: State and Finance in Korean Industrialization* (New York: Columbia University Press, 1991), p.73에 의하면 많은 학자들이 1964~1965년간에 빛을 발한 수출지향적 성장론 채택이 발전의 분기점이라고 분석했다는 것이다. 이러한 견해는 김광석 등의 하버드대 국제개발연구소·한국개발연구원 공동 프로젝트 결과물에 기반한 우정은 교수의 해석이다. 김광석, 「공업화와 무역」, E. S. 메이슨·김만제·D. H. 퍼킨스·김광석·D. C. 콜, 『한국 경제·사회의 근대화』(서울: 한국개발연구원, 1981), 151쪽. 이 부분에는 전술

직접적인 종용이나 압력 행사는 없었던 것으로 판단되며 이는 당시 경공업 수출의 호조 등에서 기인한 기업가들의 조언과 박정희 자신의 결단에 의거해서 이루어진 비교적 자율적인 결정이었다. 그렇다고 박정희가 처음부터 체계적인 대외지향적 공업화 전략을 가지고

한 바와 같이 "1964~1965년간까지는 그 후 10년간에 걸쳐 실시된 대부분의 수출진흥체제가 구축되었다"고 나와 있다. 한편 위의 책 요약 및 결론 부분 473쪽에 "1964년과 1965년의 정책변동을 통해 한국에 도입된 경제자유화계획은 그 후의 성장을 설명하는 데 중요한 비중을 차지한다고 많은 인사가 생각하고 있다. 원화(圓貨)의 대폭적인 평가절하는 한국개발에 새로운 방향을 부여하는 무역·재정·금융정책의 변동과 병행되었다"는 구절이 나온다. 이러한 맥락에서 김광석은 1964년의 환율개혁을 매우 중시한다. 위의 책 476쪽에서도 "한국경제를 수입대체지향형에서 수출지향형으로 전환하는 기본적 정책변동은 1964~1967년간에 실시되었는데 … 1964년 5월에 원화는 … 100% 가까이 절상되었으며, 기존복수환율제는 폐지되고 단일환율제가 대신 채택되었다. 1965년에는 금리체계가 약 2배로 인상되었다. 기타의 중요개혁으로는 … 관세제도의 개편과 조세구조의 철저한 수정이 있었는데, 이 세제개혁은 조세행정개선과 더불어 정부세입을 상당한 폭으로 증대시켰다. 일부관측통의 견해로는 이러한 정책변동이야말로 한국의 그 후의 고도성장을 설명해 준다는 것이다"라고 평가해 역시 환율개혁과 세제개혁을 매우 중시했다. 그런데 1964년 5월 공정환율을 130원에서 255원대로 변경시켜 원화가치를 절하하면서 고정환율제는 변동환율제로 바꾸겠다고 발표했지만 1965년 3월에야 변동환율제를 실시했다. 김광석, 「1960년대 수출지향적공업화 정책의 추진」, 조이제·카터 에커트 편, 『한국근대화, 기적의 과정』(서울: 월간조선사, 2005), 280쪽. 한편 우정은 교수는 정치적인 면에서 볼 때 1960년 이승만의 몰락이 중요한 분기점이라고 주장했다. 아이젠하워 행정부 말기인 1960년 11월 28일에 작성된 NSC 6018에 수출지향적 방향이 나온다는 것이다. Jung-en Woo, *op. cit.*, p.76. 우정은 교수가 인용한 부분은 NSC 6018의 초안인 "Draft Statement of U.S. Policy toward Korea", *FRUS*, 1958~1960, Vol. XVIII, p.702에 나와 있는데 이 부분을 정확히 인용하면 다음과 같다. "수입 경향을 줄이고 또한 수출·내수용 국내생산을 촉진하기 위한 환율제도의 개혁." 이 구절에 수출지향이라는 말이 엄밀하게 나오지 않고 단지 그러한 경향성 정도만 느낄 수 있으므로 우정은 교수의 견해는 약간의 비약적 해석이라고 할 수 있다. 이러한 환율제도의 개혁은 이승만 정권 때부터 미국이 요구해 오던바이며 이것 때문에 수출지향이 채택되었을 수도 있으나 이것보다는 지도자의 주체적 결단이 더 중요하게 작용했다고 보는 것이 올바른 평가라고 판단된다.

있었던 것은 아니라 예상을 뛰어넘는 수출실적에 의해 사후적으로 유인된 것이었다.[4] 군정 기간인 시행 2개년간 경제개발에 필요한 외자도입이 순조롭지 못했으므로 외환파동을 초래했고 곡가파동까지 겹친 상황에서 1차산업과 경공업 제품 수출만이 상대적으로 호조를 보였던 것이다. 1965년부터 1967년까지 박정희 정부가 추진한 환율개혁(1965년 3월 변동환율제 실시), 수출진흥정책(1965년 수출 우대금융제도 시작), 무역자유화 조치(1967년 후반기의 negative- list system 채택)는 수출을 확대하고 공업화를 촉진시키는 데 기여했다. 따라서 이는 수출지향적공업화 전략을 뒷받침하기 위한 종합적인 개혁프로그램이었다.[5]

기존의 지배적 가설은 미국의 재정안정화 정책 시행 등의 강제성 권유가 있었으며[6] 이것이 수출지향적 수정으로 급격하게 전환되었

---

4) Ha Won Jang, "Phases of Capital Accumulation in Korea and Evolution of Government Growth Strategy, 1963~1990", D. Phil Thesis, University of Oxford, 1995, pp.166~170; 김낙년, 「1960년대 한국의 공업화와 그 특징」, 한국정신문화연구원 현대사연구소 편, 『한국전쟁후 사회변동 연구』, 제4회 국내학술회의, 1998년 10월 16일에서 재인용.

5) 김광석, 「1960년대 수출지향적공업화 정책의 추진」, 조이제·카터 에커트 편, 『한국근대화, 기적의 과정』(서울: 월간조선사, 2005), 284~285쪽.

6) 김일영, 「한국의 정치·경제적 발전경험과 그 세계사적 위상」, 이우진·김성주 공편, 『현대한국정치론』(서울: 사회비평사, 1996), 470쪽. 渡辺利夫 교수는 미국 정부가 한국 정부에게 권고를 주었을 뿐 실질적인 선택권은 한국 정부에 있었다고 해석해 본 연구자가 같은 입장을 보이고 있다. 渡辺利夫, 『現代韓國經濟分析: 開發經濟學と現代アジア』(東京: 勁草書房, 1982). 木宮正史 교수는 미국 정부가 한국의 경제정책에 관해서 최우선의 과제로 설정한 것은 한국의 경제적 안정이었다고 전제하면서 박희범식 내포적 경제발전 전략에 소극적인 거부권을 행사한 것은 확실하지만 경제개발의 장기적 비전을 적극적으로 제시하지는 않았으며 더 나아가 수출지향적공업화 전략을 채택하라고 강요하지도 않았다고 주장한다. 木宮正史, 앞의 글, 31쪽. 반면 커밍스 교수는 수출지향형공업화정책은 미국 정부의 제조물이고 한국 정부는 이것을 그대로 받아들였을 뿐이라고 주장한다. Bruce Cumings, "The Origins and Development of the Northeast Asian Political Economy: Industrial Sectors, Product Cycles and Political

다는 것이다. 그러나 미국은 경제개발계획을 수정하라는 압력은 가했으며 성장률을 하향 조정하라고 권고했고 공장시설에 투자하지 말고 사회간접 자본에 투자하라고 권고했을 뿐 수출지향적 산업화를 하라고 종용하지는 않았으며 수입대체산업화 정도를 대안으로 가지고 있었다. 단지 환율현실화라는 압력을 가해서 수출지향적 방향으로 유도한 측면은 있지만 이것도 미국이 한국의 정책을 수출지향적 방향으로 몰기 위해 내어놓은 카드는 아니었으며 한국 정부가 1964년 5월 원화절하를 수용하는 과정에서 동년 6월 한국 정부의 주체적 수용에 따라 수출종합시책을 내놓아 수출지향적 방향으로 점진적으로 변화한 것이었다고 할 수 있다. 앞서 언급한 1960년 11월 NSC 6018의 처방과 그 종용에도 불구하고 장면 행정부는 수출지향적 방향으로 전환하지 못했으므로 역시 지도자의 역할이 중요한 변수 중 하나였다고 할 수 있다. 박정희 자신은 '민족주의적' 성향 때문에 미국의 종용을 일방적으로 받아들이지는 않았으며, 1962~1963년간은 미국으로부터 비교적 자유로운 자주적 발전전략을 채택하다가 기업가·친미파 관료의 반대에 직면해 노선전환을 시도했다. 한국이 독자적인 정책수립과 시행착오, 정책수정과정을 거쳐 수출드라이브 정책을 내어놓자 미국은 받아들일 만하여 수용했다. 즉 한·미간에 적당한 양해와 타협7) 속에서 수출드라이브 정책이 유기적으로 입안되었던 것으로 평가할 수 있다. 따라서 수출지향적 산업화를 선택할 때 민족 내부가 주체적으로 결단한 측면이 있다.8) 그렇다고 이 결단

Consequences", *International Organization*, Vol. 38, No. 1 (1984); "The Origins and Development of the Northeast Asian Political Economy", Frederic C. Deyo, ed, *The Political Economy of the New Asian Industrialism* (Ithaca: Cornell University Press, 1987), p.70. 본 연구자는 木宮正史 교수의 견해를 대체적으로 지지했다.

7) Stephan Haggard, Byung-Kook Kim, and Chung-In Moon, *op. cit.,* p.868에 의하면 미국 원조자문관과 한국 관료와의 장기적인 발전계획에 대한 협조가 미국의 압력과 함께 경제개혁 성공의 요인이라는 것이다.

이 치밀한 계획에 의해 뒷받침된 것은 아니었으며 '미국 모델'보다는 '일본 모델'을 따르고자 했던 박정희가 선택했을 가능성이 있다. 수출지상주의는 1차5개년계획의 수정안을 처음부터 관통하는 원리는 아니었으며 1964년 후반기 이후에 박정희에 의해 힘을 얻고 강력하게 추진되었던 것이기 때문에 그러하다. 수정안에는 수출입국이라던가 수출지상주의에 관한 언급이 없다. 따라서 1950년대의 수입대체 산업화는 1960년대 초반의 과도기를 거쳐 1960년대 후반 수출지향적 산업화의 방향으로 서서히 전환될 조짐을 보였던 것이다.9) 제1차경제개발계획의 원안에는 수입대체적 기간시설의 확충, 국제수지 개선을 위한 수입대체공업화, 소비재공업 중심의 수입대체화 등의 차원에서 자립경제 달성을 위한 수입대체적 요소가 있었다. 수정계획안이 나오면서 수출지향으로 기우는 조짐을 점차 보이기 시작하다가 1964년 환율현실화와 1965년 금리현실화로 인해10) 적어도 정

---

8) 그러나 U. S. House of Representatives, the Subcommittee on International Organizations of the Committee on International Relations. *Investigation of Korean-American Relations. 95th Congress, 2nd Session* (Washington, D. C.: USGPO, Oct. 31, 1978); 미하원국제관계위원회 국제기구소위원 회 편. 『프레이저 보고서』. 서울대학교 한·미관계연구회 역, 실천문학사, 1986, 244쪽에 의하면 미 "AID와의 협의를 거친 후 박정희는 수입대체전략이 한국의 장기적 이익에 적합하지 않다고 결론 내렸다"고 나온다. "경제성장은 실업자 및 불완전고용자들을 실질적으로 이용할 수 있는 노동집약적 산업에 중점을 두는 수출지향적 경제를 추구함으로써 더욱 쉽게 달성될 수 있었다"는 구절도 이어진다. 위 보고서가 인용한 자료는 Presidential Task Force on Korea, "Draft NSC Action: Task Force Report on Korea", June 12, 1961인데 이렇게 이른 시기에 박정희가 결론을 내렸을 가능성은 희박하므로 자료의 신빙성에 의심이 가게 한다.

9) 정창영 교수는 1965년경까지 종래의 수입대체에서 수출촉진으로 발전전략을 바꾸기 위한 거의 모든 유인체제(incentive systems)의 구축이 완료되었다고 평가하면서 1차계획 기간인 1965년까지는 대내지향적인 수입대체를 통한 공업화 전략에서 대외지향적인 수출촉진을 통한 공업화전략으로 발전전략을 전환시킨 과도기라고 주장했다. 정창영, 「정부의 경제적 역할」, 조순 외, 『한국경제의 이론과 현실』(서울: 서울대학교 출판부, 1987), 192쪽.

박정희와 '한강의 기적'-1차5개년계획과 무역입국

책적으로는 수출지향적 구도가 완성되었으며 따라서 수출지향적 산업화로 전환될 확실한 조짐이 보였다.

그런데 1960년대 후반도 수출지향적 산업화가 확고히 자리 잡은 것은 아니었다. 1966년까지 섬유, 식료품, 연초, 의료 등 수입대체 산업이 여전히 선도 산업 중의 하나였다. 1차계획 기간 중 화학비료 공업이 확충되었으며 대규모 시멘트 공장이 들어섰고 정유공장 비스코스 인견사 공장 등도 건설되었다. 2차계획 기간 중 섬유, 합판, 가발, 신발류 등 경공업이 주로 진흥되었으며 점차 중화학공업에 눈을 돌렸다. 1966년 10월 KIST(한국과학기술연구소, Korean Institute of Science & Technology)가 기공되었다. 1970년 7월 경부고속도로가 개통되었고 포항제철은 1970년 4월에 기공식을 가졌으며 1973년 준공되었다. 따라서 1960년대 초반은 수입대체가 주류를 이루다가 1960년대 후반에는 변화 조짐이 보였으며 1970년대에는 수출지향적 산업이 주류를 이루었다고 할 수 있다.[11] 1966년 7월에 작성된 『제2차경제개발5개년계획』의 6대 중점 중의 하나

---

10) 환율과 금리의 현실화라는 가격 왜곡의 완화 및 대외 개방의 확대가 없었더라면 자원배분의 비효율성이 현저해져 고도상장을 지속하기 어려웠을 것이라는 평가가 지배적인 해석이다. 이헌창, 『한국경제통사』(서울: 법문사, 1999), 452쪽.

11) 장하원 선생은 특정 시기에 어떤 정책에 의해 극적인 정책전환이 이루어지지 않았음을 강조했다. 장하원, 「1960년대 한국의 개발전략과 산업정책의 형성」, 한국정신문화연구원 현대사연구소 편, 『한국전쟁후 사회변동 연구』, 제4회 국내학술회의, 1998년 10월 16일, 214쪽, 216쪽. 또한 이상철 선생은 「박정희시대의 산업정책」, 이병천 편, 『개발독재와 박정희 시대』(서울: 창작과 비평사, 2003), 99~100쪽, 126쪽, 130~132쪽에서 1960년대 중엽 수출지향정책으로의 전환 이후 1970년대에도 국가통제에 기반 된 수입대체 공업화가 계속 추진되었으므로 주류 신고전파 해석(1960년대 수출지향공업화 시기, 1970년대[특히 1973년 이후] 중화학공업화 시기)과는 달리 1960년대와 1970년대도 연속성을 가지고 있다고 주장한다. 이병천 교수도 쿠데타 직후 정책이 1964년 이후 전면 폐기되지 않았으며 일련의 수정과 학습과정을 통해 정책에 반영되었다고 평가한다.

인 수출항목은 "7억 불(상품수출: 5.5억 불)의 수출을 달성하고 수입대체를 촉진하여 획기적인 국제수지개선의 기반을 굳힌다"고 기술했었다.12) 2차계획기 수출도 1차계획기와 같이 국제수지 개선을 위한 수출이었으며 수입대체를 위한 측면이 있었다. 1965년의 시점에서는 1)소비재 경공업과 2)중화학공업, 3)기간 시설 확충이라는 3차원의 자립적 수입대체 공업화가 국제수지 개선의 차원에서 이루어지면서 소비재 경공업 중심의 수출진흥이 동시에 추진되었다. 따라서 이 시점에서 수입대체와 수출진흥은 병존·양립했으며 전혀 모순적이 아니었던 한국 산업화의 양축이었다. 수출입국이 추진되기 시작한 1964년 중반 당시 민족 내부의 상황은 그렇게 밝지만은 않았으나 대일 청구권 자금의 확보와 베트남전 참전 등으로 인한 외부적 자금 확보 때문에 수출드라이브 정책이 성공했다고 할 수 있다. 따라서 수출드라이브 정책은 민족 내부의 결단에 의해 시작된 측면이 있지만 그 집행은 민족 내부의 치밀한 계획과 노력에 의해 성공했다기보다는 외적인 자금확보에 의거해서 성공했다고 할 수 있다. 선택은 독자적으로 했지만 그 집행은 미국 등의 외국에 의존적일 수밖에 없는 상황이었다(이 점에서도 한국 정부의 독자성은 상대적일 수밖에 없다는 평가를 내릴 수 있다). 그렇다고 근대화를 추진한 우리 민족 내부의 능력을 과소평가할 수 있다는 것은 아니다. 다른 나라들은 자금확보를 하지 못한 경우가 태반이며 확보하고서도 근대화에 성공 못 했던 경우가 성공한 케이스보다 더 많으므로 민족의 저력은 결코 무시될 수 있는 것은 아니다.13)

---

12) 대한민국정부, 『제2차경제개발5개년계획, 1967~1971』(서울: 대한민국정부, 1966년 7월), 27쪽.

13) 경제개발계획을 수행했던 나라 중 아시아 국가들에 국한해 보아도 인도(1951년), 대만(1953년), 파키스탄(1955년: 이상 3국은 토지개혁에 기반한 내포적 개발방식; 이대근식 개념규정), 태국(1961년), 필리핀(1963년), 말레이시아(1966년: 이상은 채취산업의 개발이나 수입대체를 주로 하는 외향적 개발방식; 이대근

박정희와 '한강의 기적'−1차5개년계획과 무역입국

그런데 이러한 정책전환에 부정적인 측면이 있는 것도 사실이다. 미국의 원조 감축과 외환보유액 감소에 대처하기 위해 수출지향적 개발전략을 택한 결과 농업개발 및 식량자급, 국내지하자원 개발 등 국내산업 육성에 대한 투자배분은 상대적으로 축소되어 결과적으로는 오늘날 지나친 대외의존적 경제구조를 배태케 하였다는 평가도 있는 것이다.

박정희 대통령 한국과학기술연구소 기공식 참석(1966. 10. 6)

　　종합적으로 볼 때 1962년 제1차경제개발5개년계획의 시작 시점

식 개념규정) 등이 있는데 이 중에서 한국에 비견될 정도로 성공한 나라는 대만밖에 없는 것이다. 이대근, 『한국경제의 구조와 전개』(서울: 창작사, 1987), 172쪽. 수입대체산업화는 당시 다른 개도국들이 택한 방식이었는데 국내시장을 보호하고 과거 수입에 의존하던 공업제품의 국내생산을 촉진하고자 하는 것이다. 이 전략을 통해 부분적인 공업화는 진전되었으나 경제적 고도성장을 이루지는 못했다. 당시 인도의 경우 소련의 지원을 받아 제철공장을 짓는 등 경제부흥의 기치를 내걸어 경제개발의 시범 케이스로 한 때 간주되기도 했다.

에서는 기존 계획과 구조에 편승한 측면도 있지만 1964년 중반 이후 수출드라이브가 추진될 시점부터는 박정희 리더십이 주요한 요소로 작용한다고 할 수 있다.

박정희와 '한강의 기적'-1차5개년계획과 무역입국

참고문헌

1. 자 료

경제개발계획평가교수단 (편), 『제1차경제개발5개년계획 1962∼1966 평가
　　보고서』, 서울: 내각기획조정실, 1967.
대한민국건설부, 『제1차5개년경제개발계획 (시안)』 상·하, 1961년 5월 하
　　순.
부흥부산업개발위원회, 『경제개발3개년계획안』, 서울: 부흥부산업개발위원회,
　　1959년 12월.
부흥부산업개발위원회, 『경제개발3개년계획안의 요약』, 서울: 부흥부산업개
　　발위원회, 1959년 12월 31일.
부흥부산업개발위원회, 『단기 4293년도 경제개발3개년계획』, 서울: 부흥부
　　산업개발위원회, 1960년 4월 15일.
부흥부산업개발위원회, 『단기4292년도 가격기준에 의한 경제개발3개년계
　　획』, 서울: 부흥부산업개발위 원회, 1960.
부흥부산업개발위원회, 『經濟開發五個年計劃樹立要綱』, 對外秘, 1961년 2
　　월.
경제기획원, 『1962년 경제백서』, 서울: 경제기획원, 1962.
경제기획원, 『제1차경제개발5개년계획보완계획』, 서울: 경제기획원, 1964년
　　2월.
『京鄕新聞』, 1960∼1965.
공보부 (편), 『박정희 대통령 방미록』, 서울: 공보부, 1965.
국회도서관 입법조사국 (편), 『미국의 대한원조관계자료』 제1집∼2집, 서울:
　　국회도서관, 1964∼1965.

大統領秘書室 (編),『朴正熙 大統領 閣下 公報關係 資料 總目錄』, 서울: 大統
領秘書室, 1977.

大統領秘書室 (編),『韓國經濟의 어제와 오늘: 經濟開發計劃의 推進과 成果』,
서울: 大統領秘書室, 1975.

『東亞日報』, 1960~1965.

박정희,『국가와 혁명과 나』, 서울: 향문사, 1963.

박정희,『국가와 혁명과 나』, 해설판, 서울: 고려서적, 1965.

박정희,『국가재건최고회의의장 대통령권한대행 박정희장군담화문집, 自
1961년 7월 至 1963년 12월』, 서울: 대통령비서실, 1965.

박정희,『민족의 저력』, 서울: 광명출판사, 1971.

박정희,『민족중흥의 길』, 서울: 광명출판사, 1978.

박정희,『박정희대통령연설문집, 自 1963년 12월 至 1964년 12월』, 서울:
대통령비서실, 1965.

박정희,『박정희 대통령 선집』3, 서울: 지문각, 1969.

박정희,『박정희대통령연설문집』2, 제5대편, 서울: 대통령비서실, 1973.

박정희,『박정희의장방미연설문집』, 서울: 국가재건최고회의공보실, 1961.

박정희,『연설문집』1, 최고회의편, 서울: 대통령비서실, 1973.

박정희,『연설문집』1-12, 서울: 대통령비서실, 1965~1975.

박정희,『우리 민족의 나갈 길』, 서울: 동아출판사, 1962.

박정희,『조국근대화의 지표: 박정희대통령 주요연설문집』, 서울: 고려서적,
1967.

박정희,『중단하는 자는 승리하지 못한다: 박정희대통령연설집』, 신범식 (편),
서울: 광명출판사, 1968.

박정희,『指導者道: 革命過程에 處하여』, 서울: 국가재건최고회의, 1961.

박정희,『指導者의 길』, [n. d.], 1963년 2월.

박정희,『평화통일의 대도: 대통령연설문선집』증보판, 서울: 대한공론사,
1977.

신범식 (편),『조국의 근대화: 박정희대통령의 정치노선, 저서와 연설을 중심
으로』, 서울: 동아출판사, 1965.

『아시아태평양지역의 신기원: 박정희대통령 월남지원국정상회담참석 및 주월

한국군방문록』, 서울: 공보부, 1966.

외무부 (편), 『대한민국외교연표』, 1948~1961, 서울: 외무부, 1962.

외무부 (편), 『대한민국외교연표』, 1962, 서울: 외무부, 1963.

외무부 (편), 『대한민국외교연표』, 1963, 서울: 외무부, 1964.

『제1차경제개발5개년계획』, 서울: 대한민국 정부, 1962년 1월.

『제1차경제개발5개년계획 제3차년도(1964)계획』, 서울: 경제기획원, 1964.

제1차경제개발5개년계획평가교수단 (편), 『제1차경제개발5개년계획 중간평
가』, 서울: 기획조정실, 1965.

『朝鮮日報』, 1960~1965년.

조효원 (편), 『자립과 번영으로 가는 길: 제3공화국수립2주년에 즈음하여 국
민에게 보내는 백서』, 서울: 국무총리기획조정실, 1965.

『最高會議報』, 1961年 8月 15日~1962年 4月 16日.

『한국경제 반세기 정책자료집』, 서울: 한국개발연구원, 1995.

한국산업은행 (역), 『네이산보고: 한국경제재건계획』 전2권, 서울: 한국산업
은행, 1955.

Kim, Kwang Suk and Joon Kyung Park, *Sources of Economic
Growth in Korea: 1963~1982*. Seoul: Korea Development
Institute, 1985.

MacDonald, Donald S, "American-Korean Relations, 1945~1965: A
Survey of the Record", Unpublished paper prepared for the
U.S. Department of State, 1975; *U.S.-Korean Relations from
Liberation to Self-Reliance, The Twenty-Year Record: An
Interpretive Summary of the Archives of the US Department
of State for the Period 1945 to 1965*. Boulder, CO: Westview,
1992.

Park, Chung Hee, *The Country, the Revolution and I*. 2nd ed.,
Seoul: Hollym, 1970.

Park, Chung Hee, *Our Nation's Path: Ideology of Social
Reconstruction*. Seoul: Dong-A, 1962.

Park, Chung Hee, *Our Nation's Path: Ideology of Social*

Reconstruction. 2nd ed., Seoul: Hollym, 1970.

Park, Chung Hee, *Major Speeches by Korea's Park Chung Hee.* edited by Shin Bum Shik, Seoul: Hollym, 1970.

U.S. Department of State, *Foreign Relations of the United States. 1961~63,* Vol. XXII, Washington, D. C.: USGPO, 1996.

U.S. House of Representatives, the Subcommittee on International Organizations of the Committee on International Relations. *Investigation of Korean-American Relations.* 95th Congress, 2nd Session, Washington, D. C.: USGPO, Oct. 31, 1978; 미하원국제관계위원회 국제기구소위원 회 (편). 『프레이저 보고서』. 서울대학교 한·미관계연구회 (역), 서울: 실천문학사, 1986.

World Bank, *Growth and Prospects of the Korean Economy.* Document of the World Bank, Report No. 1489−KO, February 23, 1977.

2. 준1차자료: 회고록류

그린, 마샬, 「20년만에 공개하는 4·19, 5·16비화: 정용석씨와의 대담」, 『신동아』 (1982년 4월).

金潤根, 『朴正熙軍事政權の誕生: 韓國現代史の原點』, 東京: 彩流社, 1996.

金潤根, 『해병대와 5·16: 혁명주체 金潤根장군의 새로운 秘話』, 서울: 범조사, 1987.

김입삼, 「회고록: 시장경제와 기업가 정신」, 『한국경제신문』, 1998년 3월~.

김정렴, 『아 박정희: 김정렴 정치회고록』, 서울: 중앙M&B, 1997.

김정렴, 『한국경제정책30년사: 김정렴회고록』, 서울: 중앙일보사, 1990.

김종필, 『J.P. 칼럼』, 서울: 서문당, 1971.

유원식, 『혁명은 어디로 갔나: 5·16비록』, 서울: 인물연구사, 1987.

임병직, 『임정에서 인도까지: 임병직 외교회고록』, 서울: 여원사, 1966.

천병규, 『천마 초원에 놀다: 동백 천병규 고희자전』, 서울: 동백 천병규 고희자전 간행위원회, 1988.

한표욱, 『한국외교요람기』, 서울: 중앙일보사, 1984.

허정, 『내일을 위한 증언』, 서울: 샘터사, 1979.

희망출판사 (편), 『정계비사: 사실의 전부를 기술한다』, 서울: 희망출판사, 1966.

3. 연구물

1) 저 서

강성재, 『참 군인 이종찬장군』, 서울: 동아일보사, 1986.

곽태환, 『한·미관계40년(1948~1988)』, 서울: 경희대학교 출판부, 1990.

국제역사학회의 한국위원회 (편), 『한미수교100년사』, 서울: 국제역사학회의 한국위원회, 1982.

권용립, 『미국대외정책사』, 서울: 민음사, 1997.

김광석, 『한국공업화패턴과 그 요인』, 서울: 한국개발연구원, 1980.

김기태 (외), 『한국경제의 구조』, 서울: 한울, 1993.

김달현 (편), 『5개년경제계획의 해설: 내용 해설 평론』, 서울: 진명문화사, 1962.

김대환 (외), 『한국현대사를 어떻게 볼 것인가: 1945~1960』, 서울: 열음, 1987.

김성수, 『세계화 시대를 위한 한국경제의 발전』, 서울: 학문사, 1996.

김성진 (편), 『박정희시대: 그것은 우리에게 무엇이었는가』, 서울: 조선일보사, 1994.

김성환 (외), 『1960년대』, 서울: 거름, 1984.

김영명, 『한국현대정치사: 정치 변동의 역학』, 서울: 을유문화사, 1992.

김은숙, 『불타는 미국』, 서울: 아가페, 1988.

김일곤, 『한국경제개발론』, 서울: 예문관, 1976.

김정원, 『한국분단사』, 서울: 동녘, 1985.

김종신, 『영시의 횃불: 박정희대통령따라 7년』, 서울: 한림출판사, 1966.

김창남·渡邊利夫, 『현대한국경제발전론』, 서울: 유풍출판사, 1997.

김학준, 『전환기 한국외교의 시련과 극복: 60년대 정치부 기자의 증언』, 서울: 조선일보사, 1993.

내각기획조정실 (편), 『한국경제발전의 이론과 현실』, 제5집: 수출·통상편, 서울: 내각기획조정실, 1970.

동아일보사 (편), 『현대사를 어떻게 볼 것인가』 제 2~3권, 서울: 동아일보사, 1989~1990.

문창극, 『한미갈등의 해부』, 서울: 나남, 1994.

『민족과 함께 역사와 함께: 박정희대통령 – 그 인간과 사상』, 서울: 서울신문사, 1978.

민족문제연구소 (편), 『한일협정을 다시 본다: 30주년을 맞이하여』, 서울: 아세아문화사, 1995.

민주공화당, 『민주공화당4년사』, 서울: 민주공화당, 1967.

박승, 『한국경제성장론』, 일신사, 1969.

박실, 『박정희 대통령과 미국 대사관』, 서울: 백양출판사, 1993.

박원순, 『국가보안법연구』, 증보판, 1, 서울: 역사비평사, 1995.

박현채·정윤형·이경의·이대근 (편), 『한국경제론』, 서울: 까치, 1987.

박희범, 『한국경제성장론』, 서울: 고려대학교 아세아문제연구소, 1968.

백무현·박순찬, 『만화 박정희』 전2권, 서울: 시대의 창, 2005.

변형윤, 『한국경제연구』, 서울: 유풍출판사, 1986.

서석준, 『경제개발을 위한 외길』, 서울: 일조각, 1985.

선우학원, 『한·미관계 50년사: 알려지지 않은 이야기』, 서울: 일월서각, 1997.

송인상, 『부흥과 성장』, 서울: 21세기북스, 1994.

송효빈, 『가까이서 본 박정희 대통령』, 서울: 휘문출판사, 1977.

실바, 피어 드, 『서부 로자: 미국 CIA 비밀공작부』, 이기홍 (역), 서울: 인문당, 1983.

이기홍, 『경제근대화의 숨은 이야기』, 서울: 보이스사, 1999.

안광제, 『박정희대통령전기』, 서울: 대일서관, 1980.

양동안 (외), 『現代韓國政治史』, 성남: 韓國精神文化研究院, 1987.

연세대학교 산업경영연구소, 『수출진흥의 방안』, 서울: 연세대학교 출판부,

1965.

영남대학교 산업경제연구소 (편), 『경제성장과 사회발전: 개교 40주년 기념 국제학술 심포지움』, 대구: 영남대학교 산업경제연구소, 1987.

오원철, 『한국형 경제건설』 전5권, 서울: 기아경제연구소, 1995~1997.

위로노프, 존, 『한국경제: 인간이 이룩한 기적』, 서울: 시사영어사, 1984.

유광호 (외), 『現代韓國經濟史』, 성남: 韓國精神文化硏究院, 1987.

유인호, 『민족경제의 발전과 왜곡』, 서울: 평민사, 1985.

이대근, 『한국경제의 구조와 전개』, 서울: 창작사, 1987.

이병천 (편), 『개발독재와 박정희 시대』(서울: 창작과 비평사, 2003).

이상우, 『제3공화국외교비사』, 서울: 동아일보사, 1984.

이양우, 『역사의 증언』, 서울: 시사임플로이먼트뉴스센터, 1980.

이용원, 『제2공화국과 장면』, 서울: 범우사, 1999.

이청, 『비화제3공화국 제1권: 박정희시대경제비화』, 서울: 동광출판사, 1985.

ECAFE, 『경제개발을 위한 계획기술과 공업개발계획의 방법』, 개발계획총서 제1권, 서울: 경제기획원, 1962.

이한빈, 『사회변동과 행정: 해방후 한국행정의 발전론적 연구』, 서울: 박영사, 1968.

임방현, 『근대화와 지식인』, 서울: 지식산업사, 1973.

임정택, 『경제개발5개년계획의 회고』, 서울: 한국개발연구원, 1981.

전국경제인연합회 (편), 『한국경제정책40년사』, 서울: 전국경제인연합회, 1986.

『정상의 주변』, 서울: 세대문고, 1976.

조순, 『한국경제의 현실과 진로』, 서울: 비봉출판사, 1981.

조이제·카터 에커트 (편), 『한국근대화, 기적의 과정』, 서울: 월간조선사, 2005.

차기벽, 『근대화정치론』, 서울: 박영사, 1969.

차동세·김광석 (편), 『한국경제 반세기 역사적 평가와 21세기 비전』, 서울: 한국개발연구원, 1995.

최영진, 『동아시아 국제관계사: 제2차세계대전 이후 미·중 관계를 중심으로』, 서울: 지식산업사, 1996.

콩드, 데이비드,『남한 그 불행한 역사(1953~66)』, 장종익 (역), 서울: 좋은
　　책, 1988.

한국역사연구회 현대사연구반,『한국현대사』3: 1960~70년대 한국사회와
　　변혁운동, 서울: 풀빛, 1991.

한국정신문화연구원 (편),『제1차 한국현대사학술토론회』, 성남: 한국정신문
　　화연구원, 1991.

한국정신문화연구원 · The Wilson Center (공편),『한 · 미 수교 1세기의 회
　　고와 전망』, 성남: 한국정신문화연구원, 1983.

한국일보사 (편),『재계회고』전10권, 서울: 한국일보사, 1981.

한국일보사 (편),『한국의 정당』, 서울: 한국일보사, 1987.

『한국자본주의의 형성과 전개』, 성남: 한국정신문화연구원, 1984.

한국정치연구회 (편),『박정희를 넘어서』, 서울: 푸른숲, 1998.

한국정치연구회 정치사분과,『한국현대사 이야기주머니』, 서울: 녹두, 1993.

韓培浩,『韓國政治變動論』, 서울: 法文社, 1994.

한승조,『박정희 붐, 우연인가 필연인가』, 서울: 말과 창조사, 1999.

한승주 (편),『전환기의 한미관계』, 서울: 서울국제포럼, 1988.

홍하상,『주식회사 대한민국 CEO 박정희』, 서울: 국일미디어, 2005.

李鍾元,『東アジア冷戰と韓米日關係』, 東京: 東京大出版會, 1996.

Cole, David C. and Princeton N. Lyman, *Korean Development: The
　　Interplay of Politics and Economics*, Cambridge, Mass.:
　　Harvard University Press, 1971.

Cole, David C. and Youngil Lim and Paul W. Kuznets, *The Korean
　　Economy-Issues of Development*, Institute of East Asian
　　Studies, Center for Korean Studies, Korea Research
　　Monograph No. 1, Berkeley: University of California, 1980.

Hasan, Parvez, *Korea: Problems and Issues in a Rapid Growing
　　Economy*, World Bank Country Economic Reports,
　　Washington, D. C.: The World Bank, 1976.

Kim, Byung-Lo Philo, *Two Koreas in Development: A Comparative*

Study of Principles and Strategies of Capitalist and Communist Third World Development, New Brunswick, N.J: Transaction, 1992.

Kim, Chuk Kyo, ed., Planning Model and Macroeconomic Policy Issue, Seoul: Korea Development Institute, 1977.

Kim, Hyung-A, Korea's Development under Park Chung Hee: Rapid industrialization, 1961~1979, London: Routledge Curzon, 2004.

Kim, Quee-Young, The Fall of Syngman Rhee, Berkeley: University of California Press, 1983.

Kuznets, Paul W., Economic Growth and Structure in the Republic of Korea, New Haven, Conn.: Yale University Press, 1977.

Mason, Edward S., Mahn Je Kim, Dwight H. Perkins, Kwang Suk Kim, and David C. Cole, et. al., The Economic and Social Modernization of the Republic of Korea: Studies in the Modernization The Republic of Korea: 1945~1975, Cambridge, Mass.: Harvard University Press, 1980; 메이슨, E.S. · 김만제 · D.M. 퍼킨스 · 김광석 · D.C. 콜, 『한국경제 · 사회의 근대화』, 서울: 한국개발연구원, 1981.

MacDonald, Donald Stone, The Koreans: Contemporary Politics and Society, Boulder, CO: Westview Press, 1988.

McCormick, J. Thomas, America's Half-Century: United States Foreign Policy in the Cold War and After, Baltimore, M.D.: The Johns Hopkins University Press, 1995.

Oh, John Kie-Chiang, Korea: Democracy on Trial, Ithaca, NY: Cornell University Press, 1968.

Reeve, W. D., The Republic of Korea: A Political and Economic History, London: Oxford University Press, 1963.

Rostow, Walt Whitman, The Stage of Economic Growth: A Non-Communist Manifesto, Cambridge: Cambridge University

Press, 1960; 이상구·강명규 (역), 『경제성장의 제단계: 반맑스주의 사관』, 서울: 법문사, 1961.

Rostow, Walt Whitman, *The World Economy: History and Prospect*, Austin, Texas: University of Texas Press, 1978.

Woo, Jung-en, *The Race to the Swift: State and Finance in Korean Industrialization*, New York: Columbia University Press, 1991.

2) 논 문

강경성, 「박정희정권의 재평가의 성과와 한계」, 『한국사회 변동의 평가와 전망』, 서울: 녹두, 1996.

고영복, 「박정희와 근대화 이념」, 『현대사를 어떻게 볼 것인가』 4, 서울: 동아일보사, 1990.

구범모, 「한국의 근대화에 대한 이론적 고찰」, 한국정신문화연구원 연구부 (편), 『한국정치의 이론과 방법 시론: 한국의 정치와 경제 제10집』, 성남: 한국정신문화연구원, 1997.

구범모·백종국, 「한국의 후발산업화 연구에 관한 문헌비평」, 『한국정치학회보』 제24집 1호, 1990.

길승흠, 「대토론: 박정희 시대 18년 재평가」, 『월간중앙』 1993년 6월.

김낙년, 「1960년대 한국의 경제성장과 정부의 역할」 제45회 월례발표회, 한국근현대사연구회, 1999년 9월 11일.

김낙년, 「1960년대 한국의 경제성장과 정부의 역할」, 『경제사학』 제27호 (1999년 12월).

김낙년, 「1960년대 한국의 공업화와 그 특징」, 한국정신문화연구원 현대사연구소 (편), 『한국전쟁후 사회변동 연구』, 제4회 국내학술회의, 1998년 10월 16일.

김낙년, 「1960년대 한국의 공업화와 그 특징」, 한국정신문화연구원 (편), 『한국현대사의 재인식 8: 1960년대 한국의 공업화와 경제구조』, 서울: 백산서당, 1999.

김대환, 「박정희정권의 경제개발: 신화와 현실」, 『역사비평』 23, 1993년 겨울.

김수근, 「한국의 경제발전과 미국의 역할」 김덕중 (편), 『한국과 미국 2: 경제관계』, 경남대학교극동문제연구소, 1988; 김덕중·안병준·임희섭 (공편), 『한·미관계의 재조명』, 서울: 경남대학교 극동문제연구소, 1988.

김양화, 「미국의 경제원조와 한국의 경제구조」, 『해방40년의 재인식』 1, 서울: 돌베개, 1985.

김영명, 「한국의 정치변동과 미국」, 『한국정치학회보』 제22집 2호, 1988.

김일영, 「박정희체제 18년: 발전과정에 대한 분석과 평가」, 『한국정치학회보』 제29집 2호, 1995.

김일영, 「박정희체제 18년, 어떻게 평가할 것인가」, 『계간 사상』, 1995년 겨울.

김정현, 「1960년대 근대화노선의 도입과 확산」, 한국역사연구회 (편), 『한국현대사』 3, 서울: 풀빛, 1991.

金鍾驤, 「맥도널드 現代史 證言: 幕後에서 본 韓美관계 47년」, 『月刊朝鮮』 1992년 9월.

김진현·지동욱, 「한국장기개발계획의 내막」, 『신동아』 1966년 9월.

김호진, 「박정희대통령의 근대화리더십 연구」, 김호진 (외), 『한국현대정치사』, 서울: 법문사, 1995.

남덕우, 「한국 경제정책의 발자취: 제1~6공화국의 경제정책 요약」, 『제1차 한국현대사학술토론회』, 성남: 한국정신문화연구원, 1991.

로스토우, W. W. 「한국과 제4차 산업혁명: 1960~2000」, 한국경제연구원 조사자료 5, 1988년 10월 12일.

류상영, 「박정희정권의 산업화전략 선택과 국제정치경제적 맥락」, 『한국정치학회보』 제30집 1호, 1996.

류상영, 「한국의 경제개발과 1960년대 한미관계」, 『한국정치학회보』 제36집 3호, 2002년 가을.

류상영, 「한국의 국가자본주의와 국가·기업의 관계」, 한홍수 (편), 『한국정치동태론』, 서울: 오름, 1996.

맥도널드, 도널드 S., 「한·미관계의 연구: 미국인이 본 한국: 과거와 현재〈特輯〉」, 『현대사회』 1986년 6월.

「미국이 본 5·16군사정권: 서울발 뉴욕타임즈 본사 독점계약」, 『신동아』 1982년 3월.

박동철, 「5·16정권과 1960년대 자본축적과정」 홍장표 (외), 『한국자본주의 분석』, 서울: 일빛, 1991.

박동철, 「1960년대 기업집단의 형성과 구조」, 한국정신문화연구원 (편), 『한국현대사의 재인식 8: 1960년대 한국의 공업화와 경제구조』, 서울: 백산서당, 1999.

박동철, 「한국경제」, 『경제학개론』, 서울: 비봉, 1991.

박명림, 「근대화 프로젝트와 한국 민족주의」, 역사문제연구소 (편), 『한국의 '근대'와 '근대성' 비판』, 서울: 역사문제연구소, 1996.

박찬일, 「미국의 경제원조의 성격과 그 경제적 귀결」, 『한국경제의 전개과정』, 서울: 돌베개, 1981.

박태균, 「1950년대 말 미국의 대한경제정책 변화와 로스토우의 근대화론」, 『한국사론』 37, 1997년 6월.

박희범, 「경제개발계획과 한국민족주의」, 『국제정치논총』 제6호, 1967.

봉두완, 「백악관상황실의 5·16」, 『월간중앙』 1970년 5월.

성창환, 「경제개발을 위한 자유와 계획의 조화」, 『사상계』 1961년 3월.

신용옥, 「박정희정권기 경제성장에 대한 비판적 고찰·발전국가론 및 '유교자본주의론'을 중심으로」, 강만길 (편), 『한국자본주의의 역사』, 서울: 역사비평사, 2000.

안림, 「5개년계획의 성격과 문제점」, 『사상계』 제12권 2호, 1964년 2월.

유광호, 「미국의 대한원조와 한국 사회·경제구조의 변동: 해방 이후 1960년대 초까지」, 『한국의 사회와 문화』 12, 1990.

이강노, 「제3공화국(1963~1972) 정치제도의 정통성과 박정희정부」, 『한국정치학회보』 제31집 4호, 1997.

이경남, 「제1공화국 정치장군들」, 『정경문화』 236, 1984년 10월.

이경숙, 「한국의 대미외교정책」, 최종기 (편), 『한국외교정책』, 서울: 한국국제관계연구소, 1988.

이대근, 「4월혁명을 전후한 미국의 대응전략」, 『한국사회변혁운동과 4월혁명』 1, 서울: 한길사, 1990.

이병천, 「개발독재의 정치경제학과 한국의 경험」, 이병천 편, 『개발독재와 박정희시대: 우리 시대의 정치경제적 기원』, 서울: 창작과비평사, 2003.

이상우, 「5·16군사쿠데타와 케네디정권」, 『미국이냐 미제냐: 5·16에서 10·26까지』, 서울: 중원문화, 1987.

이재봉, 「4월혁명과 미국의 개입」, 한국정치학회 1995년 3월 월례발표회 발표논문.

이재희, 「5·16군사정부의 경제개발의 성격」, 『역사비평』 12, 1991년 봄.

임종철, 「한국의 경제발전에 미친 미국경제 사절단의 보고 및 충고」, 『아세아연구』 제10집 2호, 1967년 6월.

장상환, 「해방후 대미의존적 경제구조의 성립과정」, 『해방40년의 재인식』 1, 서울: 돌베개, 1985.

장하원, 「1960년대 한국의 개발전략과 산업정책의 형성」, 한국정신문화연구원 (편), 『한국현대사의 재인식 8: 1960년대 한국의 공업화와 경제구조』, 서울: 백산서당, 1999.

전철환·박경, 「경제개발과 정부주도 경제의 전개」, 『해방40년의 재인식』 2, 서울: 돌베개, 1986.

정용석, 「한국 군사정권기(1961.5~63.12)의 경제정책의 추이에 대한 고찰」, 『경제학논집』 제2권 1호, 부산: 한국동남경제학회, 1993.

정윤형, 「개방체제로의 이행과 1960년대 경제개발의 성격: 제1, 2차 경제개발 5개년계획을 중심으로」, 박현채 (외), 『한국사회의 재인식 1: 경제개발에 따른 정치·경제·사회의 구조변화』, 서울: 한울, 1985.

정윤형, 「박정희정권의 경제개발 이념」, 『한국자본주의성격논쟁』, 서울: 대왕사, 1988.

정윤형, 「한국경제개발의 체제적 성격」, 『한국사회변동연구』 1, 서울: 민중사, 1985.

「제3공화국의 돈줄과 비밀계좌」, 『정경문화』 1984년 3월.

조동필·부완혁, 「자립이냐 예속이냐: 한·미경제협정을 비판한다」, 『사상계』 1961년 3월.

조순, 「한 · 미 경제관계의 전개와 전망」, 한국정신문화연구원 · The Wilson Center (공편), 『한 · 미 수교1세기의 회고와 전망』, 성남: 한국정신문화연구원, 1983.

천희상, 「박정희 · 김종필 · 매그루더 비밀회담기록」, 『월간조선』 1993년 8월.

「최고회의비사: 좌담회」, 『월간중앙』 1969년 5월.

최락동, 「경제비화: 박정희시대 경제스쿨」, 『정경문화』, 1984년 4월.

최락동, 「비화: 비밀 누설하면 극형에 처한다: 혁명정부의 진시황 유원식이 털어놓는 통화개혁의 내 막」, 『정경문화』, 1983년 5월.

최락동, 「JP의 증권파동과 공화당창당」, 『정경문화』, 1982년 12월.

최서영, 「공화당과 김종필플랜」 『사상계』, 1963년 3월.

崔珍榮, 「한국 대통령과 미국의 함수관계: 제1편 난세의 야심가 李承晚」, 『議政뉴스』 6, 1989년 6월.

한기춘, 「미국원조와 한국의 국제수지분석」, 『아세아연구』 제10집 2호, 1967년 6월.

한석태, 「5 · 16론」, 『한국의 민족주의운동과 민중』, 서울: 두레, 1987.

핸더슨 · 그레고리, 「케네디, 5 · 16진압 거부를 묵살」, 『신동아』, 1987년 5월.

홍규선, 「윤보선 대통령의 24시」, 『월간조선』, 1991년 6월.

홍인숙, 「한일회담에 대한 미 − 일의 구도와 대응」, 『역사비평』 28, 1995.

Kim, Kee Young, "American Technology and Korea's Technological Development", Karl Moskowitz, ed., *From Patron to Partner: The Development of U.S.-Korean Business and Trade Relations*, Lexington, Mass.: Lexington Books, 1984.

Kuznets, Paul W., "Korea's Emerging Industrial Structure", Working Paper, International Liaison Committee for Research on Korea Conference, Social Science Research Institute, University of Hawaii, 1971.

Kuznets, Paul W., "Korea's Five-Year Plan", Irma Adelman, ed., Practical Approaches to Development Planning: Korea's

박정희와 '한강의 기적'−1차5개년계획과 무역입국

Second Five-Year Plan, Baltimore: Johns Hopkins University Press, 1969.

Lee, Hak Chong, "The American Role in the Development of Management Education in Korea", Karl Moskowitz, ed., From Patron to Partner: The Development of U.S.-Korean Business and Trade Relations, Lexington, Mass.: Lexington Books, 1984.

Lee, Steven Hugh, "The Political Economy of US-ROK Relations, 1954~1960", A Paper prepared for international conference on Toward an Industrial Society in Korea, Center for Korean Research, University of British Columbia, 13~15 December, 1996.

3) 학위논문

강명구, 「경제발전전략과 국가권력의 역할 변화: 한국의 50~60년대 외환 금융부문 개입을 중심으로」 석사학위논문, 서울대학교 외교학과, 1994.

木宮正史, 「한국의 내포적 공업화전략의 좌절」 박사학위논문, 고려대학교 정치외교학과, 1991.

김광덕, 「5·16직후 군부권위주의정권과 자본축적에 관한 연구: 제1차 경제개발 5개년계획을 중심으로」 석사학위논문, 서울대학교 정치학과, 1988.

김주희, 「박정희의 초기 정치적 리더십 연구(1961~1963)」 석사학위논문, 충북대학교 정치외교학과, 1996.

박동철, 「1960년대 자본축적과정에서의 국가의 역할」 석사학위논문, 서울대학교 경제학과, 1986.

박동철, 「한국에서 '국가주도적' 자본주의 발전방식의 형성과정」 박사학위논문, 서울대학교 경제학과, 1993.

박태균, 「1956~1964년 한국 경제개발계획의 성립과정: 경제개발론의 확산과 미국의 대한정책 변화를 중심으로」 서울대 대학원 국사학과 박사학위논문, 2000.

오오타 오사무, 「한일청구권 교섭 연구」 고려대 대학원 사학과 박사학위논문, 2001.

이만희, 「한국의 산업정책에서의 경제기획원의 역할」 박사학위논문, 연세대학교 정치학과, 1992.

이태희, 「제3공화국권력구조의 수립과정에 관한 연구: 권력갈등을 중심으로」 석사학위논문, 서울대학교 정치학과, 1987.

이창희, 「5·16군사정권의 산업화노선」 석사학위논문, 경북대학교 정치학과, 1997.

전재호, 「박정희 체제의 민족주의 연구: 담론과 정책을 중심으로」 박사학위논문, 서강대학교 정치외교 학과, 1997.

정일준, 「미국의 대한정책 변화와 한국 발전국가의 형성, 1953~1968」 서울대 대학원 사회학과 박사학위논문, 2000.

鄭守汕, 「제2공화국의 붕괴과정에 관한 연구」 박사학위논문, 서울대학교 정치학과, 1992.

홍석률, 「1953~61년 통일논의의 전개와 성격」 박사학위논문, 서울대학교 국사학과, 1997.

한석태, 「한국군사정부(1961~63)에 관한 연구」 석사학위논문, 서울대학교 정치학과, 1978.

MacDonald, Donald S., "Korea and the Ballot: The International Dimension in Korean Political Development as Seen in Election", ph.D. dissertation, George Washington University, 1977.

Kim, Stephen Jin-Woo, "The Carrot and the Leash: Eisenhower, Syngman Rhee, and the Dual Containment of Korea", ph.D. dissertation, Yale University, 1999.

Jang, Ha Won, "Phases of Capital Accumulation in Korea and Evolution of Government Growth Strategy, 1963~1990", D. Phil Thesis, University of Oxford, 1995.

Satterwhite, David Hunter, "The Politics of Economic Development: Coup, State, and the Republic of Korea's First Five Year

박정희와 '한강의 기적'-1차5개년계획과 무역입국

Economic Development Plan (1962~1966)", ph.D. dissertation, University of Washington, 1994.9.

요 약

　1990년대 말에 들이닥친 한국경제 위기는 박정희 시대의 개발독재 시스템이 낳은 구조적 결과라는 주장이 제기되어 있는 현 시점에서 우리는 박정희 대통령의 '경제기적'을 어떻게 평가할 수 있을지 혼돈에 차있다. 그렇지만 전후 복구 속에서도 낙후성을 면치 못했던 1950년대의 경제적 상황을 극복하고 도약(take-off)을 통한 산업화의 단초를 열었던 시대가 바로 1960년대라는 것은 틀림없는 사실이다.

　당시 최고 지도자였던 박정희가 경제개발 과업을 주도했는지 아니면 박정희의 의지와는 상관없이 국제적 요인(주로 미국)에 의해 조성된 역사적 대세 내지는 필연에 편승한 결과였는지에 관한 논쟁이 현재 학계에 제기되어 있다. 그런데 한국의 경제개발은 ① 공공부문인 국가('박정희'로 대표)와 ② 민간부문인 사회(시장의 대표적 구성원인 '기업', 노동자·농민 등 사회세력), 그리고 ③ '미국'으로 대표되는 세계체제(외세) 3자의 유기적 관계 속에서 고찰해야 한다. 보다 단순화시키면 박정희·기업가·미국·노동자 4자는 한국의 대외지향적 경제발전에서 없어서는 안 되는 필수적인 인자로서 언제나 상호작용하면서 때로는 공조(synergy)하기도 했고 때때로 서로를 저해하기도 했다. 그 중에서도 어떤 인자가 주도적이었는지 분간할 수는 있다.

　박정희 시대의 근대화는 제1차경제개발5개년계획(1962~1966)으로부터 시작되었다. '모든 사회·경제적 악순환을 시정하는 자립경제 달성을 위한 기반구축'을 기본 목표로 했던 이 계획은 1950년대

한국경제의 구조적 문제점을 청산하는 데 기여했고 1960년대 한국경제의 구조적 특징과 성장잠재력을 배태케 하여 오늘의 경제성장을 가능케 한 첫발이었다는 데 그 의의가 있다고 할 수 있다. 계획작성에 필요한 시간적 여유가 충분하지 못했던 1차계획은 일관성이나 타당성, 그리고 최적성 등의 계획평가 기준으로 볼 때 그렇게 잘된 계획은 아니었다. 시행 첫해부터 커다란 시련에 봉착했으며 1962년 11월부터 1963년에 걸쳐 수정되어 1964년 2월에는 수정된 안이 확정되었다. 1965년과 1966년에 수출의 비약적 발전을 경험하고 1966년 계획이 종료되었을 때 실적치(8.5%)가 목표치(원안 7.1%에서 수정안 5%로 하향조정 됨)를 크게 상회하자, 높은 목표치 때문에 그 실현이 불가능할 것이라는 비관론을 개진했었던 많은 국내외 계획전문가들은 놀라움을 금치 못했다. 계획에 참여했던 인사나 일반국민들도 한국경제의 장래에 대한 희망과 경제계획의 수립과 이의 실천능력에 관해 자신감을 갖게 되었다.

그런데 제1차경제개발5개년계획의 아이디어는 박정희 개인의 것은 아니었다. 이는 1950년대 후반 이후부터 추진되었던 것이며 특히 장면 정권에서 미국의 후원아래 작성되었던 구체적인 안이 있었다. 1961년 5·16으로 정권을 잡은 혁명의 지도부는 그 정권의 정통성을 높이고 미국의 원조를 효율적으로 관리하여 자주적인 경제체제를 구축하기 위해 장면 정권에서 추진되었던 경제발전계획을 더욱 강력하게 추진했다. 미국은 한국에서 공산혁명을 막고 안정을 이룩하기 위해 장기적인 경제발전계획 수립을 한국 정부 당국자에게 1950년대 중반 이후부터 종용해 왔다. 군사정부는 이 계획을 만드는데 장면 정부와는 달리 미국과 협의하지 않았으며 그 결과 이승만과 장면 정부의 안보다 다소 자주적인 안이 성안되었다. 미국은 박정희 정권이 출범할 때부터 그 정권이 민족주의적 요소를 많이 가지고 있음에 우려감을 가지고 있었으며 같은 맥락에서 사전협의가 없었다는 이유를 들어 제1차경제개발5개년계획의 확정안 발표(1961년 12월 말) 이전부터 1차계획의 시안을 비판하기 시작했다. 성장률을 낮추라는 주문에서부터 제철소의 건설은 힘들다는 충고까지 했으며 결국 한국 정부는 1964년 2월 수정안을 내놓게 되었다. 원안은 자주적이며 내향적인 성격을 다소 함축하고 있었음에 비해 수정안에는 외향적이고 대외지향적, 개방적인 성격을 원안 보다 많이 함축하고 있었다. 이는 경제개발계획이 1962~1963년간 2개년 실행되는 과정에서 경공업 제품의 수출이 상당히 긍정적으로 이루어지면서 이들 제품을 중심으로 한 수출 목표를 높이 잡은 데에서 연원한다고 할 수 있다. 1964년 중반 이후에 수출드라이브 정책이 채택되는데 미국의 직접적인 종용이나 압력 행사는 없었던 것으로 판단되며 이는 당시 경공업 수출의 호조에 직면한 박정희 자신이 선택했던 결정으로 볼 수 있다.

기존의 지배적 가설은 미국의 재정안정화 정책 시행 등의 강제성 권유가 있었으며 이것이 수출지향적 수정을 낳았다는 것이다. 그러나 미국은 경제개발계획을 수정하라는 압력은 가했지만 성장률을 하향 조정하라든지 아니면 공장시설에 투자하지 말고 사회간접 자본에 투자하라고 권고했을 뿐이지 수출지향적 산업화를 하라고 종용하지는 않았다. 미국의 강권에 따라 재정안정화 정책을 시행하는데 한국 정부는 긴축정책을 통해 인플레이션을 억제시키는 조치를 취하기도 했지만 실제로는 인플레이션 억제보다 수출증대에 더 주력했다. 따라서 수출지향적 산업화로의 선택은 민족 내부의 주체적 결단이었다고 판단할 수 있다. 그렇다고 이 결단이 치밀한 계획에 의해 뒷받침되었던 것은 아니었다. 수출지상주의는 1차5개년계획의 수정안을 처음부터 관통하는 원리는 아니었으며 1965년 전후에 박정희에 의해 힘을 얻고 강력하게 추진되었던 것이기 때문에 그러하다. 1964년 2월에 확정된 제1차경제개발계획의 수정안에는 수출입국이라던가 수출지상주의에 관한 언급이 없었다.

　요약하면 미국이 한국정부에 대해 장기 개발계획 작성을 종용한 상황에서 박정희는 1962년 경제개발5개년계획의 입안과 집행을 시작한 후 기업가의 대외지향적 정책건의에 1965년 박정희가 결단하여 무역입국을 추구했다. 따라서 박정희의 경제개발계획은 박정희·기업가·미국 3자의 유기적 관계 속에서 증폭·추진되고 결실을 맺었으며 노동자들의 땀은 없어서는 안되는 중요한 밑거름이었다.

박정희와 '한강의 기적'-1차5개년계획과 무역입국

찾아보기

박정희와 '한강의 기적'-1차5개년계획과 무역입국

박정희와 '한강의 기적'-1차5개년계획과 무역입국